优质大米

消费升级时代的中国大米研究

周琳 程广燕 钱小平 吴文浩 著

中国出版集团
研究出版社

图书在版编目（CIP）数据

优质大米：消费升级时代的中国大米研究 / 周琳等著 . —北京：研究出版社，2021.3

（农业农村产业振兴发展研究）

ISBN 978-7-5199-1019-8

Ⅰ.①优… Ⅱ.①周… Ⅲ.①大米－消费者行为论－研究－中国 Ⅳ.①F724.782

中国版本图书馆 CIP 数据核字（2021）第 199308 号

出 品 人：赵卜慧
责任编辑：寇颖丹
助理编辑：何雨格

优质大米
消费升级时代的中国大米研究
周 琳 等 著

研究出版社 出版发行
（100011 北京市朝阳区安华里 504 号 A 座）

北京中科印刷有限公司印刷 新华书店经销

2021 年 3 月第 1 版 2021 年 3 月北京第 1 次印刷
开本：710×1000 毫米 1/16 印张：18
字数：220 千字

ISBN 978-7-5199-1019-8 定价：49.00 元

邮购地址 100011 北京市朝阳区安华里 504 号 A 座
电话（010）64217619 64217612（发行中心）

前言

稻谷、小麦和玉米被称为“世界三大谷物”。20世纪90年代，谷物中总产量最大的是小麦。作为饲料作物的玉米近30年来产量增速最快，并已成为当今世界总产量最大的谷物，约占谷物总产量的39%（FAO，2018）。1999年之后，稻谷产量超过小麦的现象成为一种常态。稻谷在生产和消费上具有很强的区域性，主要集中在亚洲国家，其中中国是稻谷的最大生产国及消费国，其产量占世界的27%。

稻谷分类通常用indica和japonica来区分籼稻和粳稻。[①]粳稻的生产和消费区域主要集中在东亚地区，以中、日、韩为主。据推算，2017年中国的粳稻产量占世界的72%（T. Koizumi，2020）。日本是第二大粳米生产及消费国，其产量占世界粳稻总产量的11%，约为中国粳稻产量的15%。

一直以来，大米是中国人最重要的主食之一，大米消费有籼

① 最初由加藤茂苞教授为主的研究用实验植物分类学的方法将亚洲栽培稻分为两组，Oryza sativa L. ssp. Indica Kato和Oryza sativa L. ssp. Japonica Kato（1928），之后其分类方法在国际上被考证并认可，由此一般将稻分为indica和japonica，其对应的中文是籼稻和粳稻。[日]中川原捷洋：《稻和稻作的故乡》，古今书院1985年版，第44—45页。

米、粳米、糯米等，消费的种类与地区性、嗜好性有较强的关系。中国的主食消费为米和面，以作物来说就是稻谷和小麦，以及一些杂粮，而稻谷主要分为籼稻和粳稻，两者中均有糯稻。从大消费地区来看，南方地区为大米消费区，东北地区及华北地区的一部分为米面消费区，西部/西北部地区和华北地区的一部分为面食消费区。一般来说，长江以南为籼米消费区，长江以北则为粳米消费区和面食消费区。

现代中国经历了各种磨难，有着食物严重不足的经历。二十世纪六七十年代实施粮食配额制时，过年的时候每人有两斤“好米”供给，就会很满足。我记忆中的“好米”，就是现在的粳米。因为从小在北京长大，对大米消费的偏好是粳米大于籼米。在粮食配额制下首先需要考虑的是数量，在数量不足的情况下我们没有选择的权利，有吃的就是最大的满足，所以记忆中小时候的大米为“不好吃的大米”。20世纪70年代末期开始的改革开放政策使中国人从贫困状态中走了出来，其中大米的供给改善起了重要的作用。

随着经济状况的改善，人们的食物丰富起来，主食消费也有了变化，呈现下降趋势。1980年，中国每人每天的消耗热量来源中，大米占食物整体的39%，占粮食类的60%（FAO STAT，FBS）。而到了2017年，这两个数字降为26%和57%，比37年前分别降低了13个百分点和3个百分点，也就是说，食物多样化的发展替代了部分以大米为首的主食消费，但大米是首要主食的地位没有改变。

现在市场上有不同产地、不同品种的大米供给，人们可以按自己的偏好来选择，也开始注重消费新米，出于对健康的考虑也会将大米与其他谷物搭配起来食用，等等，从单一的消费形态向多样化发展。随着人口流动的增加及消费偏好的变化，近年来粳米的消费比例在增加，籼米的消费比例有所减少。南方地区的超市里销售东北大米，北方地区的超市里销售的籼米多为香米。各地超市里销售的粳米品牌多种多样，价格也各有不同，消费者如何选择购买大米对大米产业的发展会有决定性的影响。

为探讨消费者对大米消费的选择行为，以粳米特别是高品质粳稻（以五常大米为代表的高端大米）为主要研究对象，我们对南北方的10个省市（黑龙江、辽宁、北京、上海、江苏、福建、广东、湖北、四川及云南）的消费者通过网络进行问卷调研，共回收问卷5439份。同时，针对高端大米的主要生产农户（黑龙江省五常市）进行了问卷形式的访谈调查。从上下游产业链两端的生产者行为和消费者行为的角度，对高附加值（高端）大米的产需进行剖析，明确消费者的需求，以促进产需对接，同时为高附加值大米的产业链形成提供依据。本书分为六章，第一章介绍了研究背景和文献综述；第二章主要分析了高端大米的代表性产地五常市的水稻农户生产行为；第三章运用调研数据分析中国消费者大米消费的基本特征；第四章利用宏观统计数据分析消费升级对大米生产结构调整的影响；第五章运用调研数据分析消费者偏好及对高端大米的选择行为，同时针对粳米消费大国日本的粳稻消费状况做了描述性分析，日本的粳稻品种对东北的粳稻生产起了重大作用，作为单一的粳稻消费国家其消费形态与中国存在着异同性，这章的分析可以帮助我们更好地理解中国的粳稻消费及今后的发展趋势；第六章预测了未来中国粮食需求。

为消费者提供的产品当然需要考虑消费者的需求，对农产品的需求已经从量向质转变，对大米这种基础产品也出现对产地、品种或品牌、安全性等不同方面的需求，生产者需要提高产品的品质才有可能提高收入。如何实现优质优价，除产需方的努力外，很大程度上也需要政府提高相应的服务水平，从而形成一个完整的、可信赖的产业及市场。

日本国际农林水产业研究中心
钱小平

目录

第一章 研究背景和文献综述

一、研究背景

（一）食物消费量与质的变化

稻谷是中国最主要的粮食作物之一，大米是超过60%的中国人的主食。1980年以来，随着经济的不断发展，人们的食物消费结构发生了重大变化，从食物不足到吃饱、吃好，从贫困时期消费大量的碳水化合物（主食等）到增加脂肪和蛋白质的消费以替代部分主食，即人均大米消费量下降，肉禽类和水产品类等的消费量增加。从城镇居民和农村居民的消费统计数据中可以证实这种状况（表1.1）。从1990年到2017年，城镇居民的粮食（原粮）年消费量从人均130.7公斤减少到109.7公斤，而肉类、禽类和水产品类的消费量，分别从21.7公斤、3.4公斤和7.7公斤增加到29.2公斤、9.7公斤和14.8公斤。农村居民的粮食（原粮）消费量居高，而蛋白质类消费量低于城镇居民，但和城镇居民的消费量有同样的变化态势，从1990年到2017年，农村居民的粮食（原粮）年消费量从262.1公斤减少到154.6公斤，肉类、禽类和水产品类的消费量分别从12.6公斤、1.3公斤和2.1公斤增加到23.6公斤、7.9公斤和7.4公斤。从1990年到2017年，城镇

表1.1　　居民人均消费量的变化

	1990年	2000年	2010年	2017年	
	城镇居民（U）				1990年U/R
粮食（原粮）（公斤/人·年）	130.7	82.3	81.5	109.7	0.5
肉类	21.7	20.1	24.5	29.2	1.7
禽类	3.4	5.4	10.2	9.7	2.7
水产品类	7.7	11.7	—	14.8	3.6
	农村居民（R）				2017年U/R
粮食（原粮）（公斤/人·年）	262.1	250.2	181.4	154.6	0.7
肉类	12.6	18.3	15.8	23.6	1.2
禽类	1.3	2.8	4.2	7.9	1.2
水产品类	2.1	3.9	5.2	7.4	2.0

注：城镇居民的消费量为购买量，不包括在外消费
数据来源：1991—2018年《中国统计年鉴》

居民与农村居民的消费差距有所缩小，两者的粮食（原粮）消费量之比由城镇是农村的0.5缩小到0.7，其间农村居民的粮食消费量的减少程度大于城镇居民；肉类由1.7到1.2，禽类由2.7到1.2，水产品类由3.6到2.0，农村居民蛋白质类的消费量增加。这种消费结构的变化通常由人们收入的增加、生活方式的变化，如更加追求方便，以及市场化的发展和城市化程度的提高带来（Aoyagi，2012；Chien，2005；谷等，2015）。人均可支配收入由2000年的3721.3元增长到2017年的25973.8元。在此期间，食物流通发展迅速，广域流通日趋发达，地区间的差距也在逐渐缩小。同时，信息化程度的提高、电子商务的发展等对农产品的供需也产生了巨大影响。

长期以来，指导农业生产的方式以满足温饱、保障生产量为主，而在消费者对食物安全、食物品质越加重视的现在，如何在保障农产品量的同时，加强生产与消费的衔接，满足消费者的需求，保障食物安全。本书的着眼点在探讨粳米消费行为，通过对消费者的调查，梳理消费者的特点和消费倾向，与消费者的选择之间的关系，以便更好地促进产销对接，从而让农户获得更多的收益。

（二）主食消费的减少与替代

主食指大米和面粉。这里我们主要探讨大米，其作为农作物则称为稻谷。稻谷分为两大类，其一为产销量大且分布广的籼稻（Oryza sativa L.ssp.Indica），一般称之为籼米，主要产地为长江以南地区；其二为以东亚地区为主要产销区的粳稻（Oryza sativa L.ssp.Japonica），一般称之为粳米，主要产地分布于长江和淮河以北，具体可以分为三部分：以江苏为主的南方粳稻区，以东北地区为主的北方粳稻区和云贵高原粳稻区。[①] 粳稻的产量要远远少于籼稻，近年来随着粳米需求的增长，其在大米中所占的份额已在30%左右。[②] 随着人口流动及食物消费的变化，粳米的消费地区在逐渐扩大。

中国是世界上最大的稻谷生产国，据FAO（Food and Agriculture Organi-zation of the United Nations，联合国粮食及农业组织）的统计，2018年中国的稻谷产量占世界的27%。由于没

①《粳稻品种图鉴》，第2—4页。

② 由于没有正式公开的粳稻产量统计，根据各种不同来源数据经推算得出。

有公开的粳稻产量统计数据，据测算，2017年世界稻谷产量中有14.6%是粳稻[①]，世界上种植粳稻最多的国家是中国、日本和韩国，其他还有朝鲜、美国、意大利、西班牙和澳大利亚等。粳米的贸易量要远远小于籼米，仅占大米贸易量的4.8%[②]，主要出口国为中国和美国，近年来日本也在努力扩大其优质粳米的出口。据商务部的统计，中国粳米的主要出口地是韩国和朝鲜，2019年的出口量分别为17.6万吨和15.9万吨，对日本也有少量出口，出口量为2.4万吨。

大米总体消费量呈逐渐减少态势，人均消费量（需求量）由2000年的80.1公斤减少到2018年的76.6公斤，18年间人均减少3.5公斤。但不同种类之间有所差异，与籼米相比，粳米的消费量略有增加，这种增加大多体现在消费群体的增加，即原来没有或者消费量很低的地区开始出现粳米消费，这种消费属于一种替代关系，它并不提升大米的总体消费量。这种增加不是突发性的，而是随着人口流动，原来食用粳米的群体移动到籼米消费区。饮食习惯主要是从婴儿阶段逐渐培养起来的，当然父母的影响尤为重要，同时在成长过程中也会受到一些饮食文化的影响，这些可能通过教育，与外界的交流，以及一些文化的影响而来。从供给角度来看，粳稻的主要产区是东北地区，冬天气候寒冷且干燥，大部分的害虫不能越冬，因此该地区农药的使用少于南方地区，所以一些消费者从食物安全的角度选择北方粳米。当

① T. Koizumi，G. Furuhashi，“Global rice market projections Distinguishing Japonica and Indica rice under climate change”，*JARQ*，2020，54（1）：63-91.

② 由于没有正式公开的粳稻产量统计，根据各种不同来源数据经推算得出。

然，大部分消费者是基于对粳米的喜好来选择的。南方地区越来越多的消费者购买粳米而不是籼米，尤其是在上海、浙江和江苏（Wang，2004）。近年来，稻米的质量也发生了巨大变化，优质稻米在市场上越来越受欢迎。随着生活水平、家庭收入和食品安全意识的提高，越来越多的消费者青睐天然、安全、健康、功能性和有机的优质大米（Aoyagi，2012；Chien，2004；谷等，2013，2015；Wang，2004）。

还有一种替代产生于主食种类间。中国的主食消费可以大致分为三种类型：以东北地区为主的北方米麦混合消费区，以华北平原和中西部为主的小麦杂粮消费区，以及南方地区的大米消费区。由食用面食改为食用大米是基本消费习惯的改变，这种改变需要长期的变化及适应，而从米麦混合消费中扩大米的消费的可能性要大得多。北方越来越多的消费者更喜欢食用粳米而不是小麦，因为人们认为吃米饭比吃面食更方便。现在基本上家家都有电饭煲，所以烧米饭要比做面食方便得多。现代社会人们用在烹饪上的时间越来越少，方便的厨具、超市及外卖都缩短了人们在厨房的时间。此外，消费者可以在餐馆、食堂、酒店和超市等各个地方更容易获得大米产品。同时，大米的易烹饪性和更好的口味得到更多消费者的接受（谷等，2013，2015）。

在满足对食物的基本需求后，人们开始对食物更为挑剔，从中国的现状来看，消费者对食物安全和品质的要求越发高涨。质量差异来源于品种、种植环境、投入品、生产方式、仓储等产供销的各个环节。在一些研究中，粳米、有机大米、进口优质大米和功能性大米的销量明显增长，体现了消费者偏好的变化（中国大米研究所和中国有机食品认证中心，2016；谷等，2013；谷等，2015；国家统计局，2018）。因此，可以得出结论，消费者对优质粳稻的需求正在急剧增加。本书中的高附加值粳稻主要指高价粳稻。它包括有机粳稻、高价高利润粳稻、进口优质粳稻及功能性粳稻。

（三）什么是优质大米？

如何定义优质大米？现在生产、销售、消费和研究等领域均有不同的看法，保持产业链以及研究上对其看法的统一性至关重要。从研究的角度来看，定义优质大米主要是对品种的评价，评价的方面有对品种的商品特性和加工性的评价，如糙米率、抛光率、上浆率、精米率和整粒率；外观特性如形状、垩白的多少、透明度等；还有针对米饭的食味和品质以及营养的评价，具体如米饭黏稠度、直链淀粉含量、气味、色泽、适口性、滋味、冷饭质地等，通过对这些指标的评价来确定等级。其标准由农业农村部制定，现在最新的标准是《优质稻谷国家标准（2017）》。这些标准主要是通过测定而来，也有官能评价，但与我们实际感受到的好吃与否存在一定差距。一般来说，消费者对这些标准不熟悉也不太关心。品种是决定品质的最重要因素，大米育种的概念在2010年前后有一些不同，以前是“高产和高质”，之后是“高质、高效率和高产”，质量和产量的位置发生了根本性的改变，品质变得更加重要。口感、食味具有地区差异，即使是相同的粳米，南方和北方的口味也有所不同，在南方，柔软度更为重要。

改革开放在大幅度改善经济状况的同时也产生了一些负面影响，如环境的恶化、食物安全问题的不断出现等，因此消费者对食物品质质量的关注程度不断加深，产业界的关注程度也在上升，所以近年来如何评价大米品质尤为受人关注。基于这些因素，近年来产业界对日本食味评价的兴趣日益浓厚，2019年5月首次从食味角度进行了评价，新潟鱼沼产的越光被当作粳稻的对照稻。在10个粳稻品种中，9个品种是北方粳稻，1个品种是南方粳稻。其中，东北地区有6个品种。近年来，具有良好口感的大米一直畅销，不仅是消费者，生产者也在选择优质品种。

日本有一套食味评价系统，由法人组织日本谷物鉴定协会实施。该协会以社团组织的形式成立于1952年，目的是通畅谷物流通，1955年为统一鉴定方法并提高鉴定技术改组为一般财团法人，现在作为第三方鉴定机构开展大米的食味试验评价，包括官能试验和结果排序。近年来，中国对这种评价系统的关注程度越来越高。2018年粳米主产区的黑龙江省第一次召开黑龙江国际大米节，评出金、银、铜奖10个品种，其中五常产的五优稻4号和日本的代表品种越光被评为金奖。前10个品种中属于南方粳稻的只有江苏的南粳品种。同样，南方地区也有10大粳稻和10大籼稻品种的评选活动。由此可见，品质的评价开始对引导育种、生产及销售产生影响。大米市场的品牌复杂多样，加工企业品牌、产地品牌等多以吸引消费者注意力的词汇来命名，如五常稻花香、盘锦大米、东北老农、金龙鱼等。很少有以品种来命名的品牌，如五常稻花香，其品种为五优稻4号。而在日本市场通常以品种名作为品牌，最有名的要数越光了，所以当培育出一个新品种且具推广性时，往往会起一个独特的名称，有些名称会让人感到惊讶，如晴天霹雳（日本青森县）；也有些名称会表现一些寓意，如近年来具有代表性的优质大米Yumepirika，其名称来自北海道长期向往生产日本最好吃的大米的梦想（Yume）和爱奴原住民的语言中代表美丽的（pirika）组合而来。[①] 现在地区品牌已成为当地市场的主要产品，当然像越光这样的全国性品牌在市场上也均有供应，但很多是当地生产，如茨城的越光，一般会冠有产地的名字。而有些国内的大米品牌从名字上看不出产地，当然也有像中国五常大米这样的品牌。

对食物的味道评判因人而异，有些指标如外观、安全性、成分（直链淀粉含量、水分、千粒重、黏度、硬度等）可以用标准来衡量，而有些感官性的东西，如人们对味道的主观感觉、喜好等则需要通过对消费者的了解来判断。本书通过针对主要消费城市的消费者的调研，了解消费者对大米品质的认知及偏好的倾向。

（四）研究意义及内容

在食物消费转型期，保持产销信息的一致性是保障食物安全及农户收益的有效手段。也就是说，把握消费者的需求是引导生产的重要手段，食品供需已经进入消费引导生产的阶段。大米是保障食物安全的重要产品，在满足基本供给的基础上，如何调剂不同收入阶层的消费偏好，一方面满足消费者需求，另一方面使生产者能够获得优质优价的收益是我们要面对要解决的课题。

研究的最终目的是要探讨如何在使农民获取收益的同时又满足市场和消费者的需求，本书在研究消费者偏好的同时，对高端大米生产者的经营情况也进行了分析。在消费升级背景下，通过分析消费者的消费偏好行为以达到消与产的合理结合，促进大米

① https://www.yamatorice.co.jp/okomejiten/brand.html.

产业发展。

二、研究综述

（一）有关高端大米的研究

在对高端大米的先行研究中，大多数关注的是提高生产者收益方面的研究，如针对东北粳稻主产地的典型事例分析，指出生产高附加值农产品是提高农户收益的有效途径（Hong等，2011；朱，2003），这主要是因为高端产品的价格有利于增加农户收入。Domingo和Olaguera（2017）的研究显示，由常规农产品转向高附加值产品可以增加农户的收入。同时，陈与廖（2001）在广东和湖南的实证研究证实，高附加值稻米的利润比常规品种高2290元/公顷[①]。他们进一步解释说，农户的售出价是影响农户收入的最重要因素之一，其次是劳动力和肥料投入。

尽管高附加值农产品的价格昂贵，但生产高附加值产品品种的门槛较高。Dzanku（2015）称，当地农村地区的基础设施决定了高附加值农产品的收益。Birthal等（2013）解释说，小农户经常需要面对非规模经济和缺乏足够投入（例如信息、技术和资本）的困难。Hellin等（2011）提出了一个可能的解决方案，他们认为农民组织可以解决质量控制、存储和投入等的相关问题。

而针对中国的研究中对高附加值粳稻的关注很少，特别是消费方面的研究。有些研究以黑龙江省的高附加值粳稻为对象，分析稻米品牌的形成过程以及农民专业合作社的影响（Hong等，

① 1公顷=10000平方米。

2010；Hong等，2016；Hong等，2011；曾和徐，2014）。但是，这些研究都是基于较小的样本量，且地区性较强，因此相对缺乏计量经济学分析。

大米消费市场面临的主要问题是无法以高价出售优质大米，缺乏知名大米品牌（谷等，2013年；谷等，2015）。一种解释是，消费者没有意识到高价与高品质产品之间的关系（解等，2017），如果消费者意识到相似农产品之间的质量差异，价格机制将自动调整商品价格。高品质的产品将保持高价位，而低品质的产品将继续以相对低廉的价格出售（周等，2018）。陈和胡（2014）称，黑龙江省有许多粳米品牌，但消费者未能意识到稻米质量和品牌的关系，消费者与生产者之间存在信息不对称的问题。因此，了解高附加值粳稻的消费者行为对生产者的决策至关重要。

（二）关于高附加值农产品消费的研究

1.消费者行为理论

消费者行为理论的研究具有很长的历史，在传统理论基础上，消费者行为理论有了很大发展，如经济人的假设、心理动力学方法、行为主义方法、认知方法和人本主义方法（Bray，2008）。近几十年来，认知方法已被广泛用于解释消费者的行为和决策。

分析模型和规范模型是认知方法的两个基本模型（Fawcett，1999）。分析模型通常包含众多影响因素，并遵循五个分析步骤：识别问题、信息研究、替代评估、购买决策和结果评估。如消费者决策模型和购买者行为理论都基于分析模型（Erasmus等，2001；Marreiros和Ness，2009）。规范模型提供了一个指南，以了解不同因素如何按特定顺序影响消费者，如理性行动理论和计划行为理论基于规范模型（Ajzen，1991；Ajzen等，2011；Bray，2008）。尽管有许多消费者行为的研究框架，但大多数研究框架依赖于根据个人内部认知来描述观察到的行为（Bray，2008）。以下是两个具有代表性的模型。

（1）刺激—有机体—反应模型

刺激反应（S-R）模型被认为是解释消费者行为的有效理论基础。它主要来自认知心理学（Cziko，2016；Kotler，1997）。刺激（S），如环境或市场刺激，作为触发因素，通过开发难以在黑匣子中观察到的内部过程（Lee和Yun，2015；Solomon等，2006），观察消费者的反应（R），如购买决定。由Kotler和Keller（2016）提出的扩展S-R模型，分析了消费者的心理过程，解释了消费者特征、消费者心理和消费者决策之间的相互联系。消费者的反应受消费者心理的影响，后者基于各种消费者特征（Lee和Yun，2015）。

刺激—有机体—反应（SOR）模型是S-R模型的扩展版，其中的黑匣子被有机物代替（Mehrabian和Russell，1974）。图1.1显示了SOR模型的基本框架，它是刺激、生物体和反应之间的线性关系。环境因素会影响客户的内部状态（例如，个人的认知和情感），进而影响个人行为（Bray，2008；Cziko，2016；Mehrabian和Russell，1974）。

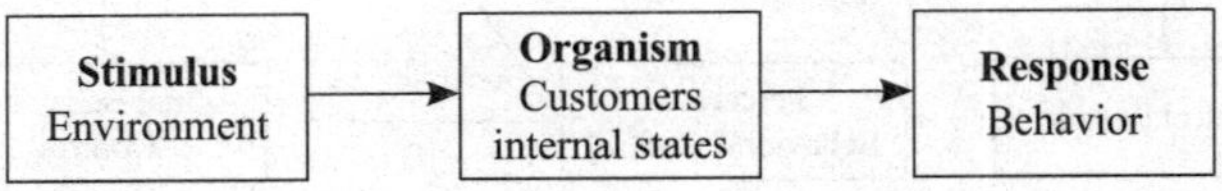

图 1.1　刺激—有机体—反应（SOR）模型基本框架

资料来源：Cziko，2016；Mehrabian和Russell，1974

然而，批评者认为该生物体是无活性且未准备好的，并且仅在其处于活动状态时才对刺激做出反应（Bray，2008）。先前的研究认为，消费者过去的经历会影响信息的处理和所接收信息的类型。这意味着信息处理将既受激励驱动又受概念驱动（Groome，2013）。

（2）计划行为理论

计划行为理论（TPB）是用于分析消费者决策过程的最广泛使用的理论之一（Ajzen等，2011；Bray，2008；McDermott等，2015；Scalco等，2017；Zhu等，2013）。TPB认为行为意图由三个重要因素决定：对行为的态度、主观规范和感知的行为控制。行为受个人意图的控制（Ajzen，1991）。

关于农业生产和消费，可以将对行为的态度视为内部因素，将主观规范视为外部因素，将感知到的行为视为将购买意愿转变为购买行为的背景因素。图1.2显示了针对消费者行为的计划行为理论（TPB）框架。实际的行为控制在将意图转化为行为中充当中介，在采取具体行动之前，实际行为可以包括个人技能、资源和其他先决条件（Ajzen等，2011；Bray，2008）。

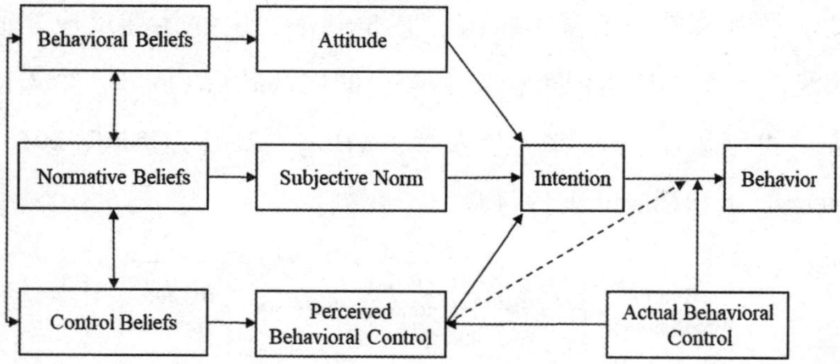

图1.2　计划行为理论（TPB）框架

资料来源：Ajzen，1991；Ajzen等，2011

尽管TPB很好地解释了消费者的意图和行为，但其预测能力取决于研究人员的理解以及准确识别态度，以及主观规范和感知到的行为控制的能力。TPB在以西方文化和习俗为基础的西方环境中得到了广泛使用，但没有充分的证据支持TPB的假设适用于其他文化背景（Bray，2008；Solomon等，2006）。

2.影响因素

实证研究已经确定了对购买优质食品有重大影响的各种因素（Feldmann和Hamm，2015；Gotschi等，2009；Lee和Yun，2015；Loo等，2013；Xie等，2015a），主要包括意识、知识水平、生产属性、消费者态度、个人特征以及其他特定情况的因素。

（1）意识和知识水平

先行研究表明，意识和知识水平是影响高价值食品消费者行为的关键因素。许多研究表明，对有机食品的更高认识提高了消费者购买有机食品的可能性。但是，对特定种类的高价值食品的研究仍然非常有限。Liu、Pieniak和Verbeke（2013）称，中国消费者未能实现识别包括有机食品在内的特定安全食品。尽管福建省的消费者具有很高的安全意识，但只有极少数的消费者知道有机茶，而大多数人都只关注生产日期（Ye，2007）。在上海和南京进行的一项调查显示，三分之二的消费者从未听说过有机猪肉（Liu等，2009）。

这些研究还表明，消费者购买有机食品的行为受其知识水平的驱动（Gotschi等，2009；Loo等，2013；Müller和Gaus，2015；Pieniak等，2010；Rödiger和Hamm，2015；Teng和Wang，2015）。Liu、Pieniak和Verbeke（2013）认为有机食品知识是影响食品购买的重要因素，因为掌握一定程度的知识使消费者能够区分有机食品与常规食品，从而使他们更有可能购买有机食品。然而，对有机蔬菜（Aertsens等，2011）和有机酸奶（Loo等，2013）的研究表明，高意识或知识水平并不能促进消费行为。Ajzen等（2011）进一步解释说，仅基于有机食品的知识很难预测个人的消费行为，需要同时考虑其他因素。

（2）品牌

大多数研究表明，食品品牌作为向消费者传递信息的重要途径，不仅对消费者对于优质食品的信任和购买意愿产生积极影响，还增强了他们购买高附加值农产品的意愿（韩，2013；刘，2013b；刘，2014a，2014b；杨等，2016；Yin等，2016；邹和贾，2009）。例如，钱等（2014）在北京、上海、广州的调查研究表明，受访者主要通过各种品牌的知名度和熟悉程度而非有机认证标签来识别有机产品的真伪。Dong（2014）以及杨、孙和张（2016）补充说，在大多数情况下，即使价格较高，消费者也愿意购买知名品牌的产品，因为他们相信这些品牌的产品质量更好。更具体地说，在食品消费过程中的高品牌忠诚度的形成需要很长时间（刘，2013；杨与何，2013）。此外，几项对各种全球品牌在消费者偏好方面的差异的研究表明，大多数中国消费者更喜欢购买发达国家品牌而不是购买国内品牌（Chen等，2015；Wu等，2014；Yin等，2016）。

（3）产地

先行研究表明，选择本地和非本地食品的消费者行为之间存在差异。在上海进行的一项研究发现，中国消费者在购买有机食品时优先考虑本地产品，因为人们认为当地的有机农业更可靠，并且对当地环境有利（Sirieix等，2011）。Zhang和Jiang（2011）

也证明了这一点，他们表明，受访者对本地有机食品有强烈的偏好和需求。

在中国香港进行的一项问卷调查的结果显示，由于质量和价格的原因，消费者喜欢选择日本枥木县（Nasu-Hikari）大米，而餐馆老板和零售商则喜欢选择价格低廉的美国大米（Nakamura和Maruyama，2015）。Suwannaporn和Linnemann（2008）在对高附加值大米的研究中发现，中国北方地区的消费者更喜欢食用泰国茉莉香米。

（4）价格

许多报告表明，高昂的价格阻碍了消费者购买有机食品（Beaudreault，2009；Chen等，2014；Doorn和Verhoef，2015；Feldmann和Hamm，2015；Lee和Yun，2015；Rödiger和Hamm，2015；Scalco等，2017；谢等，2015b）。例如，徐等（2018）针对中国西部的重庆和成都的研究发现，价格是影响购买行为的重要因素。根据北京的一项调查，王等（2013）发现阻碍购买日本大米的主要原因之一是其高价格。Xu、Su和Lone（2018）解释说，与传统大米相比，食物支出较高的消费者愿意为有机大米支付更多（约0.22美元/磅）。然而，曹等（2017）的研究则认为大米的质量是消费者购买大米时最关注的问题，价格的影响正在减少。大米是必需品且消费量在下降，因此在有一定收入的群体中，价格的影响有可能小于其质量因素。

（5）认证

一些研究强调了认证的重要性，消费者将其视为做出购买决定时的主要指标之一（Drexler等，2018；余，2012）。食品认证标签在消费者的决策中起着至关重要的作用。例如，北京、深圳、成都和上海的大多数消费者认为，认证是做出购买决定时最重要的指标之一，其次是营养价值和食品质量（Chen等，2014）。还有一些研究认为，有机食品标签是消费者区分有机食品和常规食品的主要标准，在信息不对称的情况下，消费者可以从有机食品标签中获得足够的相对信息（韩，2013；徐等，2017；Zhang和Jiang，2011）。由此可见，有机认证机构和认证标签在消费者对优质食品的信任上具有积极作用（余，2012；孙和杨，2014）。具体而言，消费者倾向于更多地相信带有标签的有机食品，并愿意为此付出更高的价格（Chen等，2015；沙和武，2016）。王和穆（2014）发现，加强公开具有标签的有机食品信息功能可以增强消费者的信心，消费者也更愿意为有机牛奶标签支付溢价。

（6）便利性

本书中的“便利性”表示是否方便消费者购买各种高附加值食品。许多研究提到购买便利对消费者的购买行为具有积极影响（方等，2011；王等，2009；Xie等，2015b；尹等，2013）。卢、王和邹（2010）指出，通过提高购买有机食品的便利性，购买率也随之提高。周和贾（2009）也支持这一观点，他们发现，当中国消费者可以更方便地购买有机食品时，购买率将提高13.24%。但在目前情况下，购买便利性成了障碍，对消费者的购买行为产生负面影响。王等（2009），Yang（2016），Yang、Sun和Zhang（2016）的研究显示，一半以上的消费者在寻找和购买有机产品方面感到困难，因为很少有地方（大型超市和大城市的有机食品商店除外）出售有机食品。同时，市场上缺乏多样化种类的有机产品也抑制了消费者的购买欲望（Xie等，2015b；Yin等，

2016)，例如，在南京超市只出售特定种类的有机蔬菜和谷物，当地消费者只能从有限种类的产品中选择（Wang等，2009）。

（7）健康

食品的安全健康问题越来越引起消费者的关注（Chen等，2014），消费者认为健康溢价是购买优质大米的最重要因素（Hasimu等，2017；刘，2013b；Sirieix等，2014；Wu等，2014；Yin等，2010）。谢等（2015）的研究显示，华东地区超过95%的受访者购买有机食品是因为期望有机食品可以对他们的健康产生积极影响。卢、王和邹（2010）在成都进行的一项问卷调查研究显示，购买有机食品的理由中安全和健康超过60%，其次是好奇心（11%）。许多研究分析了食品安全意识、健康问题和有机食品消费之间的关系，结果显示，对健康的强烈关心会对有机食品的消费产生积极影响（刘，2013a，2012，2013b；杨等，2016；Yin等，2010，2013）。

此外，有些研究发现对健康的关注正从狭义转变为广义，即消费者不仅关注自己的个人健康，还追求健康的生活方式。周（2015）发现，四川省大多数受访者有选择高附加值食品以养成健康饮食的良好习惯。

（8）环境意识

许多有关高附加值食品消费的研究都检验了消费者的环境意识对消费的影响。他们发现，消费者的环境意识对高附加值食品消费的影响较小（Chen和Dong，2012；刘，2013a，2012；王等，2009；Yin等，2010）。尹、吴和陈（2008）的研究显示，山东省的消费者认为环境保护是积极的外部性，但他们很难直接感受到或获得这些好处。Yin等（2016）的研究显示，环境意识对有机奶的购买意愿影响较弱，环境意识高的消费者更容易理解认证体系，但是该研究并未表明环境意识高的消费者是否更喜欢购买有机食品。

另外，有少部分学者持不同观点，他们发现环境意识与高附加值食品消费之间存在密切关系。Liu、Pieniak和Verbeke（2013）指出，对环境的关注是购买有机食品和绿色食品的第二个主要因素。此外，Loebnitz和Aschemann-Witzel（2016）的研究结果显示，环境意识越强的中国消费者对有机食品的印象越好，而且对质量和食品安全的要求也更高，其结果是促使他们购买了更多的有机食品。

值得注意的是，Sirieix、Kledal和Sulitang（2011）对消费者在权衡传统和高品质产品方面的研究解释了中国消费者对环境的担心，他们意识到"无化学物质"和"无农药"产品对环境有益，尽管受访者购买有机食品的主要因素是对健康和安全的关注，但环境价值（利他动机）正在成为新的关注点（Sirieix等，2011）。

（9）机构和政府的监督

多项研究表明，对食品系统的良好监督管理可以在很大程度上促进有机食品的消费。Mu（2015）解释说，受访者对有机蔬菜质量的认可程度越高，购买有机食品的行为就会越多。对于牛奶行业，Yin等（2016）的研究显示，对有机牛奶的信任取决于消费者对当前政府监管水平的评估，这意味着更高的监管效率会促进消费者购买有机牛奶。根据Chen和Lobo（2012）的研究结果，由于过去十年中频繁发生食品安全事件，受访者不信任中国质量监管机构对高质量食品的监管。孙和杨（2014）也支持了这一论点，他们发现受访者认为尽管有机农产品获得了认证，但由于监管机构的不作为，其中一些产品仍有可能不符合标准要求。因此，为了降低购买不合格有机产品的风险，受访者自愿回避购买这些产品（孙和杨，2014）。

此外，马和赵（2014）对当代社会制度的敏感性进行的研究得出了不同的结果，结果表明如果消费者对当前的传统食品体系感到满意，那么购买有机食品的意愿就会降低。相反，如果消费者对当前的传统食品体系不满意，则他们更愿意购买有机食品。

（10）个人特征

个人特征可以解释为影响消费者意图和行为因素的相对权重（Gotschi等，2009；Thompson和Kidwell，1998）。迄今为止，大多数研究已将年龄、性别、受教育程度和家庭收入等个体特征确定为影响有机食品购买行为的因素（Cerjak等，2010；Liu等，2013a；Ngobo，2011）。实证研究表明，受过较高教育和有更多可支配收入的中国消费者更有可能购买有机食品，而年轻消费者则因价格高而不愿购买有机食品（Xie等，2015b）。Loo等（2013）的研究显示，家庭收入不会影响有机食品的消费。但是，也有研究表明家庭收入是影响消费者购买有机食品的行为的重要因素（刘等，2013a；Sirieix等，2011）。

（11）地区多样性

已有研究证明，跨地区甚至单个城市内消费者偏好之间存在差异（Cui和Liu，2000；Newman，2004）。尽管语言、气候和经济发展之间存在明显的地区差异，但饮食文化被认为是影响消费者购买行为的因素之一（Cui和Liu，2000；Maruyama等，2016）。如不同地区的稻米品种和消费者的饮食习惯有所不同，北方消费者主要食用粳米，而南方消费者则更喜欢食用籼米。同时北方消费者也喜欢吃面条、饺子、馒头等面食，而南方消费者更喜欢吃米饭（Maruyama等，2016；Newman，2004）。

有机大米针对特定的消费群体（如高收入家庭），并满足消费者的特殊要求，如作为礼物的需求，这与传统大米不同。有机大米的正常价格为35～45元/公斤，具体取决于品牌，不同地区的价格差异不大。更重要的是，北方地区是中国最大的有机大米产区，占全国总产量的50%以上。这意味着北方消费者更容易获得有机大米，并且他们对有机大米的接受程度高于其他地区（中国大米研究所和中国有机食品认证中心，2016）。这些差异可能导致消费者购买行为的差异。

（12）政策

国家缺乏扶持生产高附加值稻米的政策，目前尚无对此的系统研究，有几篇文章强调了在中国推广高附加值稻米政策的必要性。从消费者角度来看，很难区分高品质和低品质的大米；从市场角度来看，由于对质量监管的不得力，高端大米市场处于混乱状态（周等，2018）。因此，构筑良好的价格机制和创新的高质量体系，是在市场经济中提高食物质量的非常重要的一步（丁和夏，2019）。随着人民消费水平的提高和稻米生产能力的提高，中国政府应实施对稻农和加工者的优质稻米补贴政策，并推广优质稻米认证制度（陈和胡，2014；李，2002；曾和徐，2014）。

（13）农户种植收益方面的研究

获利能力是鼓励农民继续参与水稻种植的最重要激励措施之一。如果生产者未能获得有价值的回报，将很容易阻止他们进行投资，从而阻碍稻米质量和种植技术的提高。一系列研究（Li和Fan，2013；Zhou，2009）表明了稻米种植获利的重要性及其对农民种植稻米的意愿的影响。例如，Zhu等（2010）基于江西省的面对面问卷调查表明，水稻种植的更高利润率鼓励了水稻种植者的孩子也参与水稻种植。在调查了6个主要的水稻生产省份之后，李和樊（2013）还表明，水稻种植的低利润率对水稻种植的意愿产生了负面影响。Mottaleb和Mohanty（2015）解释说，保证稻农的收益对确保供应非常重要。然而，最近十年见证了水稻种植的盈利能力下降，这阻碍了水稻种植的参与（Mottaleb和Mohanty，2015；国家发展和改革委员会，2018）。

因此，从以往的研究来看，培育高附加值农产品是提高农业获利能力的充分手段。但是，这种方法很少应用于主食行业。中国对高价值粳稻的研究仍然非常有限。大多研究侧重于对高附加值农产品的购买行为的影响因素，对主食产品特别是大米，尤其是粳米的研究很少。本书的侧重点在于对大米，特别是对高附加值（高端）大米的消费行为进行分析，其中又主要针对粳米的产销，探讨了态度、产品属性和人口特征等如何影响消费者对高附加值粳米的购买行为。

第二章 粳米的生产分析

种植利润率直接影响稻农种植粳稻的积极性，在了解高端大米的成本利润的同时探究可行性的种植模式，有助于提高稻农种植利润并为供给侧改革提供必要信息。本章首先分析传统粳稻种植成本和收益变化趋势，同时回顾以黑龙江省为代表的粳稻种植生产收益情况。在此基础上，具体分析中国高端大米——五常大米的成本收益、成本结构、产量以及订单农业对稻农收入的影响。

一、传统粳稻生产分析

（一）传统粳稻成本结构变化趋势

图2.1显示了1990—2017年粳稻的种植成本与收益。尽管有所波动，但粳稻的每公顷种植收益仍然从1990年的4827.3元增长到2017年的24076.2元，每公顷增长了19248.9元。每公顷种植成本也随着收益增长而快速增长，从1990年的2884.5元增长到2017年的20551.7元，每公顷增长了17667.2元。值得注意的是，近年来（2013—2017年），粳稻的种植成本一直稳定在2万元/公顷左右，种植收益也有逐年下跌的趋势。

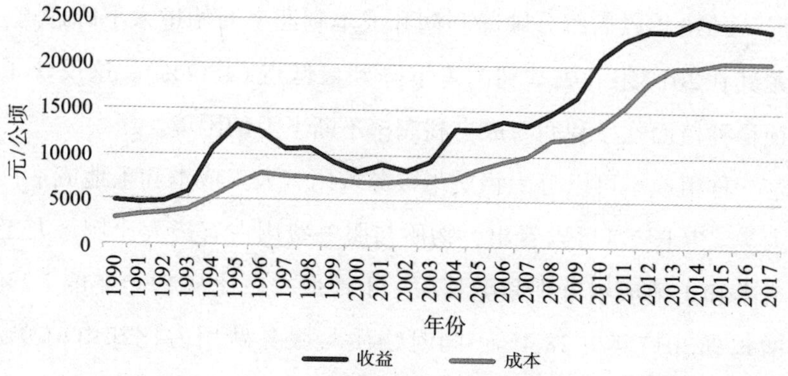

图 2.1　1990—2017年粳稻种植成本与收益

数据来源：1991—2018年《全国农产品成本收益资料汇编》

图2.2阐述了1990—2017年粳稻种植净利润与成本利润率。在1990—2017年，每公顷种植净利润与成本利润率有大幅度的波动。每公顷净利润率在1995年达到高峰7200.9元后开始波动回落，在2010年迎来顶峰7947.6元，之后又逐步回落。同时，成本利润率在1994年达到最高峰（114.2%）以后就开始波动下

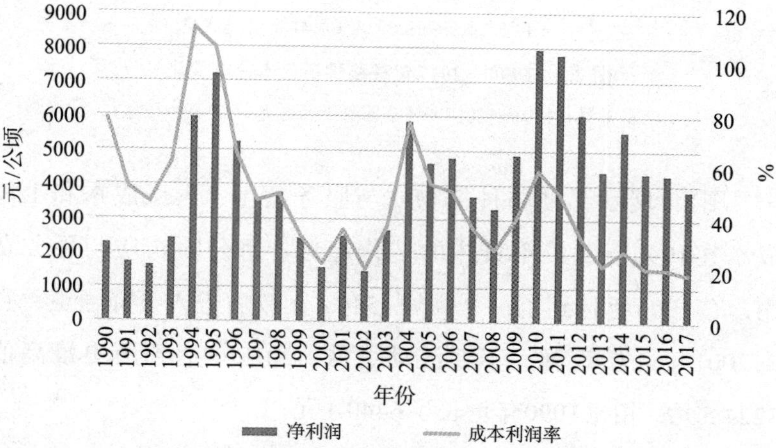

图 2.2　1990—2017年粳稻种植净利润与成本利润率

数据来源：1991—2018年《全国农产品成本收益资料汇编》

滑。2010年以后每公顷净利润和成本利润率开始进入下降通道，尤其在2017年，成本利润率下降到最低点（18.7%）。这反映了粳稻种植面临净利润与成本利润率不断下滑的困境。

种植成本可以分为物质与服务费用、人工成本和土地成本三大类。从图2.3可以看出，物质与服务费用占有最大比例，人工成本和土地成本分别紧随其后。土地成本占比从1990年的7.2%增长到2017年的28.4%，同时物质与服务费用占比却由61.9%下降到40.0%，而人工成本则稳定保持在31.0%左右。

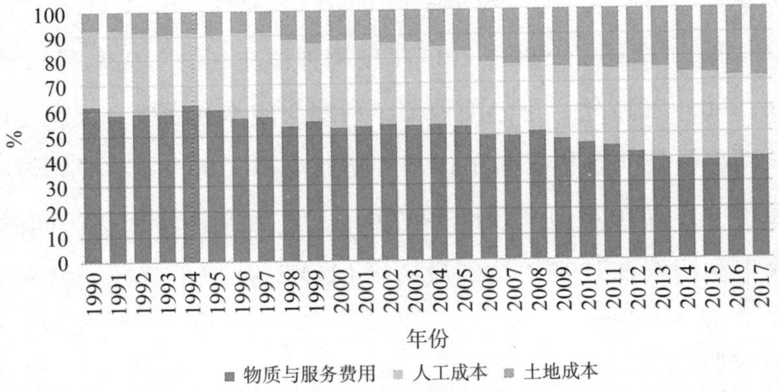

图2.3　1990—2017年粳稻种植成本比例变化

数据来源：1991—2018年《全国农产品成本收益资料汇编》

图2.4展示了粳稻种植物质与服务费用、人工成本和土地成本在1990—2017年具体的变化趋势。每公顷物质与服务费用，在1996年达到了一个高峰4544.4元以后进入下降通道，直到2001年开始反弹，不断波动上涨，2017年达到历史最高值8224.5元，相比1990年增长了6440.1元。

人工成本主要通过家庭用工折价和雇工费用计算。1990年的每公顷人工成本为891.8元，经过十多年的增长，2013年达到顶峰

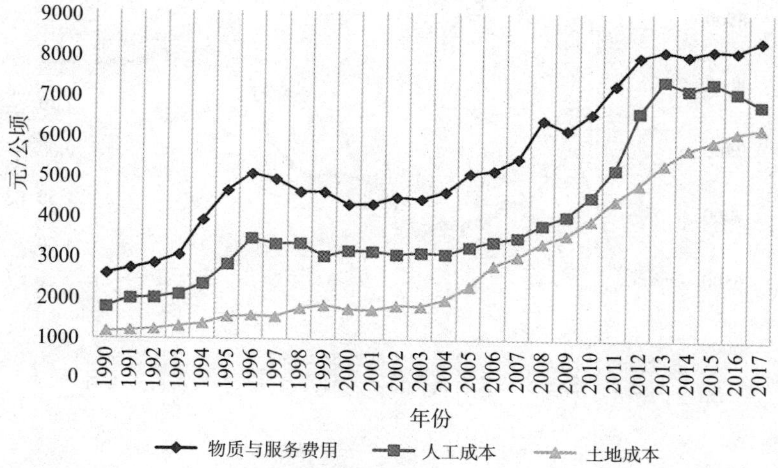

图 2.4　1990—2017 年粳稻种植物质与服务费用、人工成本和土地成本变化

数据来源：1991—2018 年《全国农产品成本收益资料汇编》

7134.9元。之后人工成本逐渐下滑，2017年为6484.2元。机械作业的推广减少了劳动力的投入，使得人工成本逐步下降。2013—2017年，每公顷每年的雇工天数大幅减少，从94.5天下降到69.3天，而机械作业费用从2817.8元/公顷增长到3284.7元/公顷。

2003年以前土地成本缓慢波动增长，2003年以后开始进入快速增长期。2017年达到每公顷5634.6元，与1990年相比增长了大约28倍。土地成本、物质与服务费用和人工成本的差距越来越小，这与图2.3中不断增长的比例相符合。

大米收购价格和单产是衡量稻农收入的两个非常重要的指标。提高收购价格或单产能够直接提高稻农的收入。1990—2017年，粳稻收购价格和单产都有大幅的提升，尽管这期间两者都存在大幅波动（如图2.5所示）。

粳稻收购价格在1995年达到了一个高峰（2.1元/公斤）后，开始不断地波动下滑。2004年开始，由于受到最低收购价格政

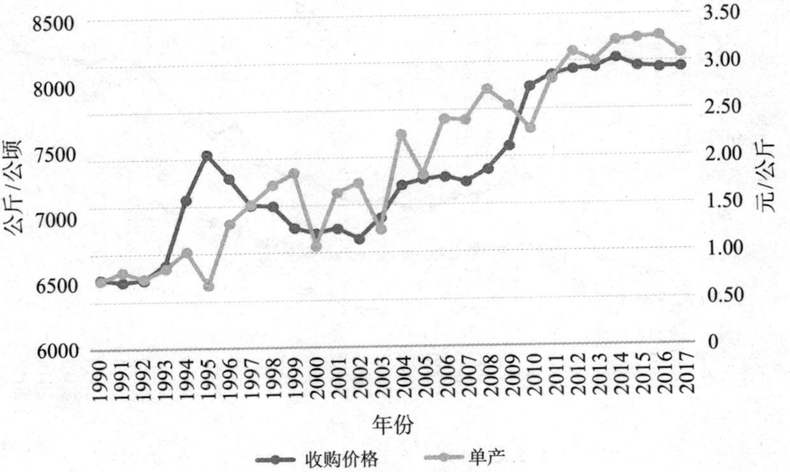

图 2.5 1990—2017 年粳稻收购价格和单产变化

数据来源：1991—2018 年《全国农产品成本收益资料汇编》

策的影响，收购价格开始不断上涨。最低收购价格政策控制每年粳稻的政府最低收购价格，使得市场收购维持在一定的水平上，从而保证稻农的生产收益。表 2.1 展示了粳稻在 2004—2017 年的最低收购价格和市场收购价格。粳稻收购价格一共经历了三个阶段：波动、增长和平稳。2017 年粳稻的平均收购价格为 2.9 元/公斤，比 2004 年高出 1.2 元/公斤。

表 2.1 2004—2017 年粳稻最低收购价格和市场收购价格

年份	最低收购价格（元/公斤）	状态	市场收购价格（元/公斤）	状态
2004	1.5	平稳	1.7	波动
2005	1.5		1.8	
2006	1.5		1.8	
2007	1.5		1.7	

续表

年份	最低收购价格（元/公斤）	状态	市场收购价格（元/公斤）	状态
2008	1.6	增长	1.9	增长
2009	1.9		2.1	
2010	2.1		2.7	
2011	2.6		2.9	
2012	2.8		2.9	
2013	3.0		2.9	
2014	3.1		3.0	
2015	3.1	平稳	3.0	平稳
2016	3.1		2.9	
2017	3.0		2.9	

数据来源：2005—2018年《全国农产品成本收益资料汇编》；2005—2018年《中国统计年鉴》

粳稻的单产在此期间呈波动上涨态势，如图2.5所示，从1990年的6520.5公斤/公顷增长到2017年的8200.1公斤/公顷，其间快速增长了1949.6公斤/公顷。2016年单产达到8333.1公斤/公顷顶峰以后，一直处于平稳状态。

（二）黑龙江粳稻生产

黑龙江省是我国最适合种植粳稻的省份之一。从20世纪80年代开始大面积种植粳稻，20世纪90年代以后种植面积快速增长，现已成为中国甚至全球最大的粳稻出口地区。黑龙江粳稻产量的快速增长得益于不断增长的消费者需求和较高的种植利润（陈，钱和罗，2006；Hong等，2011；矫和许，2004）。图2.6显示了2000—2017年黑龙江粳稻种植面积与总产量的变化。从

2003年起，种植面积和总产量开始进入快速增长期，2017年达到了顶峰，种植面积和总产量分别为4百万公顷和28.2百万吨。黑龙江粳稻种植在主食作物（大豆、玉米、稻谷和小麦）中占有最大比例且拥有最高利润率（矫和许，2004；曾和徐，2014）。

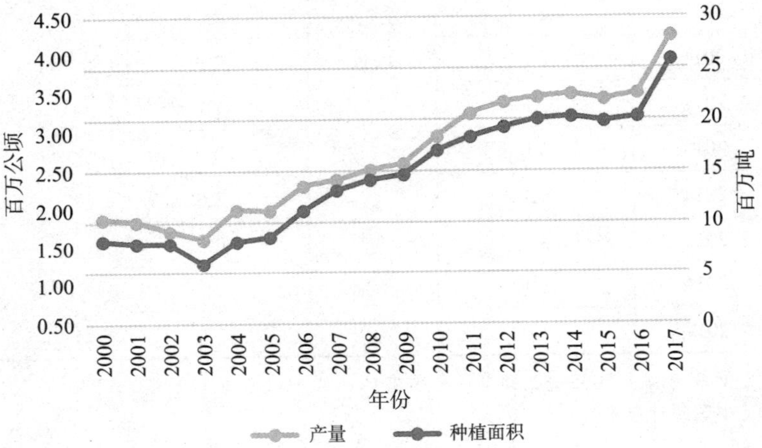

图 2.6　2000—2017年黑龙江粳稻总种植面积与总产量

数据来源：2001—2018年《中国统计年鉴》

从表2.2中可以看出，在2010—2017年，黑龙江粳稻种植面临着生产成本不断上升、收益不断下降的困境。其间，粳稻生产成本增加了50.2%，其中物质与服务费用增加了33.8%，人工成本增加了67.8%，土地成本增加了58.9%；成本利润率下降了70.2%，到2017年只有15.1%。

表2.2　2010年和2017年黑龙江粳稻种植每公顷成本收益

项目	2010年	2017年	增长率（%）
产量（公斤）	7314.5	7823.3	7.0
生产成本（元）	13371.5	20078.7	50.2
物质与服务费用	5747.9	7692.5	33.8

续表

项目	2010年	2017年	增长率(%)
人工成本	3033.9	5091.9	67.8
土地成本	4589.7	7294.4	58.9
净利润(元)	6765.6	3032.1	−55.2
现金成本(元)	20137.1	23110.8	14.8
成本利润率(%)	50.6	15.1	−70.2
收购价格(元)	2.7	2.9	7.7

注：增长率=(2017年数据−2010年数据)/2010年数据 ×100％
数据来源：2011年和2018年《全国农产品成本收益资料汇编》

表2.3中列出了具体的物质与服务费用明细，可以看出，只有化肥和农家肥费用下降，其他的费用都有较大幅度的增长，尤其机器作业费用增长最快，增长率达到54.7%。

表2.3　2010年和2017年黑龙江粳稻种植每公顷物质与服务费用

项 目	2010年	2017年	增长率(%)
物质与服务费用(元)	5747.9	7692.5	33.8
直接费用(元)	5256.8	7080.5	34.7
种子和育苗	502.8	633.8	26.0
化肥	1365.6	1337.4	−2.1
农家肥	1.4	0.8	−44.4
农药	327.6	445.8	36.1
农膜	166.5	214.8	29.0
机器作业	2838.8	4391.4	54.7
其他	54.2	56.6	4.4
间接费用(元)	491.1	612.0	24.6

注：增长率同表2.2；间接费用包括固定资产折旧、保险费、管理费、财务费和销售费
数据来源：2011年和2018年《全国农产品成本收益资料汇编》

黑龙江省集中了全国绝大多数粳米品牌，其中五常大米（五常稻花香）为众多品牌之首。五常大米种植的品种为稻花香，稻花香也称为五优稻4号，亲本来源于五优稻1号，属中晚熟品种，适于黑龙江省第一、二积温区上限插秧栽培。由于五常市优质的自然资源和独特的气候，五常大米的品相和口感远优于其他粳米，再加上产量较少，在市场上价格较高，种植收益也比其他稻米要高。一般大米的价格约8元/公斤，而五常大米的价格可以达到80元/公斤（贾和姜，2014），最贵的五常大米（抗氧化有机大米）甚至可以达到398元/公斤，比平均价格高出24倍（孙、程和管，2012；曾和徐，2014）。2018年，五常大米在国际大米节品评品鉴活动中被评为“金奖”（樊，2018）。

二、高端粳米生产研究：以五常大米为例

回顾了传统粳稻种植情况后，接下来分析高端粳稻种植情况，这里以代表性的粳稻五常大米为例，本节主要基于实地调查数据，分析五常大米的种植成本收益以及相关的影响因素。

（一）引言

农产品的种植收益是农户最主要的收入来源，同时也决定了他们生活质量。如前文分析，在过去的十多年中，稻农面临着一个困境：不断上涨的生产成本和不断下降的收购价格。所以，降低生产成本和保持较高的粳稻收购价格就变得尤为重要。

对于稻农来说，种植高附加值的水稻是较为简单且能直接提高稻农收益的一种方法（曾和徐，2014）。在众多不同的粳稻品

续表

牌中，五常大米以其高价和高品质著称，为典型的高附加值大米（高端大米），这不仅因为它拥有极高的知名度，也因其拥有较高的生产利润（贾和姜，2014）。

把五常大米作为典型事例分析有助于归纳出高端大米的生产特征，同时了解品牌大米如何影响稻农的收益。接下来，将重点分析五常大米的种植收益和成本结构。

（二）问卷设计和数据

因统计数据有限，为把握第一手资料，本次调研采用问卷调研方式来收集数据。问卷设计的首要关键是选择合适且具有代表性的调研地点和稻农。本次调研地点位于黑龙江省哈尔滨最南部的五常市（面积为7512平方千米）。五常市是有着200多年的粳稻种植历史的传统粳稻种植区，为黑龙江省的代表性水稻产地，五常大米受原产地地区产品保护。五常市有12个乡12个镇，2019年末总人口89.4万人，其中农村人口69.7万人[①]。本次调研以面对面的问卷形式进行，于2017年7—8月在五常市实施。五常大米种植地区主要分布于松花江支流的拉林河和牤牛河，以及龙凤山水库周围。调查的乡镇主要根据地理位置的分布随机挑选，不考虑农户特征。如图2.7所示，本次调研的农户分布于11个乡镇，位于两条主要河道及水库附近；共走访农户81户，其中获得78个有效样本。

问卷内容主要关注稻谷种植的成本收益和订单农业对其收益的影响，包含基本农户信息（人口、年龄、性别和受教育程度），

---

① 五常市人民政府网页，http://www.hljwch.gov.cn/rksh.html

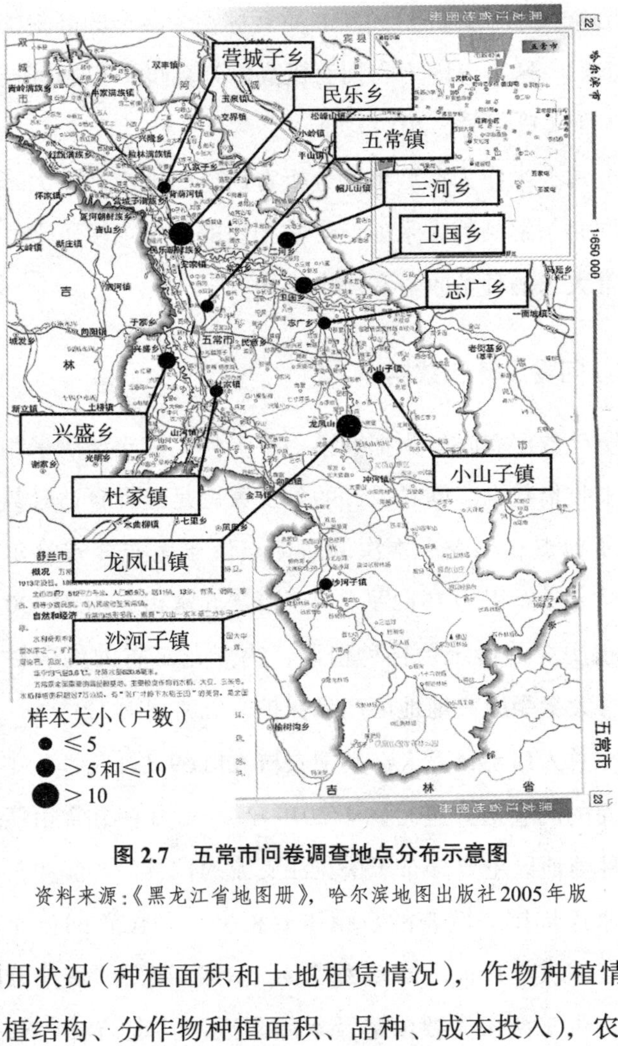

图 2.7　五常市问卷调查地点分布示意图

资料来源：《黑龙江省地图册》，哈尔滨地图出版社2005年版

土地利用状况（种植面积和土地租赁情况），作物种植情况（例如：种植结构、分作物种植面积、品种、成本投入），农户签订合同类型和销售方式。在正式调研开展前，首先选取几个乡镇开展预调研，根据调研实施效果和稻农反馈，并结合当地实际情况，对问卷进行了调整。正式的问卷总共包含四个部分：农户信息、生产情况、稻谷种植成本投入和稻谷产出与销售。从农户基本情况看，每一农户大约有2.5个劳动力，5.6公顷稻谷种植面

积、种植面积较大，户主平均年龄为47.7岁，拥有初中或高中学历。

（三）五常市、黑龙江省和全国的生产成本比较

为了清晰地了解粳稻种植成本收益在不同层级区域间的差异，从投入的物质成本、人工成本、土地成本等方面，对三个不同层级区域（五常市、黑龙江省和全国平均）的数据进行了比较。从表2.4可以看出，五常市拥有最高的生产成本，每公顷达到24828.7元，比黑龙江省和全国平均水平分别高出4750.0元和4277.0元。从生产成本结构可以看出，三组数据同时表明，60%的生产成本来自人工成本和土地成本，特别是五常市的土地成本占48.4%，而黑龙江省为36.3%，全国平均则为28.4%，五常市分别高出两者12.1%和20.0%，可见土地成本对五常稻农造成相当大的经营压力。

表2.4　　2017年每公顷粳稻生产成本收益比较

项目	五常市		黑龙江省		全国平均水平	
	价格	百分比（%）	价格	百分比（%）	价格	百分比（%）
物质与服务费用（元）	8131.9	32.8	7692.5	38.3	8224.5	40.0
种子和育苗	1041.7	4.2	848.6	4.2	834.2	4.1
肥料	1835.4	7.4	1338.2	6.7	2011.5	9.8
农药	787.0	3.2	445.8	2.2	822.2	4.0
机械作业	3082.3	12.4	3673.2	18.3	3284.7	16.0
其他	1385.6	5.6	1386.8	6.9	1272.0	6.2
人工成本（元）	4677.9	18.8	5091.9	25.4	6484.2	31.6
土地成本（元）	12018.9	48.4	7294.4	36.3	5843.0	28.4

续表

项目	五常市		黑龙江省		全国平均水平	
	价格	百分比（%）	价格	百分比（%）	价格	百分比（%）
生产成本（元）	24828.7		20078.7		20551.7	
单产（公斤）	7108.6		7823.3		8200.1	
收购价格（元/公斤）	4.7		2.9		2.9	
产值（元）	33481.4		23000.4		24108.2	
净利润（元）	8650.6		3031.9		3845.2	
成本利润率（%）	30.0		20.0		20.0	

注：百分比指各个具体类别成本占生产成本的比例；成本利润率=净利润/现金成本×100%

数据来源：五常市数据来自作者2017年实地调查；黑龙江省和全国平均水平的数据来自2018年《全国农产品成本收益资料汇编》

五常市的每公顷物质和服务费用（8131.9元）要高于黑龙江省的费用（7692.5元）。因为五常大米为知名品牌，对品种要求较高，比种植一般粳稻品种在种子投入上花费更多，所以五常市的种子和育苗费要高于黑龙江省和全国平均水平。五常市的肥料和农药费用占总成本的10.6%，高于黑龙江省，低于全国平均水平。从全国水稻生产成本数据来看，位于最北部的黑龙江省因其肥沃的土地资源及寒冷的冬季有效阻碍害虫越冬，对肥料及农药的投入相对少于全国平均水平。五常市的水稻生产物质费用高的原因在于近年来越来越多的五常稻农为了追求更高的利润而开始种植有机和绿色大米，为了提高稻米品质，农户在种植的时候更愿意选择更好的肥料和农药，满足有机和绿色的标准。值得注意的是，五常市的机械作业费用（3082.3元/公顷）大大低于黑龙江省和全国平均水平，仅占生产成本的12.4%。一般来说，较低的机械作业费用表示劳动力的投入会较高。

由于土地资源有限，市场需求大，土地价格也不断上涨。五常市2017年每公顷的土地成本达到了12018.9元，占总生产成本的48.4%，远远高于黑龙江省的7294.4元/公顷和全国平均水平的5843.0元/公顷。

五常大米的收购价格要远远高于黑龙江省和全国平均水平收购价，高出1.8元/公斤。虽然单产低于黑龙江省和全国平均水平，但较高的收购价使五常稻农获得较高的收入，每公顷平均达到33481.4元。表2.4显示五常市拥有最高的成本利润率（30%），而黑龙江省和全国平均水平只有20%。拥有了相对大的经营面积和较高的利润，五常稻农得以维持并提高收入。

三、订单农业对高端大米稻农收入的影响①

在五常大米调查中发现，近几年越来越多的稻农参与订单农业。订单农业在高端农产品中比较常见，但是在主食领域相对来说较少。本小节主要探究订单农业对稻农种植收益的影响。

（一）引言

水稻的种植区域广泛且是基本作物，因此稻农在农户中占有极高的比例。在过去的十多年间，小农户面临着稻谷种植成本上升和收益下降的困局（国家发改委，2011，2016）。为有效

① 这部分内容在已发表的论文[W.WU et al.，“Impact of contract farming on farmers’ income：A case of Wuchang rice in China”，*JARQ*，2020，54（2），171-177.]的基础上修改完成。

提高小农户的收入，中国政府近年来开始在全国推广新的供销模式——订单农业，希望能够解决当前的困境。目前大致有三种订单农业的形式：企业+农户，合作社+农户，企业+合作社+农户。现有文献表明，订单农业有助于升级和改善发展中国家的主食供应链效率。同时，订单农业也有助于农产品的产业升级与改善，从而确保食品安全（Diao等，2012；Gómez等，2011；Maertens和Velde，2017）。过去的大量研究多在订单农业如何影响蔬菜和水果生产的领域展开，只有非常少的文献涉及主食领域（Ma和Abdulai，2016；Miyata，Minot和Hu，2009）。所以本次研究主要关注点是订单农业对中国高端大米农户的影响。具体来说，主要探究订单农业对五常大米稻农的收入影响和阻碍稻农参与订单农业的因素。主要通过研究两个问题达到此目的：第一，影响稻农参与订单农业的人口特征是什么？第二，订单农业通过何种方式对稻农收入产生影响？

（二）订单方式

每年2月在确定种植计划时，采购商和稻农签订订单合同。合同条款如表2.5所示，主要包括稻米种植、收割后和服务与标准这三个方面的具体合同内容和双方各自应当承担的责任。签订合同后，大多数情况下由采购商提供种子、肥料和农药给稻农，这样可以保证稻米的质量和安全，同时采购商会预先垫付这些费用，以后在收购稻米时折算并扣除。双方同意下的订单收购价格一般比当年当地市场收购价每公斤高0.2元或以上。

如果质量或者数量不符合合同标准或者无法按时交货，采购商有权拒绝收购稻米。同时，根据当地种植地区的自然资源条件

表2.5　具体合同条款与责任

合同内容	采购商	稻农
种植		
种植面积		√
产量（高于7000公斤/公顷）		√
种子、化肥和农药	√	
收割后		
质量（水分含量＜17%，杂质＜1%，出米率＞52%，等）		√
收购价格	√	√
交货时间与地点		√
服务与标准		
技术支持	√	
生产规范		√

数据来源：作者实地调查数据

和稻农意愿，采购商会为稻农提供种植建议与咨询服务。例如，如果签约稻农所在的种植区域大多数都种植有机水稻，采购商会建议该稻农种植有机水稻并提供相应技术支持。为了能够保持长期良好的合作关系，稻农通常只会选择与一个采购商签署合同。

（三）数据与方法

本次研究所使用的数据与前一节中的问卷设计中的数据相同，都是同一时间、相同地点的调研数据。这里将78份有效问卷分为订单农户和非订单农户两组进行分析。

首先，使用学生T检测，比较订单农户和非订单农户在社会人口特征、成本结构和成本收益上的统计学差异。成本结构分为物质与服务费用、人工成本和土地成本。物质与服务费用包括种子与育苗费用、肥料费用、农药费用、机械作业费用和其他费用。人工成本和土地成本包含农户的劳动费用和自有及租赁土地折算费用，折算费用基于当地相应的劳动雇佣水平和土地租赁价格（国家统计局，2016）。

其次，主要运用计量经济学分析方法解答什么样的农户特征会影响订单农业的参与以及参与订单农业对收购价格的影响。第一步，运用Probit模型估算参与订单农业的概率。第二步，运用OLS回归模型分析参与订单农业如何影响粳稻收购价格。

具体来说，第一步的Probit模型方程为：

$$CF_i=\beta_0+\beta_1 Age_i+\beta_2 Gen_i+\beta_3 Edu_i+\beta_4 PE_i+\beta_5 OGPE_i+\varepsilon_i \quad (1)$$

（1）式中，CF_i为订单农业虚拟变量（订单农业=1，非订单农业=0）；下标i=1，2，3，…；i为样本稻农；Age_i为户主年龄；Gen_i为户主性别虚拟变量（男=1，女=0）；Edu_i为户主受教育水平；PE_i为种植经验；$OGPE_i$表示有机或者绿色种植经验①虚拟变量（如果农户拥有有机或者绿色种植经验则=1；没有=0）；β_0，…，β_5为需要估算的参数；ε_i为误差项。

在第二步中使用OLS回归模型分析，具体的粳稻收购价格影响因素方程表示如下：

$$P_i=\beta_0+\beta_1 Age_i+\beta_2 Gen_i+\beta_3 Edu_i+\beta_4 PE_i+\beta_5 CF_i+\beta_6 Lab_i+\varepsilon_i \quad (2)$$

① "绿色"为中国特有的食品安全认证，可以分为两个不同的等级：等级AA（与有机食品标准相符）和等级A（高于无公害食品水平，低于有机食品标准）（Yu等，2014）。

（2）式中P_i表示粳稻收购价格；下标i=1，2，3，…；i为样本稻农；Age_i，Gen_i，Edu_i，PE_i，和CF_i与（1）式中相同；Lab_i为人工成本；β_0，…，β_6为需要估算的参数；ε_i为误差项。本次计量经济学分析使用微软Windows 10电脑系统R编程语言进行。

（四）分析结果

1.订单农户与非订单农户的经营表现

运用上述模型得出的结果展示在表2.6中，可以看出订单农户组和非订单农户组的社会人口特征和成本收益的差异。从结果的显著性看，年龄、OGPE（有机及绿色种植经验）、土地租赁、人工成本、土地成本、收购价格和成本利润率存在显著性差异。

表2.6　五常大米订单农户与非订单农户的比较

变量	订单农户		非订单农户		p值
	平均值	标准差	平均值	标准差	
年龄（岁）	45.9	9.4	48.8	9.4	0.094*
性别（虚拟变量，男性=1）	0.9	0.4	0.9	0.3	0.924
教育水平（年）	7.9	2.9	7.6	2.3	0.593
种植经验（年）	14.1	8.4	15.0	5.8	0.305
OGPE（虚拟变量，是=1）	0.7	0.5	0.2	0.4	0***
土地租赁（虚拟变量，有=1）	0.8	0.2	0.7	0.2	0.088*
种植面积（公顷）	6.0	6.5	5.4	5.1	0.354
SFP（元/公顷）	3492.9	943.1	3501.4	846.0	0.476
机械作业费用（元/公顷）	2952.8	1437.1	3255.2	1442.9	0.187
其他（元/公顷）	1265.0	323.3	1425.7	186.6	0.243
人工成本（元/公顷）	5159.7	2490.5	3900.0	2919.0	0***
土地成本（元/公顷）	12883.3	1529.5	11243.1	2506.5	0***

续表

变量	订单农户		非订单农户		p值
	平均值	标准差	平均值	标准差	
生产成本（元/公顷）	25753.6	2831.7	23325.4	3927.5	0***
单产（元/公顷）	7205.0	453.4	7046.9	580.4	0.092*
收购价格（元/公顷）	5.0	0.7	4.4	0.4	0***
收入（元/公顷）	36313.2	5763.7	31076.7	3644.8	0***
净利润（元/公顷）	10559.6	4663.7	7751.3	4686.0	0***
成本利润率（%）	41.0	3.4	33.2	3.5	0***
样本数	30		48		—

注：SFP=种子费用+育苗费+肥料费+农药费；OGPE为是否拥有有机或者绿色种植经验；生产成本=SFP+机械作业费用+其他费用+人工成本+土地成本；收入=收购价格×单产；净利润=收入−生产成本；成本利润率=净利润/现金成本×100%。符号***、*分别表示估计参数的显著性水平为1%、10%

数据来源：作者实地调查

从社会人口特征来看，订单农户比非订单农户平均年龄小2.9岁。表2.6的数据显示，订单农户组中，73%的农户拥有OGPE有机及绿色种植经验，而非订单农户组中只有19%。表2.7详细说明了OGPE对收购价格的重要性。总体来看，拥有OGPE的稻农的稻米收购价格（5.0元/公斤）比没有OGPE稻农的收购价格（4.4元/公斤）要高。然而，如果同时区分订单农业

表2.7　稻农是否拥有OGPE的收购价格

稻农类型	全体稻农		有OGPE		没有OGPE	
	有OGPE	没有OGPE	订单	非订单	订单	非订单
样本数	31	47	22	9	8	39
收购价（元/公斤）	5.0	4.4	5.2	4.5	4.7	4.4

数据来源：作者实地调查

和OGPE，会发现无论是否有OGPE，订单农业组的稻米收购价格始终高于非订单农业组。

在成本结构中，从表2.6可以看出，两组中人工成本和土地成本的和在生产成本中的占比均超过60%。具体来说，订单农户组中每公顷人工成本和土地成本分别高于非订单农户组1259.7元和 1640.2元。同时80%的订单农户拥有土地租赁，而非订单农户只有70%。

成本利润率是衡量农户经营水平的一个重要指标。订单农户组的成本利润率（41.0%）要远远高于非订单农户组（33.2%）。虽然订单农户组的总体生产投入要高于非订单农户组，但是因为订单农户组的收购价格比非订单农户组高0.6元/公斤，单产也高于非订单组，所以单位面积收入要高于非订单农户组。

综上所述，订单农户的经营表现要比非订单农户好。

2.农户特征对订单农业的影响

为探讨农户特征对参与订单农业的影响，这里使用Probit模型进行了分析，结果显示在表2.8中，卡方检验（$p<0.01$）表明模型的显著性。从结果的显著性出发，农户特征中年龄与是否参与订单农业有弱负相关的关系，换句话说，农户越年轻越有可能参与订单农业。而OGPE经验与是否参与订单农业有较强的正相关关系，表明拥有OGPE经验的农户更有可能参与订单农业。

表2.8　　参与订单农业的Probit模型结果

变量	相关系数	标准差	Pr（>|z|）
年龄	−0.03*	0.02	0.09
性别	−0.30	0.54	0.59
受教育程度	0.02	0.07	0.73

续表

变量	相关系数	标准差	Pr(>|z|)
种植经验	0.01	0.03	0.58
OGPE	1.57***	0.30	0
截距	0.40	1.10	0.72
样本	78		
Pseudo R^2	0.39		
对数似然函数值	−38.58		
卡方统计量	26.78***		
卡方检验	0		

注：符号***、*分别表示估计参数的显著性水平为1%、10%

订单农业如何影响粳稻收购价格，这里使用OLS回归模型进行分析。表2.9展示了结果，F检验（$p<0.01$）表明模型有意义。结果表明，受教育程度和收购价格有弱正相关关系，而订单农业和劳动投入有显著的正向影响。订单农业[①]的相关系数表明参与订单农业能够提高粳稻收购价格0.5元/公斤。

表2.9　　粳稻收购价格OLS回归模型结果

变量	相关系数	标准差	Pr(>|z|)
年龄	0.01	0.01	0.24
性别	0.11	0.16	0.51
受教育程度	0.04*	0.02	0.05
种植经验	−0.01	0.01	0.69
订单农业	0.49***	0.11	0

① 为了避免合同农业的选择性偏差，本次研究同时使用Heckman selection-correction模型估算所有的参数。结果表明，OLS模型中不存在选择性变差和确认合同农业对粳稻收购价格有显著的正向影响。

续表

变量	相关系数	标准差	Pr（＞|z|）
劳动投入	0.01***	0	0
截距	3.24***	0.36	0
样本	78		
R^2	0.55		
Adjusted R^2	0.51		
F 检验	14.27***		
Prob ＞ F	0		

注：符号 ***、* 分别表示估计参数的显著性水平为1%、10%

（1）农户特征

年龄对于参与订单农业有弱正相关的关系。这个结果与之前的研究保持一致，年轻的农户更加愿意采用新的生产和管理模式（Adebayo和Oladele，2013）。结果同时也证明OGPE经验作为一个非常重要的因素影响农户参与订单农业。性别、教育和种植经验对参与订单农业没有影响。

（2）参与订单农业的农户拥有更高的收购价格

订单农业对于收购价格有着显著的正向影响（表2.9）。此结果与本次调研的预期保持一致，农户在签订合同的时候，收购价格一般都要比当地市场价格高0.2元/公斤或以上。以往的研究解释说稻农为了遵守合同上的条款避免毁约，往往需要承受较大的心理压力，但这也促使他们保证稻米的数量和质量（Rehber，2007）。在调研过程中也发现，参与订单农业能够帮助他们解决当地劳动力短缺的问题。尤其在除草环节，充足的劳动力有利于减少除草剂的使用。不仅如此，采购商也会协助解决土地租赁和流转问题，使稻农可以更加规模化耕作。本次研究与以往的研究结果一致认为，订单农业能够帮助稻农在种植过程中解决包括资源投入、生产技术和市场销路等问题（Glover和Kusterer，1990；Key和Runsten，1999；J. MacDonald和Korb，2011；J. M. MacDonald等，2004；Otsuka等，2016）。此次研究证明了稻农参与订单农业有利于提高收购价格从而提高稻农的收入。

过去的30年间，在市场价格及政府保护价的实施下，整体上粳稻农户收入在不断增长，但是近些年由于生产成本不断上涨和收购价格的停滞不前，稻农的总体收益逐年下降。在此背景下通过实地调研探究了五常大米仍然能够保持高利润率的原因，除五常大米本身的品牌效应外，分析结果显示参与订单农业是提高农户收入的一种有效途径。订单农户每公顷的净利润比非订单农户高2808.3元。具体来说，通过控制可观察和不可观察的农户特征，参与订单农业能够提高收购价格0.5元/公斤，其原因为订单农业往往可以有效地控制农药和肥料的使用，通过提供技术帮助，提高土地利用效率和解决劳动力短缺等问题，从而提高稻米质量。大多数中国消费者相信无农药或减农药的大米代表安全，这也促使消费者更愿意购买这类高价的大米（Liu，Pieniak和Verbeke，2013；My，Van Loo，Rutsaert，Tuan和Verbeke，2018）。同时，年轻的或者具有有机或绿色种植经验的稻农更有可能参与订单农业，因为他们更加愿意尝试新的生产和管理模式。

第三章

中国消费者大米消费基本特征

一、样本整体特征

（一）消费者属性特征

根据大米消费调研问卷数据汇总，将受访者的年龄以10岁为间隔分组，共分为5组，其中25～34岁年龄段受访者3234人，占总体的59.5%，35～44岁年龄段受访者1465人，占总体的26.9%，45～54岁年龄段受访者666人，占总体的12.2%，55～64岁年龄段受访者53人，占总体的1.0%，65～74岁年龄段受访者21人，占总体的0.4%，如表3.1所示。

表3.1　中国大米消费者样本年龄特征

消费者年龄（岁）	合计（人）	百分比（%）
25～34	3234	59.5
35～44	1465	26.9
45～54	666	12.2
55～64	53	1.0
65～74	21	0.4
总计	5439	100

数据来源:《中国消费者大米消费调研问卷》的调研问卷数据。另外，本章数据如无特别说明，则表示来源于调研问卷数据汇总

根据大米消费调研问卷数据汇总，在未找到的原始数据中，41.5%的受访者为未婚，合计2259人；58.5%的受访者为已婚，合计3180人，如表3.2所示。

表3.2　　中国大米消费者样本整体婚姻特征

婚姻状况	合计（人）	百分比（%）
未婚	2259	41.5
已婚	3180	58.5
总计	5439	100

根据大米消费调研问卷数据汇总，如表3.3所示，受访者籍贯占比排名前十的省市分别是江苏、广东、辽宁、福建、云南、黑龙江、湖北、四川、北京、上海，占比分别为9.4%、9.1%、8.6%、8.5%、8.4%、8.2%、8.1%、7.7%、5.9%、4.8%，排名前十的省市占总体的78.7%，这些省市是问卷受访者的主要来源。

表3.3　　中国大米消费者样本籍贯特征

籍贯	合计（人）	百分比（%）	籍贯	合计（人）	百分比（%）	籍贯	合计（人）	百分比（%）
安徽	87	1.6	黑龙江	444	8.2	山西	58	1.1
澳门	1	0	湖北	440	8.1	陕西	18	0.3
北京	322	5.9	湖南	47	0.8	上海	263	4.8
福建	462	8.5	吉林	54	1.0	四川	417	7.7
甘肃	46	0.8	江苏	513	9.4	台湾	1	0
广东	494	9.1	江西	65	1.2	天津	25	0.5
广西	27	0.5	辽宁	465	8.6	西藏	4	0.1
贵州	57	1.0	内蒙古	32	0.6	新疆	9	0.2
海南	6	0.1	宁夏	11	0.2	云南	458	8.4
河北	150	2.8	青海	6	0.1	浙江	60	1.1
河南	161	3.0	山东	202	3.7	重庆	34	0.6

根据大米消费调研问卷数据汇总，在总计为5439份的调研问卷中，48.0%的受访者为男性，合计2610人；52.0%的受访者为女性，合计2829人，如表3.4所示。

表3.4　中国大米消费者性别特征

性别	合计（人）	百分比（%）
男	2610	48.0
女	2829	52.0
总计	5439	100

根据大米消费调研问卷数据汇总，如表3.5所示，得出受访者主要的受教育程度为大专或本科，占比高达60.7%，其次分别为高中、中专或技校，初中，硕士及以上，小学及以下，占比分别为16.9%、9.9%、9.3%、3.2%。

表3.5　中国大米消费者受教育程度特征

最高受教育程度	合计（人）	百分比（%）
小学及以下	174	3.2
初中	538	9.9
大专或本科	3299	60.7
高中、中专或技校	917	16.9
硕士及以上	511	9.3
总计	5439	100

根据大米消费调研问卷数据汇总，因为调查样本的合理分配，目前所居住省市的配比均匀，从高到低占比依次为辽宁、黑龙江、上海、江苏、北京、云南、四川、福建、湖北、广东，所占百分比分别为10.5%、10.2%、10.1%、10.1%、10.0%、9.9%、9.9%、9.8%、9.8%、9.7%，如表3.6所示。

表3.6　　中国大米消费者居住地度特征

目前所居住的省市	合计（人）	百分比（%）
北京	546	10.0
福建	535	9.8
广东	525	9.7
黑龙江	553	10.2
湖北	531	9.8
江苏	551	10.1
辽宁	570	10.5
上海	552	10.1
四川	537	9.9
云南	539	9.9
总计	5439	100

根据大米消费调研问卷数据汇总，如表3.7所示，个人月收入主要集中在3001～5000元，5001～8000元，0～3000元，所占比重依次降低，占比分别为31.4%、24.5%、18.9%，该三类个人月收入占总体比重为74.8%。

表3.7　　中国大米消费者个人月收入特征

个人月收入（元）	合计（人）	百分比（%）
0～3000	1027	18.9
3001～5000	1709	31.4
5001～8000	1335	24.5
8001～10000	635	11.7
10001～20000	378	6.9
20001～30000	118	2.2
30001～50000	63	1.2
50000以上	174	3.2
总计	5439	100

根据大米消费调研问卷数据汇总，如表3.8所示，家庭月收入最多的区间为10001～20000元，所占百分比为23.6%；超过10%的区段有3个，按占比从大到小依次为5001～8000元、8001～10000元、3001～5000元，所占百分比分别为19.6%、18.9%、12.3%。

表3.8　　中国大米消费者家庭月收入特征

家庭月收入（元）	合计（人）	百分比（%）
0～3000	278	5.1
3001～5000	668	12.3
5001～8000	1067	19.6
8001～10000	1031	18.9
10001～20000	1285	23.6
20001～30000	536	9.9
30001～50000	221	4.1
50000以上	353	6.5
总计	5439	100

根据大米消费调研问卷数据汇总，如表3.9所示，受访者家庭月食物支出主要区间为1001～2000元、2001～3000元、3001～ 4000元、0～1000元，所占百分比依次为28.0%、27.5%、15.3%、10.1%。

表3.9　　中国大米消费者家庭月食物支出特征

家庭月食物支出（元）	合计（人）	百分比（%）
0～1000	550	10.1
1001～2000	1522	28.0
2001～3000	1494	27.5

续表

家庭月食物支出（元）	合计（人）	百分比（%）
3001～4000	834	15.3
4001～5000	448	8.2
5001～7000	240	4.4
7001～10000	162	3.0
10000以上	189	3.5
总计	5439	100

根据大米消费调研问卷数据汇总，如表3.10所示，在受访者的饮酒频率这一调查样本中，不喝酒的受访者最多，所占百分比为41.1%，合计2236人；经常喝酒的受访者最少，所占百分比为5.4%，合计294人。

表3.10　　中国大米消费者饮酒频率特征

饮酒频率	合计（人）	百分比（%）
不喝酒	2236	41.1
很少喝酒	1634	30.0
经常喝酒	294	5.4
偶尔喝酒	1275	23.5
总计	5439	100

根据大米消费调研问卷数据汇总，如表3.11所示，在受访者的吸烟频率这一调查样本中，不吸烟的受访者最多，所占百分比为75.1%，合计4086人；经常吸烟和偶尔吸烟的受访者所占百分比分别为7.9%、7.7%，合计占比为15.6%。

根据大米消费调研问卷数据汇总，如表3.12所示，在受访者的锻炼频率这一调查样本中，偶尔锻炼的受访者最多，所占百分

表3.11　　中国大米消费者吸烟频率特征

吸烟频率	合计（人）	百分比（%）
不吸烟	4086	75.1
很少吸烟	503	9.3
经常吸烟	432	7.9
偶尔吸烟	418	7.7
总计	5439	100

表3.12　　中国大米消费者锻炼频率特征

锻炼频率	合计（人）	百分比（%）
从不锻炼	200	3.7
很少锻炼	1488	27.4
经常锻炼	1321	24.3
偶尔锻炼	2430	44.6
总计	5439	100

比为44.6%，合计2430人；从不锻炼的受访者最少，所占百分比为3.7%，合计200人。

根据大米消费调研问卷数据汇总，如表3.13所示，受访者的主要职业类型为三种，分别是办公室一般工作人员（秘书、办事员）、高级专业技术工作者（医生、教授、律师、建筑师、工程师等）、一般专业技术工作者（助产士、护士、教师、编辑、摄影师等），所占百分比分别为22.0%、18.7%、16.1%。在其他职业类型中，主要的从业方式有个体、家庭主妇、自由职业者等。

根据大米消费调研问卷数据汇总，如表3.14所示，家庭成员规模结构最多的是3人，总体占比为26.7%；自己一人居住的占比为24.0%；家里有2人和4人的占比分别为18.9%和15.0%。

表3.13　　中国大米消费者职业特征

职业类型	合计（人）	百分比（%）
办公室一般工作人员（秘书、办事员）	1196	22.0
高级专业技术工作者（医生、教授、律师、建筑师、工程师等）	1018	18.7
一般专业技术工作者（助产士、护士、教师、编辑、摄影师等）	876	16.1
管理者/行政官员/经理（厂长、政府官员、处长、司局长、行政干部及村干部等）	425	7.8
其他（个体、家庭主妇、自由职业者等）	399	7.3
农民、渔民、猎人	386	7.1
服务行业人员（厨师、服务员、看门人、理发员、售货员、洗衣工、保育员等）	384	7.1
技术工人或熟练工人（工段长、班组长、工艺工人等）	325	6.0
非技术工人或熟练工人（普通工人、伐木工等）	169	3.1
司机	110	2.0
运动员、演员、演奏员	61	1.1
军官与警官	59	1.1
士兵与警察	31	0.6

表3.14　　中国大米消费者家庭规模特征

除自己以外，家庭成员规模（人）	合计（人）	百分比（%）
0	1307	24.0
1	1029	18.9
2	1452	26.7
3	816	15.0
4	467	8.6
5	231	4.3
6	87	1.6

续表

除自己以外，家庭成员规模（人）	合计（人）	百分比（%）
7	29	0.5
8	13	0.2
9	4	0.1
10～17	4	0.1
总计	5439	100

根据大米消费调研问卷数据汇总，样本数据中，如表3.15所示，家庭结构中含有13～60岁少年/成年人的最多，所占百分比为57.4%；家庭结构中含有孕妇的最少，所占百分比为3.9%。

表3.15　　中国大米消费者家庭结构类型特征

结构类型	人数（人）	百分比（%）
12岁及以下儿童	1556	28.6
孕妇	212	3.9
60岁以上老人	1085	19.9
13～60岁少年/成年人	3120	57.4

（二）消费者有机大米认知特征

根据大米消费调研问卷数据汇总，在是否听说过有机大米的调查样本中，如表3.16所示，听说过但不了解的受访者最多，所占百分比为53.0%，合计2885人；听说过且非常了解的受访者最少，所占百分比为1.2%，合计63人。

根据大米消费调研问卷数据汇总，如表3.17所示，受访者通过互联网了解有机食品相关信息的频次最多，选择这一项的受访者占比为47.1%；受访者通过其他渠道了解有机食品相关信息的频次最少，选择这一项的受访者占比为0.7%。

表3.16　　消费者是否听说过有机大米认知特征

是否听说过有机大米	合计（人）	百分比（%）
没听说过	1198	22.0
听说过但不了解	2885	53.0
听说过但一般了解	1083	19.9
听说过且比较了解	210	3.9
听说过且非常了解	63	1.2
总计	5439	100

表3.17　　消费者对有机大米信息认知渠道特征

从哪些渠道了解有机食品相关信息	合计（人）	百分比（%）
超市等购买场所	1750	32.2
其他	37	0.7
非政府组织	142	2.6
家人或朋友	1319	24.3
微信公众号	1479	27.2
互联网	2564	47.1
期刊和其他科技出版物	685	12.6
政府机构	298	5.5
公共讨论和论坛	737	13.6
图书、报纸或杂志	2375	43.7
电视或收音机	2356	43.3

根据大米消费调研问卷数据汇总，如表3.18所示，在有机大米代表标志辨认中，认为图片B是有机大米标志的受访者最多，所占百分比为46.6%；认为图片D是有机大米标志的受访者最少，所占百分比为17.2%。

根据大米消费调研问卷数据汇总，如表3.19所示，在有机大米生产过程禁止使用化学肥料、化学农药以及转基因技术这

表3.18　　　　消费者有机大米标志认知特征

有机大米代表标志	合计（人）	百分比（%）
图片A	1126	20.7
图片B	2536	46.6
图片C	841	15.5
图片D	936	17.2
总计	5439	100

表3.19　　　　消费者对有机大米生产过程的认知特征

有机大米生产过程禁止使用化学肥料、化学农药以及转基因技术	合计（人）	百分比（%）
不清楚	1061	19.5
错误	1614	29.7
正确	2764	50.8
总计	5439	100

一调查样本中，认为该行为正确的受访者最多，所占百分比为50.8%；认为错误和不清楚的受访者占比分别为29.7%和19.5%。

根据大米消费调研问卷数据汇总，如表3.20所示，在有机大米生产遵循自然规律和生态学原理，对环境保护有利这一调查样本中，认为该行为正确的受访者最多，所占百分比为78.0%；认为错误和不清楚的受访者占比分别为8.5%和13.5%。

根据大米消费调研问卷数据汇总，如表3.21所示，在有机大米可以合理使用转基因工程技术来改善其性能这一调查样本中，认为该行为错误的受访者最多，所占百分比为54.6%；认为正确和不清楚的受访者占比分别为24.8%和20.6%。

表3.20　消费者对有机大米环保特征的认知

有机大米生产遵循自然规律和生态学原理，对环境保护有利	合计（人）	百分比（%）
不清楚	733	13.5
错误	462	8.5
正确	4244	78.0
总计	5439	100

表3.21　消费者对有机大米是否可使用转基因工程特征的认知

有机大米可以合理使用转基因工程技术来改善其性能	合计（人）	百分比（%）
不清楚	1117	20.6
错误	2971	54.6
正确	1351	24.8
总计	5439	100

（三）消费者对有机大米产业链不同主体态度特征

根据大米消费调研问卷数据汇总，如表3.22所示，在有机大米监管部门特别重视对有机大米认证机构的监督检查这一调查样本中，不同意的受访者占比为24.4%，合计1336人；保持中立的受访者占比为22.2%，合计1209人；同意的受访者占比为53.4%，合计2904人。

根据大米消费调研问卷数据汇总，如表3.23所示，在有机大米监管部门有能力对有机大米认证机构进行监督检查这一调查样本中，不同意的受访者占比为22.8%，合计1242人；保持中立的受访者占比为23.0%，合计1249人；同意的受访者占比为

54.2%，合计2948人。

表3.22　消费者对有机大米认证监督的重视程度认知态度

有机大米监管部门特别重视对有机大米认证机构的监督检查	合计（人）	百分比（%）
不同意	1336	24.4
中立	1209	22.2
同意	2904	53.4
总计	5439	100

表3.23　消费者对有机大米监管部门的认证监督检查能力认知态度

有机大米监管部门有能力对有机大米认证机构进行监督检查	合计（人）	百分比（%）
不同意	1242	22.8
中立	1249	23.0
同意	2948	54.2
总计	5439	100

根据大米消费调研问卷数据汇总，如表3.24所示，在有机大米监管部门能充分公开通过审批的有机大米认证机构信息这一调查样本中，不同意的受访者占比为23.1%，合计1259人；保持中立的受访者占比为27.9%，合计1515人；同意的受访者占比为49.0%，合计2665人。

表3.24　消费者对有机大米监管信息公开性的认知态度

有机大米监管部门能充分公开通过审批的有机大米认证机构信息	合计（人）	百分比（%）
不同意	1259	23.1
中立	1515	27.9
同意	2665	49.0
总计	5439	100

根据大米消费调研问卷数据汇总，如表3.25所示，在有机大米监管部门廉洁自律，执法公平、公正、公开这一调查样本中，不同意的受访者占比为22.9%，合计1245人；保持中立的受访者占比为24.3%，合计1323人；同意的受访者占比为52.8%，合计2871人。

表3.25　消费者对有机大米监管部门廉洁性的认知态度

有机大米监管部门廉洁自律，执法公平、公正、公开	合计（人）	百分比（%）
不同意	1245	22.9
中立	1323	24.3
同意	2871	52.8
总计	5439	100

根据大米消费调研问卷数据汇总，如表3.26所示，将以上4个与有机大米监管部门有关的调查样本合并分析后，不同意的受访者占比为23.3%，保持中立的受访者占比为24.3%，同意的受访者占比为52.4%。

表3.26　消费者对有机大米监管部门的整体认知态度

有机大米监管部门问题的整体认知态度	平均百分比（%）
不同意	23.3
中立	24.3
同意	52.4

根据大米消费调研问卷数据汇总，如表3.27所示，在有机大米加工企业特别重视大米加工过程是否符合有机标准这一调查样本中，不同意的受访者占比为26.9%，合计1463人；保持中立的受访者占比为23.1%，合计1256人；同意的受访者占比为

50.0%，合计2720人。

表3.27　　消费者对有机大米加工企业加工过程对合规性重视程度的认知态度

有机大米加工企业特别重视大米加工过程是否符合有机标准	合计（人）	百分比（%）
不同意	1463	26.9
中立	1256	23.1
同意	2720	50.0
总计	5439	100

根据大米消费调研问卷数据汇总，如表3.28所示，在有机大米加工企业有能力保证大米加工过程是否符合有机标准这一调查样本中，不同意的受访者占比为23.8%，合计1295人；保持中立的受访者占比为26.2%，合计1426人；同意的受访者占比为50.0%，合计2718人。

表3.28　　消费者对有机大米加工企业保证加工过程合规性的认知态度

有机大米加工企业有能力保证大米加工过程符合有机标准	合计（人）	百分比（%）
不同意	1295	23.8
中立	1426	26.2
同意	2718	50.0
总计	5439	100

根据大米消费调研问卷数据汇总，如表3.29所示，在有机大米加工企业能充分公开大米加工环节相关信息这一调查样本中，不同意的受访者占比为25.8%，合计1402人；保持中立的受访者占比为29.6%，合计1611人；同意的受访者占比为44.6%，合

计2426人。

表3.29　　消费者对有机大米加工企业信息公开性的认知态度

有机大米加工企业能充分公开大米加工环节相关信息	合计（人）	百分比（%）
不同意	1402	25.8
中立	1611	29.6
同意	2426	44.6
总计	5439	100

根据大米消费调研问卷数据汇总，如表3.30所示，在有机大米加工企业具备职业操守，会按照有机标准进行这一调查样本中，不同意的受访者占比为23.8%，合计1292人；保持中立的受访者占比为26.7%，合计1450人；同意的受访者占比约为49.5%，合计2697人。

表3.30　　消费者对有机大米加工企业的职业操守认知态度

有机大米加工企业具备职业操守，会按照有机标准进行	合计（人）	百分比（%）
不同意	1292	23.8
中立	1450	26.7
同意	2697	49.5
总计	5439	100

根据大米消费调研问卷数据汇总，如表3.31所示，将以上4个与有机大米加工企业有关的调查样本合并分析后，不同意的受访者占比为25.1%，保持中立的受访者占比为26.4%，同意的受访者占比为48.5%。

表3.31　消费者对有机大米企业的整体认知态度

对有机大米加工企业问题的整体认知态度	平均百分比（%）
不同意	25.1
中立	26.4
同意	48.5

根据大米消费调研问卷数据汇总，如表3.32所示，在有机大米种植农户特别重视大米种植过程是否符合有机标准这一调查样本中，不同意的受访者占比为27.0%，合计1470人；保持中立的受访者占比为24.4%，合计1325人；同意的受访者占比为48.6%，合计2644人。

表3.32　消费者对有机大米种植户种植过程合规性的认知态度

有机大米种植农户特别重视大米种植过程是否符合有机标准	合计（人）	百分比（%）
不同意	1470	27.0
中立	1325	24.4
同意	2644	48.6
总计	5439	100

根据大米消费调研问卷数据汇总，如表3.33所示，在有机大米种植农户有能力种植符合有机标准的大米调查样本中，不同意的受访者占比为23.6%，合计1282人；保持中立的受访者占比为26.9%，合计1466人；同意的受访者占比为49.5%，合计2691人。

根据大米消费调研问卷数据汇总，如表3.34所示，在有机大米种植农户能充分公开大米种植环节相关信息这一调查样本中，不同意的受访者占比为25.2%，合计1372人；保持中立的受访者占比为30.6%，合计1662人；同意的受访者占比为44.2%，合计2405人。

表3.33　　消费者对有机大米种植户种植能力的认知态度

有机大米种植农户有能力种植符合有机标准的大米	合计（人）	百分比（%）
不同意	1282	23.6
中立	1466	26.9
同意	2691	49.5
总计	5439	100

表3.34　　消费者对有机大米种植户大米信息公开性的认知态度

有机大米种植农户能充分公开大米种植环节相关信息	合计（人）	百分比（%）
不同意	1372	25.2
中立	1662	30.6
同意	2405	44.2
总计	5439	100

根据大米消费调研问卷数据汇总，如表3.35所示，在有机大米种植农户不会使用不符合有机种植标准的生产资料这一调查样本中，不同意的受访者占比为26.7%，合计1453人；保持中立的受访者占比为28.3%，合计1540人；同意的受访者占比为45.0%，合计2446人。

根据大米消费调研问卷数据汇总，如表3.36所示，将以上4个与有机大米种植农户有关的调查样本合并分析后，不同意的受访者占比为25.6%，保持中立的受访者占比为27.6%，同意的受访者占比为46.8%。

表3.35　消费者对有机大米种植户是否使用不合规生产资料的认知态度

有机大米种植农户不会使用不符合有机种植标准的生产资料	合计（人）	百分比（%）
不同意	1453	26.7
中立	1540	28.3
同意	2446	45.0
总计	5439	100

表3.36　消费者对有机大米种植户的整体认知态度

有机大米种植农户问题的整体认知态度	百分比（%）
不同意	25.6
中立	27.6
同意	46.8

根据大米消费调研问卷数据汇总，如表3.37所示，在有机大米认证机构特别重视有机大米的认证工作这一调查样本中，不同意的受访者占比为26.5%，合计1443人；保持中立的受访者占比为22.0%，合计1193人；同意的受访者占比为51.5%，合计2803人。

表3.37　消费者对有机大米认证机构对自身工作重视程度的认知态度

有机大米认证机构特别重视有机大米的认证工作	合计（人）	百分比（%）
不同意	1443	26.5
中立	1193	22.0
同意	2803	51.5
总计	5439	100

根据大米消费调研问卷数据汇总，如表3.38所示，在有机

大米认证机构有能力保证有机大米认证结果的真实可靠这一调查样本中，不同意的受访者占比为23.9%，合计1298人；保持中立的受访者占比为25.6%，合计1394人；同意的受访者占比为50.5%，合计2747人。

表3.38　消费者对有机大米认证结构的可靠性认知态度

有机大米认证机构有能力保证有机大米认证结果的真实可靠	合计（人）	百分比（%）
不同意	1298	23.9
中立	1394	25.6
同意	2747	50.5
总计	5439	100

根据大米消费调研问卷数据汇总，如表3.39所示，在有机大米认证机构能充分公开有机大米认证结果的相关信息这一调查样本中，不同意的受访者占比为24.9%，合计1353人；保持中立的受访者占比为27.8%，合计1514人；同意的受访者占比为47.3%，合计2572人。

表3.39　消费者对有机大米认证机构信息公开性的认知态度

有机大米认证机构能充分公开有机大米认证结果的相关信息	合计（人）	百分比（%）
不同意	1353	24.9
中立	1514	27.8
同意	2572	47.3
总计	5439	100

根据大米消费调研问卷数据汇总，如表3.40所示，在有机大米认证机构会按照程序公平、公正、公开地进行有机大米认证

这一调查样本中，不同意的受访者占比为23.7%，合计1287人；保持中立的受访者占比为23.9%，合计1300人；同意的受访者占比为52.4%，合计2852人。

表3.40　消费者对有机大米认证机构信息公开的公平、公正性认知态度

有机大米认证机构会按照程序公平、公正、公开地进行有机大米认证	合计（人）	百分比（%）
不同意	1287	23.7
中立	1300	23.9
同意	2852	52.4
总计	5439	100%

根据大米消费调研问卷数据汇总，如表3.41所示，将以上4个与有机大米认证机构有关的调查样本合并分析后，不同意的受访者占比为24.7%，保持中立的受访者占比为24.9%，同意的受访者占比为50.4%。

表3.41　消费者对有机大米认证机构的整体认知态度

有机大米认证机构问题的整体认识态度	平均百分比（%）
不同意	24.7
中立	24.9
同意	50.4

（四）消费者大米购买特征

根据大米消费调研问卷数据汇总，如表3.42所示，在受访者是否负责购买有机大米这一调查样本中，偶尔受访者购买的频率最高，所占百分比为36.4%，合计1977人；每次都是受访者购买的频率最低，所占百分比为18.9%，合计1027人。

表3.42　　消费者是否负责购买有机大米特征

是否负责购买有机大米	合计（人）	百分比（%）
经常我买	1267	23.2
每次都是我买	1027	18.9
偶尔我买	1977	36.4
我几乎不买	1168	21.5
总计	5439	100

根据大米消费调研问卷数据汇总，如表3.43所示，在是否购买过进口大米这一调查样本中，偶尔购买进口大米的频率最高，所占百分比为36.5%，合计1985人；经常购买进口大米的人数最少，所占百分比为7.9%，合计428人。

表3.43　　消费者是否购买过进口大米特征

是否购买过进口大米	合计（人）	百分比（%）
经常购买	428	7.9
没有购买过	1936	35.6
偶尔购买	1985	36.5
买过一两次	1090	20.0
总计	5439	100

根据大米消费调研问卷数据汇总，如表3.44所示，在受访者购买的进口大米的产地这一调查样本中，购买泰国大米的受访者最多，所占百分比65.4%，合计2292人；购买日本大米的受访者最少，所占百分比为14.6%，合计513人；购买的进口大米产地为其他国家的受访者所占百分比为20.0%，合计698人。

表3.44　　消费者购买进口大米的产地特征

购买的进口大米的产地	总计（人）	百分比（%）
其他	698	20.0
日本	513	14.6
泰国	2292	65.4
总计	3503	100

根据大米消费调研问卷数据汇总，如表3.45所示，经常在哪里购买进口大米的受访者中，在大型超市中购买进口大米的频率最高，所占百分比为83.0%，合计人数为2907人；其余购买途径所占百分比都在10%以下，分别是电商购物平台、进口食品店、其他，所占百分比分别为2.7%、9.8%、4.5%。

表3.45　　消费者购买进口大米的渠道特征

经常在哪里购买进口大米	合计（人）	百分比（%）
大型超市	2907	83.0
电商购物平台	94	2.7
进口食品店	345	9.8
其他	157	4.5
总计	3503	100

根据大米消费调研问卷数据汇总，如表3.46所示，在是否购买过有机大米这一调查样本中，偶尔购买有机大米的频率最高，所占百分比为34.7%，合计1885人；经常购买有机大米的频率最低，所占百分比为12.0%，合计652人。

根据大米消费调研问卷数据汇总，如表3.47所示，在经常在哪里购买有机大米这一调查样本中，受访者在大型购物超市中购买有机大米的频率最高，所占百分比为77.4%，合计2946

人；在电商购物平台中购买有机大米的频率最低，所占百分比为2.8%，合计105人。

表3.46　　消费者购买有机大米的频率特征

是否购买过有机大米	合计（人）	百分比（%）
经常购买	652	12.0
没有购买过	1631	30.0
偶尔购买	1885	34.7
买过一两次	1271	23.3
总计	5439	100

表3.47　　消费者购买有机大米的渠道特征

经常在哪里购买有机大米	合计（人）	百分比（%）
从种植户/经销商直接订购	205	5.4
大型超市	2946	77.4
电商购物平台	105	2.8
粮油特卖店	438	11.5
其他	114	2.9
总计	3808	100

根据大米消费调研问卷数据汇总，如表3.48所示，在电商购物平台购买普通大米这一调查样本中，受访者购买普通大米频率最高的渠道是天猫，所占百分比为50.5%；频率最低的是其他购物平台，所占百分比为3.2%。

根据大米消费调研问卷数据汇总，如表3.49所示，在经常购买普通大米渠道规模这一调查样本中，受访者购买大米仅1种渠道的最多，占比50.3%；其他主要是2种或3种购买渠道，分别占比32.0%和10.9%。

表3.48 消费者购买普通大米的电商购物平台特征

电商购物平台购买普通大米	合计（人）	百分比（%）
1号店	13	6.0
京东	66	30.6
其他	7	3.2
天猫	109	50.5
我买网	9	4.2
有粮网	12	5.5
总计	216	100

表3.49 消费者经常购买普通大米的渠道规模特征

经常购买普通大米渠道规模（种）	合计（人）	百分比（%）
1	2735	50.3
2	1741	32.0
3	591	10.9
4	145	2.7
5	40	0.7
6	45	0.8
7	142	2.6
总计	5439	100

根据大米消费调研问卷数据汇总，如表3.50所示，在购买普通大米渠道这一调查样本中，受访者使用最多的购买普通大米渠道是大型超市，85.6%的受访者使用过；通过粮油批发市场购买普通大米的次之，占比为29.5%；通过其他渠道购买普通大米的最少，占比为6.6%。

根据大米消费调研问卷数据汇总，如表3.51所示，在总计为5439个的调查样本中，79.6%的受访者购买的是袋装大米，合计

4332人；20.4%的受访者购买的是散装大米，合计1107人。

表3.50 消费者购买普通大米的渠道

购买普通大米渠道	合计（人）	百分比（%）
大型超市	4658	85.6
其他	356	6.6
便利店（如社区便利店）	906	16.7
集贸市场/菜市场	1041	19.1
种植户直接订购	539	9.9
粮油批发市场	1602	29.5
网络或手机购物平台	932	17.1

表3.51 消费者购买袋装还是散装大米特征

袋装or散装	合计（人）	百分比（%）
袋装	4332	79.6
散装	1107	20.4
总计	5439	100

根据大米消费调研问卷数据汇总，如表3.52所示，在普通大米重量规格这一调查样本中，受访者购买10公斤装规格的最多，占比为35.8%；购买2公斤装规格的最少，占比为5.3%。

根据大米消费调研问卷数据汇总，如表3.53所示，在普通大米单价这一调查样本中，受访者购买3～4元/斤的大米最多，占比为29.8%；购买1～2元/斤的大米最少，占比为3.0%。

根据大米消费调研问卷数据汇总，如表3.54所示，在普通大米购买频率这一调查样本中，受访者1～2个月购买一次大米的频率最高，占比为43.7%；9～10个月购买一次大米的频率最低，占比为1.7%。

表3.52　消费者购买普通大米重量规格特征

普通大米重量规格（公斤）	合计（人）	百分比（%）
2	288	5.3
5	1254	23.1
10	1946	35.8
25	1258	23.1
50	530	9.7
50以上	163	3.0
总计	5439	100

表3.53　消费者购买普通大米价格特征

普通大米单价（元/斤）	合计（人）	百分比（%）
1～2	165	3.0
2～3	1109	20.4
3～4	1622	29.8
4～5	1130	20.8
5～8	875	16.1
8～10	343	6.3
高于10	195	3.6
总计	5439	100

根据大米消费调研问卷数据汇总，如表3.55所示，在购买普通大米产地这一调查样本中，受访者购买大米产地为东北的最多，占比为61.0%；购买其他产地的最少，占比为4.0%；产地为其他这一指标中，主要产地为云南、湖北、广东，比例分别为15.5%、15.0%、11.4%。

根据大米消费调研问卷数据汇总，如表3.56所示，在购买普通大米品种这一调查样本中，受访者购买籼米的最多，占比为

表3.54　　消费者购买普通大米频率特征

普通大米购买频率	合计（人）	百分比（%）
1～2个月	2375	43.7
3～4个月	1850	34.0
5～6个月	747	13.7
7～8个月	272	5.0
9～10个月	90	1.7
一年左右	105	1.9
总计	5439	100

表3.55　　消费者购买普通大米产地特征

购买普通大米产地	合计（人）	百分比（%）
不清楚	717	13.2
东北	3318	61.0
国外	230	4.2
湖南	412	7.6
江苏	542	10.0
其他	220	4.0
总计	5439	100

表3.56　　消费者选购普通大米的品种特征

购买普通大米品种	合计（人）	百分比（%）
不清楚	840	15.4
粳米	1869	34.4
籼米	2730	50.2
总计	5439	100

50.2%；不清楚购买大米品种的最少，占比为15.4%。

根据大米消费调研问卷数据汇总，如表3.57所示，在主食是否为大米这一调查样本中，有87.7%的受访者的主食为大米，合计4772人；有12.3%的受访者主食不是大米，合计667人。

表3.57 消费者主食是否为大米特征

主食是否为大米	合计（人）	百分比（%）
不是	667	12.3
是	4772	87.7
总计	5439	100

根据大米消费调研问卷数据汇总，如表3.58所示，在购买有机大米方便程度这一调查样本中，觉得一般的受访者最多，占比为47.4%，合计2579人；觉得非常方便的受访者最少，占比为5.3%，合计288人。

表3.58 消费者购买有机大米方便程度特征

购买有机大米方便程度	合计（人）	百分比（%）
比较不方便	1055	19.4
比较方便	1241	22.8
非常方便	288	5.3
完全不方便	276	5.1
一般	2579	47.4
总计	5439	100

根据大米消费调研问卷数据汇总，如表3.59所示，在喜欢杂粮/糙米的原因规模这一调查样本中，因为1个原因而喜欢杂粮/糙米的受访者最多，占比为65.0%；其次是2个原因的，占比为15.6%。

根据大米消费调研问卷数据汇总，如表3.60所示，在喜欢杂粮/糙米的原因这一调查样本中，因为杂粮/糙米营养价值高的这一原因最多，有49.3%的受访者勾选；因为其他原因喜欢杂粮/糙米的最少，占比为0.9%，其他原因主要有换换口味、养生。

表3.59　消费者喜欢杂粮/糙米的原因规模特征

喜欢杂粮/糙米的原因规模（个）	合计（人）	百分比（%）
0	872	16.0
1	3536	65.0
2	850	15.6
3	155	2.9
4	22	0.4
5	4	0.1
总计	5439	100

表3.60　消费者喜欢杂粮/糙米的原因

喜欢杂粮/糙米的原因	合计（人）	百分比（%）
因为杂粮/糙米营养价值高	2681	49.3
其他	47	0.9
喜欢杂粮/糙米的口感	1065	19.6
随意购买	840	15.4
医生推荐	414	7.6
朋友推荐	762	14.0

根据大米消费调研问卷数据汇总，如表3.61所示，在食用在市场上购买的大米会面临很多风险这一调查样本中，不同意的受访者占比为36.1%，合计1963人；保持中立的受访者占比为36.5%，合计1983人；同意的受访者占比为27.4%，合计1493人。

根据大米消费调研问卷数据汇总，如表3.62所示，在我认为食用在市场上购买的大米有风险这一调查样本中，不同意的受访者占比为38.2%，合计2075人；保持中立的受访者占比为35.1%，合计1912人；同意的受访者占比为26.7%，合计1452人。

表3.61　消费者认为食用在市场上购买的大米会面临很多风险认知态度

食用在市场上购买的大米，会面临很多风险	合计（人）	百分比（%）
不同意	1963	36.1
中立	1983	36.5
同意	1493	27.4
总计	5439	100

表3.62　消费者认为食用市售大米的风险认知态度

我认为食用在市场上购买的大米有风险	合计（人）	百分比（%）
不同意	2075	38.2
中立	1912	35.1
同意	1452	26.7
总计	5439	100

根据大米消费调研问卷数据汇总，如表3.63所示，在对我而言，食用在市场上购买的大米有风险这一调查样本中，不同意的受访者占比为38.3%，合计2083人；保持中立的受访者占比为35.0%，合计1903人；同意的受访者占比为26.7%，合计1453人。

表3.63　消费者认为对自己而言食用市售大米有风险的认知态度

对我而言，食用在市场上购买的大米有风险	合计（人）	百分比（%）
不同意	2083	38.3
中立	1903	35.0
同意	1453	26.7
总计	5439	100

根据大米消费调研问卷数据汇总，如表3.64所示，将以上3个与风险有关的调查样本合并分析后，不同意的受访者占比为37.5%，保持中立的受访者占比为35.5%，同意的受访者占比为27.0%。

表3.64　消费者对食用市售大米风险的整体认知态度

风险类问题的整体认知态度	平均百分比（%）
不同意	37.5
中立	35.5
同意	27.0

根据大米消费调研问卷数据汇总，如表3.65所示，在环境保护是一件很紧迫的事这一调查样本中，不同意的受访者占比为14.5%，合计787人；保持中立的受访者占比为14.4%，合计785人；同意的受访者占比为71.1%，合计3867人。

表3.65　消费者对环保紧迫性的认知态度

环境保护是一件很紧迫的事	合计（人）	百分比（%）
不同意	787	14.5
中立	785	14.4
同意	3867	71.1
总计	5439	100

根据大米消费调研问卷数据汇总，如表3.66所示，在环保工作的主要责任在于每一个公民这一调查样本中，不同意的受访者占比为13.8%，合计753人；保持中立的受访者占比为14.8%，合计805人；同意的受访者占比为71.4%，合计3881人。

根据大米消费调研问卷数据汇总，如表3.67所示，在我不会购买高污染企业所生产的产品这一调查样本中，不同意的受访者占比为14.6%，合计792人；保持中立的受访者占比为13.8%，合计752人；同意的受访者占比为71.6%，合计3895人。

表3.66　　消费者对环保工作的责任感认知态度

环保工作的主要责任在于每一个公民	合计（人）	百分比（%）
不同意	753	13.8
中立	805	14.8
同意	3881	71.4
总计	5439	100

表3.67　　消费者是否会购买高污染企业所生产的产品认知态度

我不会购买高污染企业所生产的产品	合计（人）	百分比（%）
不同意	792	14.6
中立	752	13.8
同意	3895	71.6
总计	5439	100

根据大米消费调研问卷数据汇总，如表3.68所示，在发现环境问题时，我会主动向相关部门反映这一调查样本中，不同意的受访者占比为17.1%，合计931人；保持中立的受访者占比为32.2%，合计1751人；同意的受访者占比为50.7%，合计2757人。

表3.68　　消费者发现环境问题是否主动向相关部门反映认知态度

发现环境问题时，我会主动向相关部门反映	合计（人）	百分比（%）
不同意	931	17.1
中立	1751	32.2
同意	2757	50.7
总计	5439	100

根据大米消费调研问卷数据汇总，如表3.69所示，将以上4个与环保有关的调查样本合并分析后，不同意的受访者占比为15.0%，保持中立的受访者占比为18.8%，同意的受访者占比为66.2%。

表3.69　消费者对环保类问题的整体认知态度

环保类问题的整体认知态度	平均百分比（%）
不同意	15.0
中立	18.8
同意	66.2

根据大米消费调研问卷数据汇总，如表3.70所示，在我清楚自己的身体健康状况这一调查样本中，不同意的受访者占比为15.8%，合计859人；保持中立的受访者占比为26.8%，合计1459人；同意的受访者占比为57.4%，合计3121人。

表3.70　消费者是否清楚自己的身体健康情况认知态度

我清楚自己的身体健康状况	合计（人）	百分比（%）
不同意	859	15.8
中立	1459	26.8
同意	3121	57.4
总计	5439	100

根据大米消费调研问卷数据汇总，如表3.71所示，在我对自己身体健康的变化很敏感这一调查样本中，不同意的受访者占比为18.0%，合计981人；保持中立的受访者占比为28.2%，合计1532人；同意的受访者占比为53.8%，合计2926人。

根据大米消费调研问卷数据汇总，如表3.72所示，在我会购买有益于健康的食品这一调查样本中，不同意的受访者占比为

13.9%，合计754人；保持中立的受访者占比为14.7%，合计797人；同意的受访者占比为71.4%，合计3888人。

表3.71　　消费者对自己身体健康状况变化是否敏感认知态度

我对自己身体健康的变化很敏感	合计（人）	百分比（%）
不同意	981	18.0
中立	1532	28.2
同意	2926	53.8
总计	5439	100

表3.72　　消费者是否购买有益于自己健康的食品特征

我会购买有益于健康的食品	合计（人）	百分比（%）
不同意	754	13.9
中立	797	14.7
同意	3888	71.4
总计	5439	100

根据大米消费调研问卷数据汇总，如表3.73所示，在出于健康考虑，我会改变自己的消费饮食习惯这一调查样本中，不同意的受访者占比为15.5%，合计842人；保持中立的受访者占比为18.9%，合计1028人；同意的受访者占比为65.6%，合计3569人。

表3.73　消费者是否会出于健康考虑而改变自己的饮食习惯认知态度

出于健康考虑，我会改变自己的消费饮食习惯	合计（人）	百分比（%）
不同意	842	15.5
中立	1028	18.9
同意	3569	65.6
总计	5439	100

根据大米消费调研问卷数据汇总，如表3.74所示，将以上4个与健康有关的调查样本合并分析后，不同意的受访者占比约为15.8%，保持中立的受访者占比约为22.1%，同意的受访者占比约为62.1%。

表3.74　消费者对健康类问题的整体认知态度

健康类问题的整体认知态度	百分比（%）
不同意	15.8
中立	22.1
同意	62.1
总计	100

二、典型省份大米消费特征

（一）样本基本特征

为了解消费者的大米消费行为特征，我们对具有代表性的大米消费省份开展在线消费调研。如表3.75所示，此次调研对象共计1658个，样本基本特征如下。从调研区域来看，福建、辽宁、黑龙江3省分别占样本总量的32.3%、34.4%和33.3%。从年龄分布来看，调研对象年龄分布主要集中在青年组，占总人数的88.8%；中年组占10.3%；老年组占比最少，仅占总人数的0.9%。从婚姻状况来看，已婚人数占50.1%，未婚人数占49.9%。从是否锻炼身体、喝酒和吸烟三个方面考察调研对象的生活习惯，结果显示：大多数调研对象只是偶尔锻炼身体，占比为46.0%，很少锻炼或者经常锻炼身体的分别占28.3%和21.4%，从不锻炼的人仅占4.3%；37.1%的调研对象不喝酒，偶

表3.75　　　　样本基本情况统计

类别	分组	合计（人）	占比（%）
地区	福建	535	32.3
	辽宁	570	34.4
	黑龙江	553	33.3
性别	女	882	53.2
	男	776	46.8
年龄	青年组（≤44岁）	1473	88.8
	中年组（介于45～59岁）	170	10.3
	老年组（≥60岁）	15	0.9
婚姻状况	已婚	831	50.1
	未婚	827	49.9
锻炼状况	从不锻炼	71	4.3
	偶尔锻炼	762	46.0
	很少锻炼	470	28.3
	经常锻炼	355	21.4
喝酒习惯	不喝酒	615	37.1
	偶尔喝酒	417	25.2
	很少喝酒	531	32.0
	经常喝酒	95	5.7
吸烟习惯	不吸烟	1236	74.6
	偶尔吸烟	131	7.9
	很少吸烟	161	9.7
	经常吸烟	130	7.8

尔喝酒、很少喝酒和经常喝酒的分别占25.2%、32.0%和5.7%；74.6%的调研对象不吸烟，偶尔吸烟、很少吸烟和经常吸烟的分别占7.9%、9.7%和7.8%。

调查对象的月均家庭收入与月均家庭饮食支出情况如图3.1与图3.2所示，调查人群的月均家庭收入区间在10001～20000元和5001～8000元的人数最多，分别占20.3%和24.3%；第二集中区间在8001～10000元和3001～5000元，分别占17.6%和14.9%；其他区间的人群比例均低于8%。从月均家庭饮食支出来看，在1001～2000元和2001～3000元的区间人数最多，分别占29.5%和27.7%；第二集中区间为0～1000元和3001～4000元，分别占11.6%和13.8%；其余区间比例均低于10%。

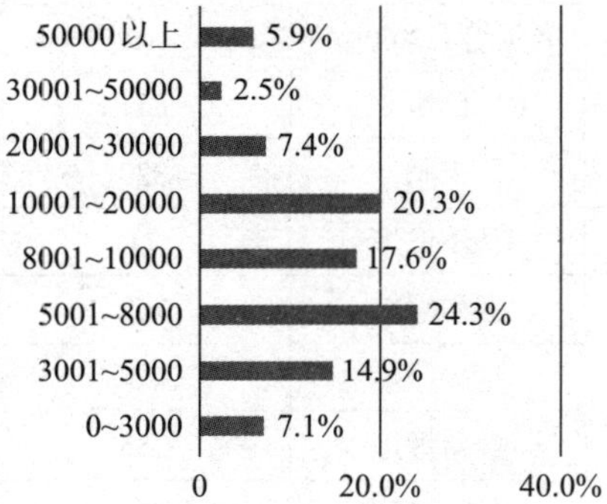

图3.1　月均家庭收入（元/月/户）

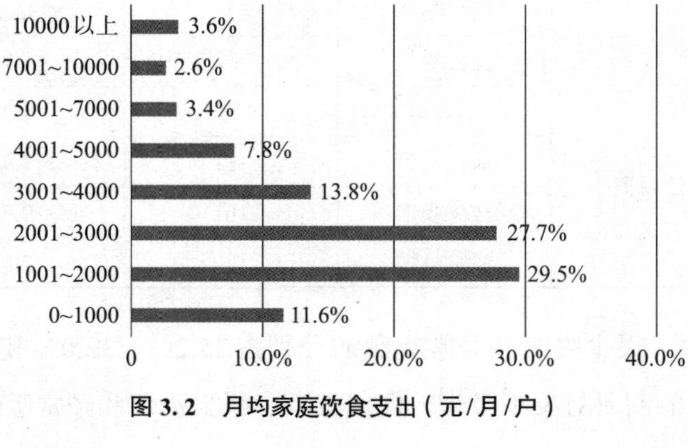

图3.2　月均家庭饮食支出（元/月/户）

（二）有机大米认知

1. 结果的基本描述

本研究从对有机大米的了解程度、了解渠道和了解知识的正确性三个方面分析消费者对有机大米的认知。如图3.3所示，我国消费者对有机大米的了解程度还不是很高，大部分消费者对有机大米仅仅是听说过但不了解，占比达到52.7%；没听说过和听说过但一般了解分别占21.9%和19.9%；听说过且比较了解和听说过且非常了解的消费者分别占样本总量的4.2%和1.3%。

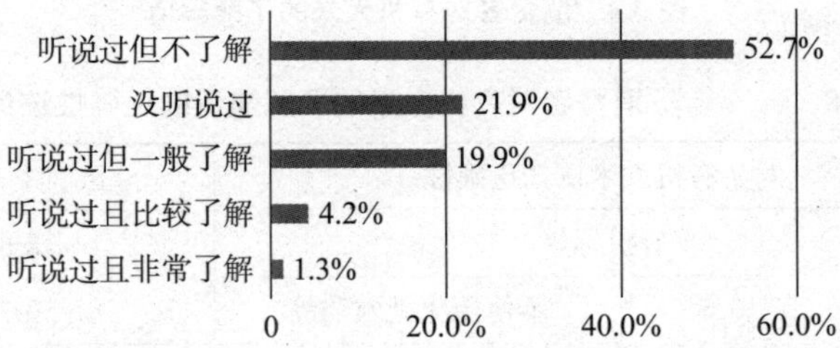

图 3. 3　消费者对于有机大米的了解程度

从消费者了解渠道来看，如图3.4所示，传统媒体（电视或收音机，图书、报纸或杂志）和互联网（互联网和微信公众号）是消费者了解有机大米信息的主要渠道，其中互联网占比最高，达到44.4%；其次为电视或收音机渠道，占比为41.4%；图书、报纸或杂志也是一个重要的渠道，占比为39.8%。可以看出，互联网作为新兴媒体，在有机大米信息传播方面有很大的潜力。

消费者对有机大米了解知识的正确性分为对有机标签的识别和对有机大米知识的了解，如表3.76所示，消费者对有机标签的辨别度还很低，正确率仅为18.6%；消费者对有机大米知识判别的正确率均在一半以上，最高可达75.2%。

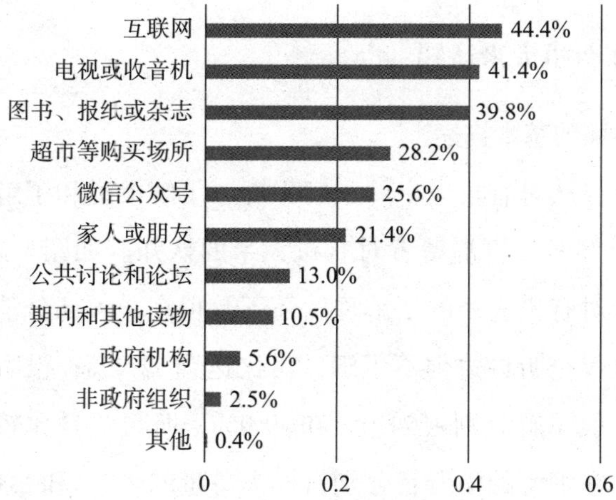

图 3.4 消费者对有机大米的了解渠道

表 3.76 消费者对有机大米的了解知识的正确性统计

对于有机大米认知正确性		正确率（%）
有机标签		18.6
有机大米知识	不使用化肥农药等	50.7
	保护环境	75.2
	不使用转基因技术	52.7

2. 变量描述性分析

本节通过Pearson相关性分析，分析变量间的相关性。本节采用SPSS 20.0对变量进行分析。

（1）通过分析性别、年龄、地区、收入、健康生活方式等指标交叉，以及以上指标对消费者有机大米认知的影响，发现地区和家庭收入与消费者对有机大米认知之间呈现显著的相关性关系。如表3.77所示，地区与有机大米了解度之间的相关系数值为0.064，与有机大米知识之间的相关系数值为0.066，并且都呈现＜0.01p值水平的显著性；家庭收入与有机大米了解度之间的相关系数值为0.060，与有机大米知识之间的相关系数值为0.124，并且都呈现＜0.01p值水平的显著性。

表3.77　　有机大米认知Pearson相关性分析一

	地区	家庭收入
有机大米了解度	0.064**	0.060**
有机大米知识	0.066**	0.124**

注：** $p < 0.01$

（2）通过对有机大米熟悉度和知识判别的交互，了解听说过有机大米和真实认知的差异性，发现有机大米标签辨识和有机大米知识与有机大米了解程度之间均有显著的正相关关系。如表3.78所示，有机大米了解程度与有机大米标签辨识之间的相关系数值为0.083，与有机大米知识之间的相关系数值为0.064，并且都呈现＜0.01p值水平的显著性。

表3.78　　有机大米认知Pearson相关性分析二

	有机大米了解度
有机大米标签辨识	0.083**
有机大米知识	0.064**

注：** $p < 0.01$

（三）大米特性偏好度

1.结果的基本描述

本节通过大米认证、原产地、品牌、价格四个方面来考察消费者对大米特性的偏好度，通过李克特量表来衡量消费者心目中大米特性的重要程度。根据统计结果（图3.5）可以看出，消费者对大米的价格、品牌和原产地的偏好基本一致，基本在3.1左右；消费者对认证大米偏好最高，超过3.4。总体来看，消费者对大米特性无极端偏好，对于认证大米表现出较高的偏好。

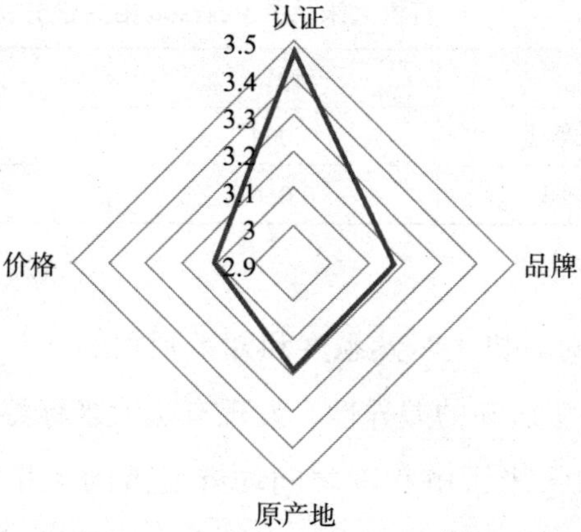

图3.5　消费者对大米特性偏好度

2. 变量相关性分析

根据相关性分析（表3.79）可知，消费者对于有机大米知识的正确性对消费者的大米特性偏好有密切的作用。有机大米知识与认证之间的相关系数值为0.022，两者有正向关系，但p值为0.364＞0.05，因而说明有机大米知识和认证之间并没有明显的相关关系。有机大米知识与品牌之间的相关系数值为0.093，与原产地之间的相关系数值为0.085，与价格之间的相关系数值为0.075，并且都呈现＜0.01p值水平的显著性，因而说明有机大米知识与品牌、原产地和价格之间都有着显著的正相关关系。性

表3.79　大米偏好Pearson相关性分析

	认证	品牌	原产地	价格
有机大米知识	0.022	0.093**	0.085**	0.075**

注：** $p < 0.01$

别、年龄、地区、收入、健康的生活方式等指标与消费者的大米特性偏好指标进行交互，均未通过显著性检验。

（四）有机大米利益相关者信任程度

1.结果的基本描述

本节通过消费者对有机大米监管部门、有机大米加工企业、有机大米种植户和有机大米认证机构进行打分来衡量消费者对有机大米利益相关者的信任程度。从统计结果（图3.6）中可以看出，消费者对认证机构和加工企业的信任度基本一致；消费者对监管部门的信任度最高，达到3.40；对种植户的信任度最低。总体来看，说明消费者对我国监管部门仍呈现较高的信任度，对种植户的信任度仍有待改善。

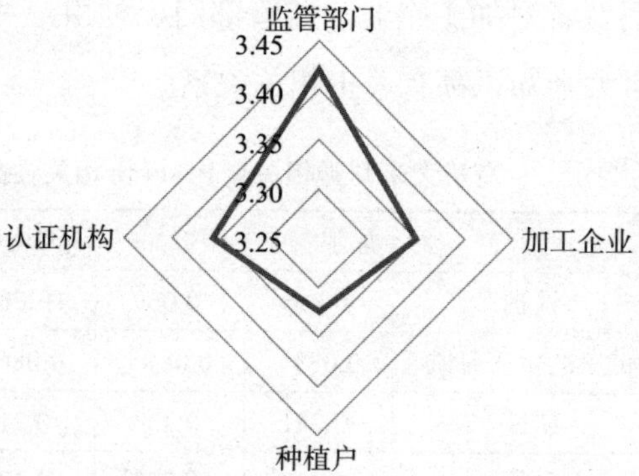

图3.6　消费者对有机大米利益相关者的信任程度

2.变量相关性分析

根据相关性分析（表3.80）可知，消费者对有机大米利益相关者的信任度与消费者的个人基本信息、大米特性偏好和有机大米知识之间有密切的关系。消费者对加工企业的信任度和性别之间的相关系数值为−0.065，并且呈现＜0.01p值水平的显著性，因而说明消费者对加工企业的信任度与性别之间有着显著的负相关关系。消费者对加工企业的信任度和健康的生活习惯之间的相关系数值为0.073，并且呈现＜0.01p值水平的显著性，因而，说明消费者对加工企业的信任度与健康的生活习惯之间有着显著的正相关关系。消费者对加工企业的信任度与大米的认证、品牌、原产地和价格之间的相关系数值分别为−0.241、−0.210、−0.158、−0.105，并且都呈现＜0.01p值水平的显著性，意味着消费者对加工企业的信任度与大米的认证、品牌、原产地和价格之间有着负相关关系。消费者对加工企业、监管部门、种植户和认证机构的信任度与有机大米知识之间的相关系数值分别为0.084、0.085、0.085、0.065，并且都呈现＜0.01p值水平的显著性，意味着消费者对加工企业、监管部门、种植户和认证机构的信任度与有机大米知识都有着正相关关系。

表3.80　　有机大米利益相关者Pearson相关性分析

		加工企业	监管部门	种植户	认证机构
个人基本信息	性别	−0.065**	−0.069**	−0.063**	−0.055**
	健康的生活习惯	0.073**	0.085**	0.086**	0.097**
大米特性偏好	认证	−0.241**	−0.233**	−0.218**	−0.258**
	品牌	−0.210**	−0.203**	−0.198**	−0.209**
	原产地	−0.158**	−0.153**	−0.141**	−0.155**
	价格	−0.105**	−0.080**	−0.100**	−0.101**
有机大米知识		0.084**	0.085**	0.085**	0.065**

注：** $p<0.01$

（五）大米实际购买行为

1.消费者对普通大米的实际购买行为

从消费者对普通大米的包装、购买方式、购买规格、购买单价、购买品种和购买频率这六个方面，对消费者的消费行为进行描述（表3.81）。从包装来看，消费者通常购买袋装大米，占比为81.2%。从购买方式来看，大型超市和粮油批发市场是消费者购买普通大米的主要渠道，占比分别为83.7%和32.8%；其余渠道占比都不足20%。从购买规格来看，10公斤和25公斤是消费者最经常购买的规格，占比分别为32.3%和26.0%；5公斤也较为受欢迎，占比为20.6%。从购买单价来看，消费者购买普通大米的单价通常集中在2～5元/斤，其占比在70%以上；5～8元/斤的大米也较受欢迎，占比为13.1%。从购买品种来看，消费者食用籼米比较多，占比为52.5%，粳米为31.5%。从购买频率来看，消费者通常1～4个月会购买一次大米的占比在70%以

表3.81　　消费者对普通大米的实际购买行为

分组		占比（%）
包装	散称	18.8
	袋装	81.2
购买方式	大型超市	83.7
	网络或手机购物平台	13.6
	粮油批发市场	32.8
	种植户直接订购	8.8
	集贸市场/菜市场	15.2
	便利店（如社区便利店）	18.5
	其他	6.8

续表

分组		占比（%）
购买规格（公斤）	2	5.3
	5	20.6
	10	32.3
	25	26.0
	50	12.4
	50以上	3.4
购买单价（元/斤）	≥1且<2	3.9
	≥2且<3	23.0
	≥3且<4	30.8
	≥4且<5	20.4
	≥5且<8	13.1
	≥8且<10	5.1
	≥10	3.7
购买品种	籼米	52.5
	粳米	31.5
	不清楚	16.0
购买频率	1～2个月	37.6
	3～4个月	35.8
	5～6个月	15.7
	7～8个月	6.6
	9～10个月	2.2
	一年左右	2.1

上；7个月及以上的购买频率占比超过10%。

2.消费者对进口大米和有机大米的实际购买行为

如表3.82所示，有39.8%的消费者从未购买过进口大米，买过一两次和偶尔购买的消费者占比分别为21.0%和32.3%，经常购买进口大米的消费者占比不到7.0%。消费者通常会购买泰国大米，占比在一半以上；购买日本大米占比为17.7%。消费者大多数在大型超市购买进口大米，占比为78.7%，在进口食品店购买的占比为12.7%。

表3.82　　消费者进口大米和有机大米实际购买行为

分组		占比（%）
进口大米购买频率	偶尔购买	32.3
	买过一两次	21.0
	没有购买过	39.8
	经常购买	6.9
购买进口大米的产地	日本	17.7
	泰国	50.9
	其他	31.4
进口大米购买渠道	大型超市	78.7
	电商购物平台	2.2
	进口食品店	12.7
	其他	6.4
有机大米购买频率	偶尔购买	33.9
	买过一两次	25.0
	没有购买过	27.7
	经常购买	13.4
有机大米购买渠道	从种植户/经销商直接订购	5.9
	大型超市	74.1
	电商购物平台	2.4
	粮油特卖店	14.0
	其他	3.6

有33.9%的消费者偶尔购买有机大米，买过一两次和没有购买过的消费者占比分别为25.0%和27.7%，经常购买有机大米的消费者占比为13.4%。消费者大多数在大型超市购买有机大米，占比为74.1%；在粮油特卖店购买的占比为14.0%；其余渠道均是小规模购买。

3.消费者购买大米时的关注因素

通过消费者对食品安全信任度、环境问题和自身健康的关注度来考察消费者购买大米时的关注因素，并通过李克特量表来衡量。从结果（图3.7）中可以看出，消费者对目前大米的食品安全信任度并不高，平均分为2.8；消费者对目前的环保意识和自身健康意识都比较高，平均分均在3.0以上。

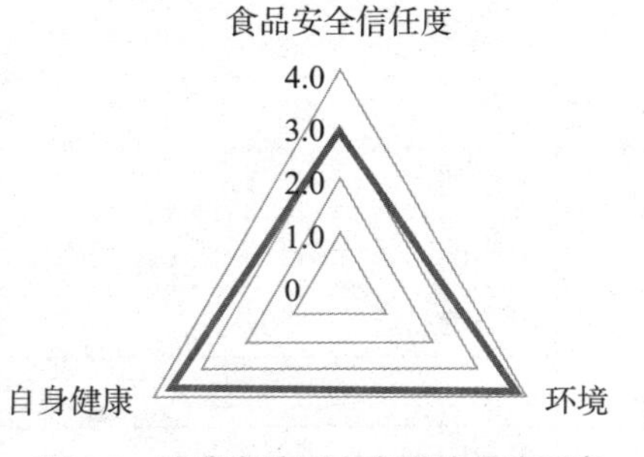

图3.7　消费者购买大米时的关注因素

三、超大城市大米消费现状

随着居民生活水平的提高，食物消费习惯与消费结构也发生转变。总体来讲，居民更加偏好多样性饮食，且对食物的消费需求不再满足于“量”，而是更加关注“质”，居民对“优质、营养、健康、安全”类食品的需求在逐年增加。大米是中国的主要粮食作物和主要粮食品种，中国约有60%的居民将大米作为主食，因此了解目前居民大米消费现状与消费特征，对于把握未来中国大米乃至整个主食消费趋势具有重要的启示作用。为了解目前我国居民大米消费现状，在2016年，调研组采取网络调研方式，选取了在经济、地区、社会文化等方面具有趋势代表性的北京和上海的消费者各发放问卷1000份，回收问卷1000份，问卷有效率100%。问卷内容主要包括居民大米消费习惯、居民对大米的食味偏好以及户内外大米消费情况。

（一）样本基本特征

本次调研的有效样本中，北京与上海地区各占50.0%；男性女性各占50.0%；年龄小于30岁、30～49岁、50岁及以上的分别占32.5%、66.4%和1.1%；受教育程度为大专及以下、本科、研究生及以上的分别占25.3%、64.6%和10.1%；大部分人都有全职工作，占比为94.4%；稳定职业[就职于政府机关、事业单位（包括社区与街道）和国有企业]的占39.7%，非稳定职业[民营或外资合资企业、自营（个体工商户）和非营利性组织]的占60.3%；本地城市居民占85.9%，本地农村、异地农村（本市县以外）、异地城市（本市县以外）居民分别占3.1%、4.1%、6.9%；家庭人数为1、2、3、4和5人及以上的占比分别为3.2%、9.3%、60.6%、13.8%和13.1%；家庭月可支配收入0～7999元、介于8000～14999元、15000元及以上的分别占8.9%、42.4%和48.7%；家庭月食物支出0～2999元、3000～6999元、7000元及以上的分别占45.0%、46.1%和8.9%。样本的人口统计学特征详见表3.83。

表3.83　　样本人口统计学特征

	分组依据	频数（人）	占比（%）
地区	北京	500	50.0
	上海	500	50.0
性别	男	500	50.0
	女	500	50.0
年龄（岁）	小于30	325	32.5
	30～39	330	33.0
	40～49	334	33.4
	50岁及以上	11	1.1
学历	大专及以下	253	25.3
	本科	646	64.6
	研究生及以上	101	10.1
工作状况	全职	944	94.4
	非全职	56	5.6
所属行业	稳定职业	397	39.7
	非稳定职业	603	60.3
户口	本地农村	31	3.1
	本地城市	859	85.9
	异地农村（本市县以外）	41	4.1
	异地城市（本市县以外）	69	6.9
家庭人数（人）	1	32	3.2
	2	93	9.3
	3	606	60.6
	4	138	13.8
	≥5	131	13.1
家庭月可支配收入（元）	0～7999	89	8.9
	8000～14999	424	42.4
	15000元及以上	487	48.7

续表

	分组依据	频数（人）	占比（%）
家庭月食物支出（元）	0～2999	450	45.0
	3000～6999	461	46.1
	7000及以上	89	8.9

（二）消费者大米实际购买行为

1. 基本购买行为统计描述

消费者的购买行为特征分别显示在图3.8至图3.14。超市为消费者最常购买大米的场所。有666名消费者经常在超市购买大米，占比达到71.92%；在网络或手机购物平台购买的占比15.44%；在粮油批发市场、种植户直接订购、集贸市场和菜市场和通过其他途径购买的分别占比6.26%、1.30%、4.97%和0.11%。

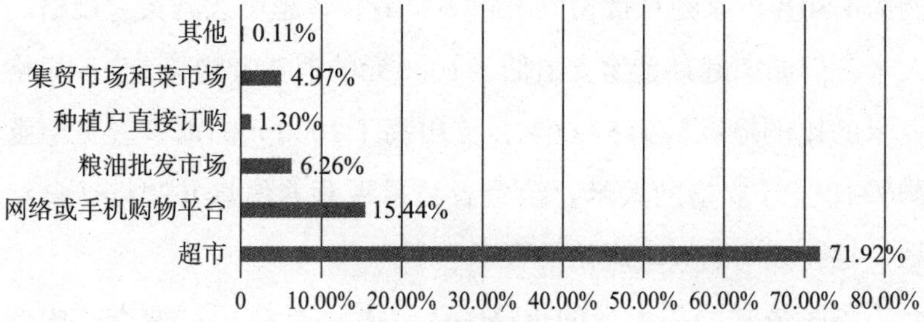

图3.8　消费者的购买场所

10公斤和5公斤为居民最常购买大米的规格。被调查的消费者最常购买大米的重量规格为10公斤和5公斤，分别占比45.24%和42.44%；2公斤、25公斤、50公斤和50公斤以上的占比分别为0.97%，8.75%、1.84%和0.76%。

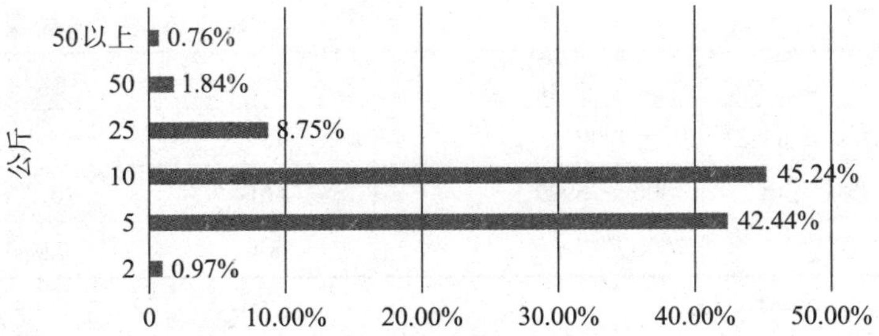

图3.9　消费者的购买重量规格

通过交叉性分析可知，居民购买大米的重量规格与年龄、家庭人数、家庭月食物支出、是否重视营养及是否制订饮食计划具有显著相关性（$p < 0.01$）。具体来讲，越年轻的消费者越愿意购买大规格的大米，例如购买50公斤以上规格大米的人中，30岁以下的消费者占比达到71.40%；家庭人数越少，消费者越愿意购买小规格的大米，例如家庭成员为1人的消费者中，购买5公斤规格大米的比例为69.60%，而购买25公斤以上规格大米的比例为4.50%；家庭月食物支出越多，消费者越愿意购买大规格的大米，例如家庭月食物支出低于1000元的消费者购买5公斤规格大米的比例最高，为57.60%，支出高于2000元的消费者更愿意购买10公斤规格的大米；消费者越重视营养信息并制订饮食计划，越会倾向购买大规格的大米。

居民最常购买大米的价格为2～3元/斤。根据调查，中低价格的大米是消费者最常购买的大米。调查者最常在超市购买大米的价格为2～3（≥2且＜3）元/斤和1～2（≥1且＜2）元/斤，分别占比62.53%和19.65%；3～4（≥3且＜4）元/斤、4～5（≥4且＜5）/斤的占比分别为13.82%和4.00%。

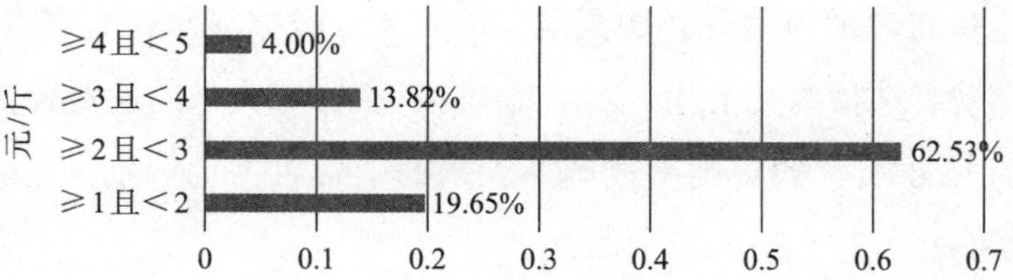

图3.10　消费者的购入单价

通过交叉性分析可知，居民购买大米的价格与学历、家庭月可支配收入、家庭月食物支出及是否制订饮食计划具有显著相关性（$p<0.01$）。具体来讲，受教育程度越高的消费者越愿意购买价格较高的大米；家庭月可支配收入与家庭支出越多，消费者越愿意购买价格较高的大米；消费者制订了饮食计划，越愿意购买价格较高的大米。

根据调查，短周期购买频率是消费者最为偏好的购买频率。调查者最常在超市购买大米的频率为1～2个月，占比为58.64%；3～4个月、5个月至1年的购买频率占比分别为31.64%与9.72%。

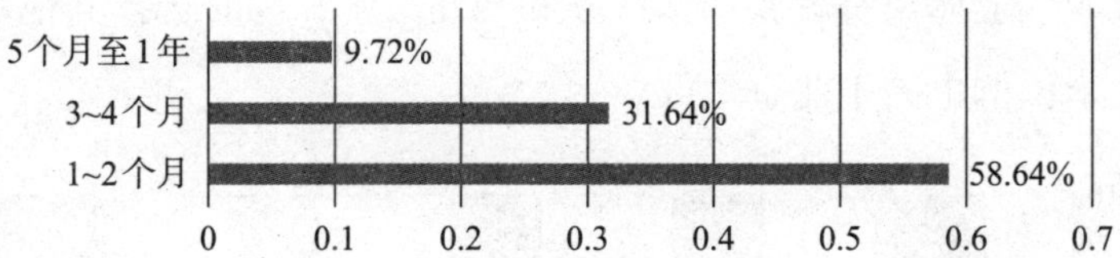

图3.11　消费者的购买频率

通过交叉性分析可知，消费者购买大米的频率与地区、性别和家庭人数具有显著相关性（$p<0.01$）。具体来讲，位于南方地区的上海消费者更倾向于短周期的大米购买频率，位于北方地区的北京消费者更倾向于长周期的大米购买频率；和女性相比，男性在1～2个月内购买大米的比率更高；家庭人数越多，大米消费频率越高。

东北大米为消费者购买最多的大米。数据显示，有77.70%的消费者选择购买东北大米，其次是购买江苏大米的消费者，占比为15.00%，购买湖南或国外大米的消费者占比分别为2.60%和0.80%。

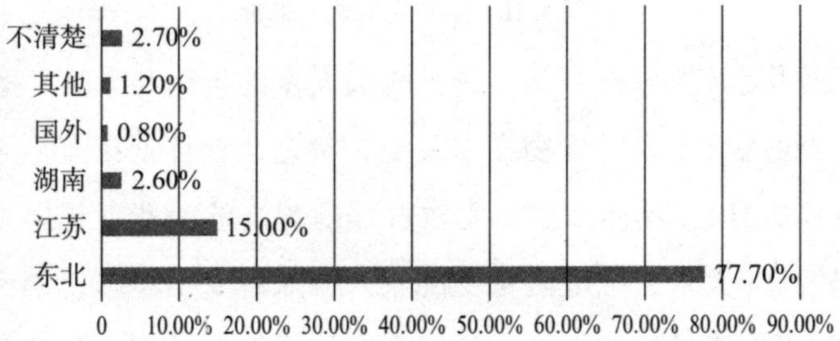

图3.12　消费者购买大米的产地

通过交叉性分析可知，消费者对大米产地的选择与地区呈显著性影响（$p < 0.01$）。由图3.13可知，北京消费者更加倾向于消费东北大米；上海消费者的选择则更加多元，受到地区与饮食文化影响，上海消费者会选择江苏和湖北大米，同时选择其他地区的大米比例也高于北京地区。

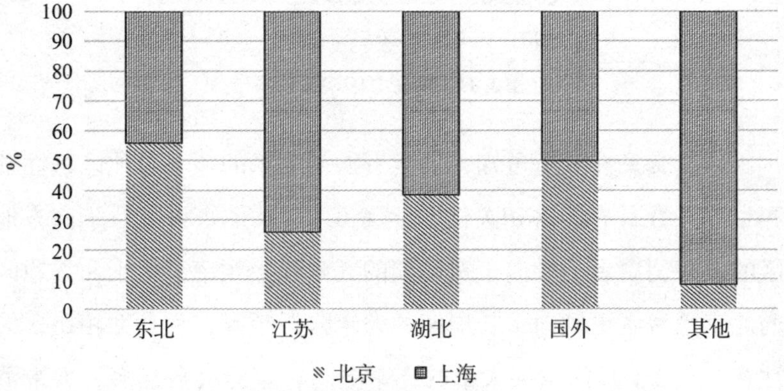

图3.13　北京和上海的消费者购买大米的产地特征

从大米品种来看，粳米是大部分消费者选择的品种。根据统计数据可知，粳米和籼米的消费占比分别为64.30%和32.00%，在超大型消费较高的城市，较为优质的粳米有巨大的消费需求。

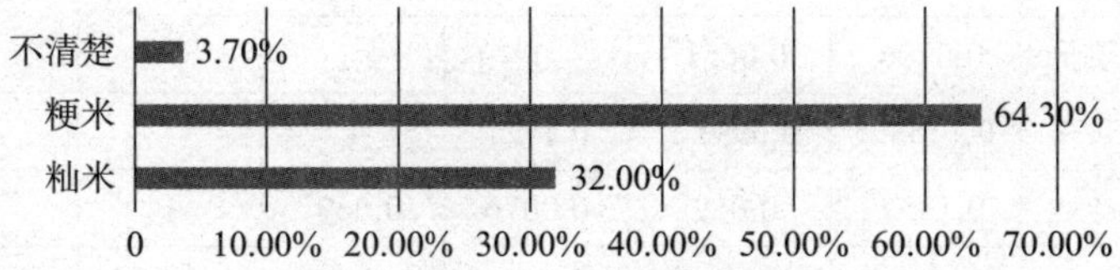

图3.14　消费者购买大米的类别

通过交叉性分析可知，消费者对大米品种的选择与地区、年龄、是否重视营养和是否制订饮食计划因素具有显著相关性（$p<0.01$）。在籼米消费人群中，北京和上海地区的消费人群占比分别为52.50%和47.50%；粳米消费人群中，北京和上海地区的消费人群占比分别为48.50%和51.50%。日常消费籼米的人群中，占比最高的为30～40岁的人群，占比为39.40%；日常消费粳米的人群中，占比最高的为40～49岁的人群，占比为39.00%。日常消费籼米的人群中，制订饮食计划人群的比例为65.00%，高于消费粳米人群12个百分点；日常消费籼米的人群中，极度重视营养的人群的比例为63.40%，高于消费粳米人群10个百分点。

2. 大米购买行为相关性分析

根据相关性分析，由表3.84可知，消费者的大米消费行为在各因素间存在一定的显著相关。例如购买渠道与购买规格、购买频率和购买产地在0.01水平上显著相关，购买渠道与购买单价在0.1水平上显著相关；购买规格与购买频率、购买产地和购买品种在0.01水平上显著相关，购买规格与购买单价、购买产地在0.1水平上显著相关；购买单价与购买品种在0.1水平上显著

表3.84　　大米购买行为相关性分析

	购买渠道	购买规格	购买单价	购买频率	购买产地	购买品种
购买渠道	1					
购买规格	0.1998***	1				
购买单价	0.0706*	0.0651*	1			
购买频率	0.1453***	0.0991***	0.1721	1		
购买产地	0.185***	0.069*	0.0076	0.069*	1	
购买品种	−0.0189	−0.1406***	−0.0604*	−0.0247	0.0577*	1

注：***代表变量在0.01水平上显著相关，*代表变量在0.1水平上显著相关

相关，购买产地与购买品种在0.1水平上显著相关。

由图3.15可以看出，通常消费者在网络或手机购物平台购买大米的规格较小，集中在2公斤和5公斤；在超市倾向于购买规格较大的大米，如60.0%以上的消费者倾向于在超市购买10公斤及以上的大米，将近55.0%的消费者愿意在超市购买25公斤的大米，70.0%的消费者愿意在超市购买50公斤的大米。

由图3.16可以看出，随着大米单价的提高，消费者在网络或手机购物平台购物的比例增加，说明消费者一定程度上，愿意在

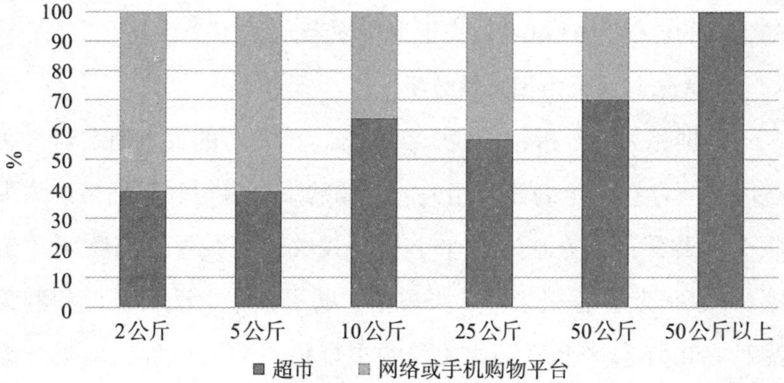

图3.15　购买平台与规格

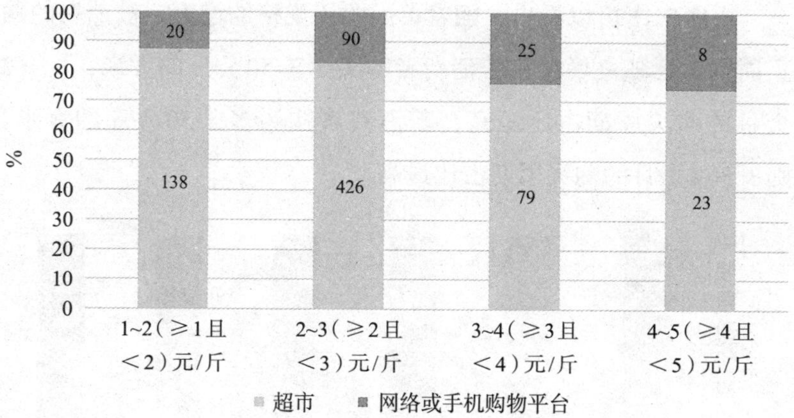

图3.16 购买平台与价格

网络或手机购物平台购买价格略高的大米。

由图3.17可以看出，通常消费者在网络或手机购物平台的购买周期较短，从购买人次上看，消费者大米的购买频率主要集中在1～2个月和3～4个月，分别占总人次的60.6%和31.6%。从购买平台结构上看，超市依然是大米购买的主要渠道，82.3%的消费者选择从超市购买大米，不同购买频率的消费者中，在超市购买的消费者均占77.0%以上。

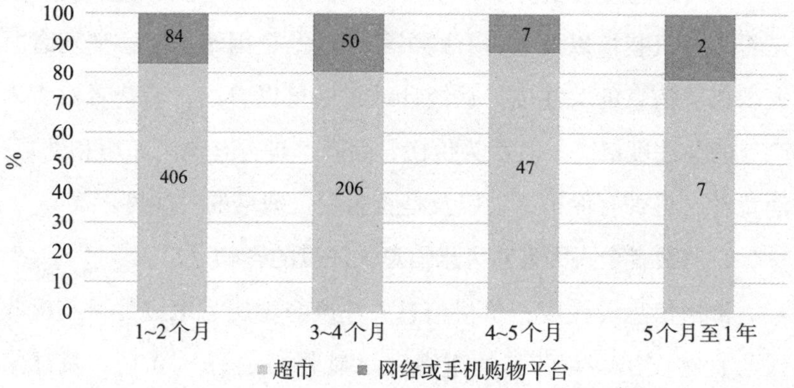

图3.17 购买平台与周期

由图3.18可以看出，随着单次购买规格的增大，被消费的购买周期也会随之增长，若消费者购买少于50公斤的大米，1～2个月的购买周期占比最高；若消费者购买多于50公斤的大米，则3～4个月的购买周期占比最高。

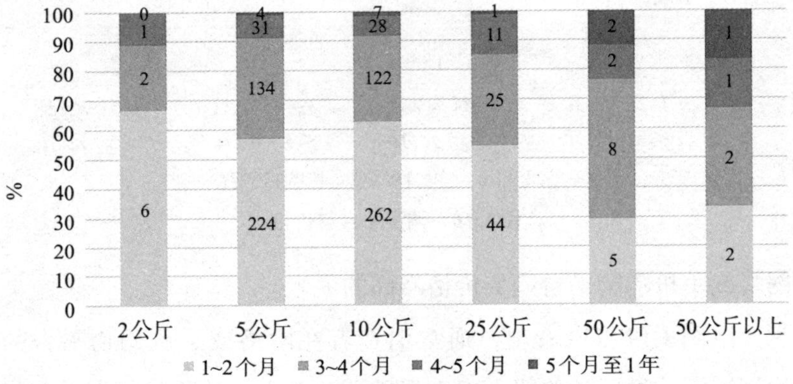

图3.18　购买周期与规格

（三）消费者对大米相关信息的关注度

1. 结果的基本描述

调研问卷设置了价格、外观、产地、品牌、是否有促销活动、是否为有机栽培以及是否有购买经历这七个因素来考察消费者对大米相关信息的关注度。从统计结果中可以看出，消费者对大米产地的关注度最高，其次为价格、品牌、是否有购买经历和外观；消费者对是否有促销活动以及是否为有机栽培的关注度不高。

2. 消费者个人因素对大米信息关注度的影响

价格信息关注度：价格信息关注度与学历、家庭月可支配收入与食物支出、对营养的重视度呈显著相关（$p < 0.1$）。具体来讲，价格信息关注度与学历呈负相关，说明随着消费者学历的提

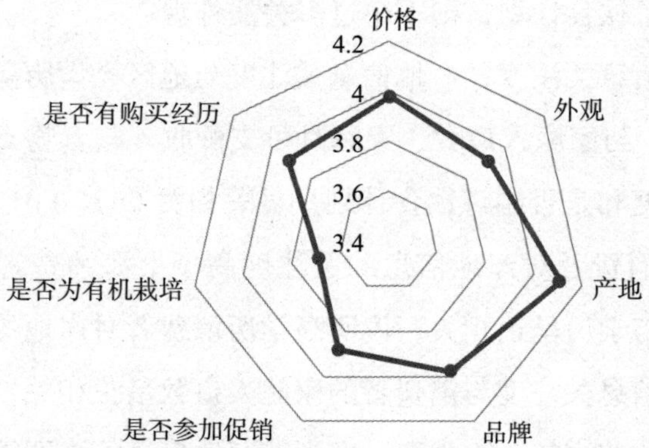

图3.19　消费者购买大米的关注点

高，消费者对价格的关注度在降低；价格信息关注度与家庭月可支配收入与食物支出呈负相关，说明随着消费者可支配收入和食物支出的增加，消费者对价格的关注度在下降；价格信息关注度与消费者对营养的重视程度呈正相关，说明随着消费者对营养的重视程度提高，消费者对价格的关注度也提高。

外观信息关注度：外观信息关注度与职业属性、家庭人口数、家庭月可支配收入与食物支出、对营养的重视度和是否制订饮食计划呈显著相关（$p < 0.01$）。具体来讲，外观信息关注度与是否从事全职工作呈正相关，说明从事全职工作的消费者对外观的关注度较高；外观信息关注度与消费者的家庭人口数呈正相关，说明随着家庭人口数的增加，购买者对大米的外观越重视；外观信息关注度与家庭月可支配收入与食物支出呈正相关，说明随着消费者可支配收入和食物支出的增加，消费者对外观的关注度在上升；外观信息关注度与消费者对营养的重视程度呈正相关，说明消费者对营养的重视程度与外观信息关注度呈正相关。外观信息关注度与消费者是否制订饮食计划呈负相关，说明消费

者若制订了饮食计划，则不会过多关注外观。

产地信息关注度：产地信息关注度与地区、学历呈显著相关（$p < 0.1$），与家庭人口数、家庭月可支配收入与食物支出、对营养的重视度和是否制订饮食计划呈显著相关（$p < 0.01$）。具体来讲，北京消费者对产地信息的关注度高于上海消费者；产地信息关注度与学历呈正相关，说明高学历消费者对产地的关注度较高；产地信息关注度与消费者的家庭人口数呈正相关，说明随着家庭人口数的增加，购买者对大米的产地信息关注度越高；产地信息关注度与家庭月可支配收入与食物支出呈正相关，说明随着消费者可支配收入和食物支出的增加，消费者对产地的关注度在上升；产地信息关注度与消费者对营养的重视程度呈正相关，说明消费者对营养的重视程度与信息关注度呈正相关。产地信息关注度与消费者是否制订饮食计划呈负相关，说明消费者若制订了饮食计划，则不会过多关注产地。

品牌信息关注度：品牌信息关注度与地区、年龄呈显著相关（$p < 0.1$）；与学历、是否从事全职工作、家庭人口数、家庭月可支配收入与食物支出、对营养的重视度和是否制订饮食计划呈显著相关（$p < 0.01$）。具体来讲，北京消费者对品牌信息关注度低于上海地区消费者；品牌信息关注度与年龄呈负相关，说明年轻的消费者对品牌的关注度更高；品牌信息关注度与学历呈正相关，说明高学历消费者对品牌的关注度较高；从事全职工作的人群对品牌信息的关注度高于从事非全职工作的人群。对品牌信息的关注度与消费者的家庭人口数呈正相关，说明随着家庭人口数的增加，购买者对大米的品牌越重视；品牌信息关注度与家庭月可支配收入与食物支出呈正相关，说明随着消费者可支配收入和

食物支出的增加，消费者对品牌的关注度在上升；品牌信息关注度与消费者对营养的重视程度呈正相关，说明消费者对营养的重视程度与信息关注度呈正相关。品牌信息关注度与消费者是否制订饮食计划呈负相关，说明消费者若制订了饮食计划，则不会过多关注品牌。

是否参加促销信息关注度：是否参加促销信息关注度与地区、学历呈显著相关（$p<0.1$），与家庭月可支配收入与食物支出、对营养的重视度和是否制订饮食计划呈显著相关（$p<0.01$）。具体来讲，北京消费者对是否参加促销信息关注度高于上海消费者；是否参加促销信息关注度与学历呈负相关，说明高学历消费者对是否参加促销信息的关注度较低；是否参加促销信息关注度与家庭月可支配收入与食物支出呈负相关，说明随着消费者可支配收入和食物支出的增加，消费者对是否参加促销的信息关注度在下降；是否参加促销信息关注度与消费者对营养的重视程度呈正相关，说明消费者对营养的重视程度与是否参加促销的信息关注度呈正相关。是否参加促销信息关注度与消费者是否制订饮食计划呈负相关，说明消费者若制订了饮食计划，则不会过多关注是否参加促销。

是否为有机栽培信息关注度：是否为有机栽培信息关注度与年龄、是否从事全职工作、家庭人口数、家庭月可支配收入与食物支出、对营养的重视度和是否制订饮食计划呈显著相关（$p<0.01$）。具体来讲，是否为有机栽培信息关注度与年龄呈负相关，说明年轻的消费者对是否为有机栽培的关注度更高；是否为有机栽培信息关注度与学历呈正相关，说明高学历消费者对是否为有机栽培的关注度较高；从事全职工作的人群对是否为有机栽

培信息关注度高于从事非全职工作的人群。对是否为有机栽培信息的关注度与消费者的家庭人口数呈正相关，说明随着家庭人口数的增加，购买者对大米是否为有机栽培越重视；是否为有机栽培信息关注度与家庭月可支配收入与食物支出呈正相关，说明随着消费者可支配收入和食物支出的增加，消费者对是否为有机栽培的信息关注度在上升；是否为有机栽培信息关注度与消费者对营养的重视程度呈正相关，说明消费者对营养的重视程度与信息关注度呈正相关。是否为有机栽培信息关注度与消费者是否制订饮食计划呈负相关，说明消费者若制订了饮食计划，则不会过多关注是否为有机栽培。

是否有购买经历信息关注度：是否有购买经历信息关注度与地区呈显著相关（$p < 0.1$）；与年龄、是否从事全职工作、家庭人口数、家庭月可支配收入与食物支出、对营养的重视度和是否制订饮食计划呈显著相关（$p < 0.01$）。具体来讲，北京消费者对是否有购买经历信息关注度低于上海消费者；是否有购买经历信息关注度与年龄呈负相关，说明年轻的消费者对是否有购买经历的关注度更高；从事全职工作的人群对是否有购买经历信息关注度高于从事非全职工作的人群。对是否有购买经历信息的关注度与消费者的家庭人口数呈正相关，说明随着家庭人口数的增加，购买者对大米的是否有购买经历越重视；是否有购买经历信息关注度与家庭月可支配收入与食物支出呈正相关，说明随着消费者可支配收入和食物支出的上升，消费者对是否有购买经历的关注度在上升；是否有购买经历信息关注度与消费者对营养的重视程度呈正相关，说明消费者对营养的重视程度与对是否有购买经历的关注度呈正相关。是否有购买经历信息关注度与消费者是否制

订饮食计划呈负相关，说明消费者若制订了饮食计划，则不会过多关注是否有购买经历。

2. 大米信息关注度对购买行为的影响

价格信息关注度：价格信息关注度与大米购买单价呈显著负相关（$p < 0.1$），这一结果符合经济学假定，即说明消费者越关注价格信息，其越倾向于购买廉价大米。

外观信息关注度：外观信息关注度与购买规格、购买频率呈显著相关（$p < 0.01$）；与产地和品种呈显著相关（$p < 0.1$）。具体来讲，外观信息关注度与购买规格呈正相关，说明消费者越关注大米外观，越愿意一次性购买足够多的达到其预期品相的大米；外观信息关注度与购买频率呈负相关，说明消费者越关注大米外观，其购买频率越低，与上文关注外观信息的消费者倾向于购买更大规格的大米是一致的，即消费者越关注大米外观，越倾向于少次、大量购买大米；消费者越关注大米外观，就越愿意购买品相优质的东北大米；消费者越关注大米外观，就越愿意购买品相优质的粳米。

产地信息关注度：产地信息关注度与购买价格、购买规格、购买频率、产地和品种呈显著相关（$p < 0.01$）。具体来讲，产地信息关注度与大米购买单价呈正相关，说明消费者越关注产地信息，其越倾向于购买价格高的大米；产地信息关注度与购买规格呈正相关，说明消费者越关注大米产地，越倾向于购买大包装的达到其预期产地的大米；产地信息关注度与购买频率呈负相关，说明消费者越关注大米产地，其购买频率越低，与上文关注产地信息的消费者倾向于购买大包装的大米是一致的，即消费者越关注产地信息，越倾向于少次、大量购买符合其产地预期的大米；

消费者越关注大米产地，就越愿意购买品相优质的东北大米；消费者越关注大米产地，就越愿意购买品相优质的粳米。

品牌信息关注度：品牌信息关注度与购买价格呈显著相关（$p<0.1$）；与购买规格、购买频率、产地和品种呈显著相关（$p<0.01$）。具体来讲，品牌信息关注度与大米购买单价呈正相关，说明消费者越关注大米品牌，其越倾向于购买价格高的大米；品牌信息关注度与购买规格呈正相关，说明消费者越关注大米品牌，越愿意一次性购买足够多的达到其预期品相的大米；品牌信息关注度与购买频率呈负相关，说明消费者越关注大米品牌，其购买频率越低，即长周期地购买大米；消费者越关注大米品牌，就越愿意购买品相优质的东北大米；消费者越关注大米品牌，就越愿意购买品相优质的粳米。

是否参加促销信息关注度：是否参加促销信息关注度与购买价格呈显著相关（$p<0.01$）；与产地和品种呈显著相关（$p<0.01$）。具体来讲，是否参加促销信息关注度与大米购买单价呈正相关（$p<0.1$），说明消费者越关注是否参加促销信息，其越倾向于购买价格高的大米；消费者越关注是否参加促销信息，就越愿意购买品相优质的东北大米；消费者越关注是否参加促销信息，就越愿意购买粳米。

是否为有机栽培信息关注度：是否为有机栽培信息关注度与购买价格、购买规格、产地和品种呈显著相关（$p<0.01$）。具体来讲，是否为有机栽培信息关注度与大米购买单价呈正相关（$p<0.1$），说明消费者越关注是否为有机栽培信息，其越倾向于购买价格高的大米；是否为有机栽培信息关注度与购买规格呈正相关，说明消费者越关注是否为有机栽培信息，越愿意一次性购买

足够多的达到其预期品相的大米；消费者越关注是否为有机栽培信息，就越愿意购买品相优质的东北大米；消费者越关注是否为有机栽培信息，就越愿意购买品相优质的粳米。

是否有购买经历信息关注度：是否有购买经历信息关注度与购买价格、购买规格、购买频率和品种呈显著相关（$p<0.1$）。具体来讲，是否有购买经历信息关注度与大米购买单价呈正相关，说明消费者越关注是否有购买经历信息，其越倾向于购买价格高的大米；是否有购买经历信息关注度与购买规格呈正相关，说明消费者越关注是否有购买经历，越会一次性购买足够多的达到其预期品相的大米；是否有购买经历信息关注度与购买频率呈负相关，说明消费者越关注是否有购买经历，其购买频率越低，即长周期地购买大米；消费者越关注是否有购买经历，就越愿意购买品相优质的东北大米；消费者越关注是否有购买经历，就越愿意购买品相优质的粳米。

（四）消费者对大米食味品质的偏好与影响因素

1. 消费者对大米食味品质的偏好

由表3.85可知，消费者对大米食味品质的偏好各不相同。对大米的气味，有70.9%的消费者偏好气味清香型，15.8%的消费者偏好气味浓郁型，9.0%的消费者偏好无香味也无异味的大米。对大米的外观，有51.0%的消费者偏好饭粒颜色洁白、有光泽以及颗粒完整的大米，29.2%的消费者偏好饭粒颜色正常、稍有光泽以及颗粒大部分完整的大米，15.7%的消费者偏好这两种之间的状态。对味道而言，偏好有淡淡香味和甜味大米的消费者最多，占67.8%；偏好有浓郁香味和甜味大米以及有短暂香味和甜

表3.85　　消费者对于大米食味品质偏好

		频数（人）	频率（%）			频数（人）	频率（%）
气味	有异味	4	0.4	软硬度	软	17	1.7
	无香味，也无异味	90	9.0		较软	144	14.4
	香气不明晰	39	3.9		软硬适中	735	73.5
	米饭清香	709	70.9		较硬	90	9.0
	香气浓郁	158	15.8		硬	14	1.4
外观	饭粒颜色发黄或发灰、无光泽、颗粒出现爆花	15	1.5	黏性	无黏性	8	0.8
	介于两者之间	26	2.6		有黏性，基本不粘牙	164	16.4
	饭粒颜色正常、稍有光泽及颗粒大部分完整	292	29.2		滑爽、不粘牙	435	43.5
	介于两者之间	157	15.7		有黏性，略微粘牙	337	33.7
	饭粒颜色洁白、有光泽及颗粒完整	510	51.0		有黏性，粘牙	56	5.6
味道	无香味和甜味，有异味	5	0.5				
	无香味和甜味	24	2.4				
	有短暂的香味和甜味	133	13.3				
	有淡淡的香味和甜味	678	67.8				
	有浓郁的香味和甜味	160	16.0				

味大米的消费者占比分别为16.0%和13.3%。大部分消费者喜欢软硬适中的大米，占比为73.5%；喜欢较硬或者较软大米的人比例分别为9%和14.4%。消费者对大米黏性的偏好差异较大，喜欢滑爽、不粘牙大米的人群占43.5%；喜欢有黏性，略微粘牙大米的人群比例为33.7%；喜欢有黏性，基本不粘牙大米的人群比例为16.4%。

2. 影响因素分析

气味：消费者对大米气味的偏好与消费者年龄及对营养的关注度有显著相关性（$p < 0.01$）。具体来说，随着消费者年龄的增加，就越偏好气味浓郁的大米；消费者对营养的关注度越高，就越偏好气味浓郁的大米。

外观：消费者对大米外观的偏好与消费者性别、年龄及对营养关注度有显著相关性（$p < 0.01$）。具体来说，女性消费者更加偏好外观更加优质的大米，例如更好的光泽度、洁白度和颗粒完整度；随着消费者年龄增加和对营养关注度的增高，消费者更加倾向于外观更优质的大米。

味道：消费者对大米味道的偏好与消费者性别及对营养关注度有显著相关性（$p < 0.01$）。具体来说，女性消费者更加偏好味道更加清香以及甜度更高的大米；随着消费者对营养关注度的提高，消费者更加倾向于味道更加清香以及甜度更高的大米。

（五）居民户内外大米消费情况

1. 大部分消费者将大米作为主食，且不同就餐地点比重不同

由表3.86的数据可知，无论消费者就餐地点如何更改，大米消费比重都大于60%，其中，消费者在户内就餐时把大米作为主食的占比最高，为71%；其次为在单位食堂就餐，为67%；在外就餐的话，消费者往往有更多的消费选择，大米作为主食的比例最低，为64%。

2. 每次食用量多数为50～150克

由表3.87的数据可知，无论消费者就餐地点如何更改，大米消费量大多数在50～150克，其中，消费者在户内就餐和单位食

表3.86　　居民户内外主食消费

		频数（人）	频率（%）
户内就餐	面食	1087	29
	大米	2599	71
单位食堂就餐	面食	969	33
	大米	1930	67
在外就餐	面食	925	36
	大米	1637	64

堂就餐时大米食用量分布基本相似；在外就餐的话，消费者往往有更多的消费选择，大米摄入量小于在户内就餐和单位食堂就餐。

3.更多样的食物选择成为不吃米饭的主要原因

由图3.20的数据可知，有38%的人群认为其日常饮食有较多菜，所以不吃米饭；还有34%的人群认为有更多主食可以选择，所以不吃米饭，说明食物多样性在一定程度上降低了米饭的食用量；还有16%的人群日常食用面食，不吃米饭。

表3.87　　居民户内外主食消费频度和重量

	大米消费量（克）	频数（人）	百分比（%）
户内就餐	＜50	163	19
	50~150	599	68
	151~3000	118	13
单位食堂就餐	＜50	125	17
	50~150	522	69
	151~3000	105	14
在外就餐	＜50	282	42
	50~150	332	50
	151~3000	52	8

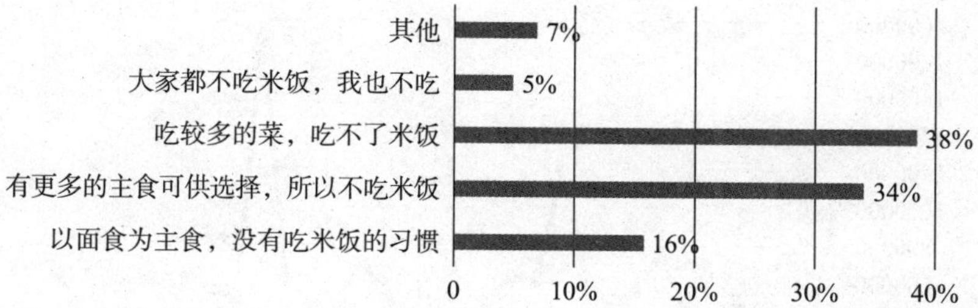

图3.20　主食的消费习惯

四、基于POS数据的大米消费趋势与特征分析

（一）大米消费趋势分析

1. 每年年初未出现较为明显的增长趋势

从2018年1月至2020年10月定点监测的10家连锁超市大米销售数据看，每年农历新年前大米的销售出现周期性跳跃，随后销售额出现回落，并降至日常稳定的区间范围内。除每年农历新年前的跳跃外，大米常年每月的销售额稳定在40万元到60万元，销售额环比增长或减少的百分比不超过20%，基本呈平稳状态。2019年1月大米的销售额为121.2万元，较2018年12月增加58.5万元，环比增长93.3%；2020年1月大米销售额为190.3万元，较2019年12月增加128.3万元，环比增长206.9%（图3.21）。

从销售数量来看，定点监测的10家连锁超市大米销售量的变化情况基本与销售额情况一致，2018年至2019年大米每月的销售量基本稳定在1.8万吨到3.5万吨，到2020年1月，大米销售量达到4.3万吨，出现显著提升。从2月开始，大米销售量大幅减至2.1万吨，环比下降51.2%。从2020年8月开始，大米销量出现缓慢恢复性增长；9月大米销售量为2.4万吨，环比增长

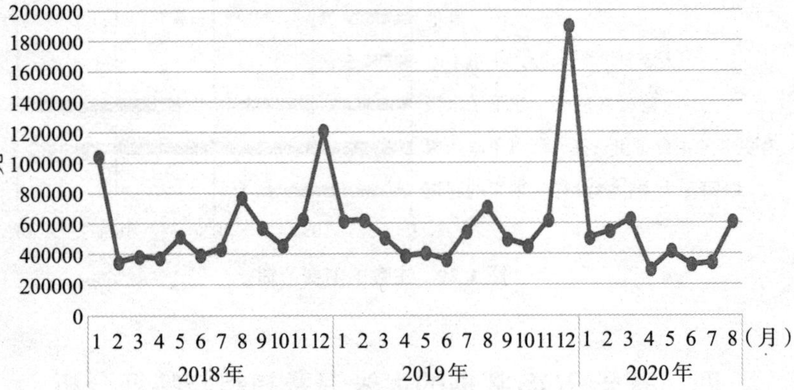

图3.21　大米销售金额

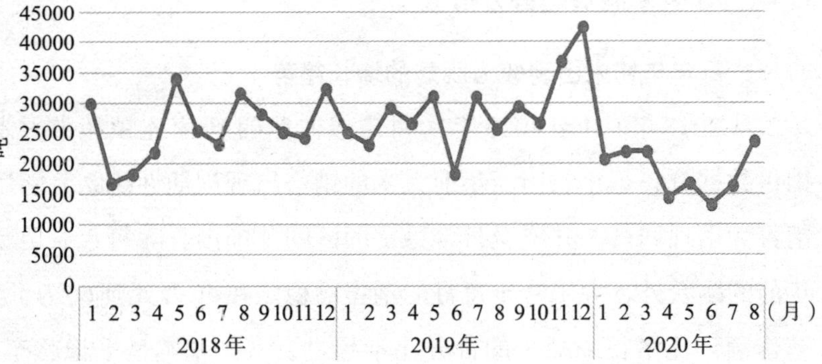

图3.22　大米的销售量

44.6%(图3.22)。

2. 有机与非有机产品出现不同的特征

从2018年1月至2020年10月的定点监测的10家连锁超市的大米销售数据分析可得出，每年的销售额有所差异，且有机产品与非有机产品的销售额差异明显。2018年有机大米还属于利基产品，每月销售额都不高于2000元；2019年的1—11月基本没有销售额；从2019年12月到2020年，有机大米的销售迎来了爆发式增长，在2020年7月达到顶峰，销售额达到17416.6元(图3.23)。

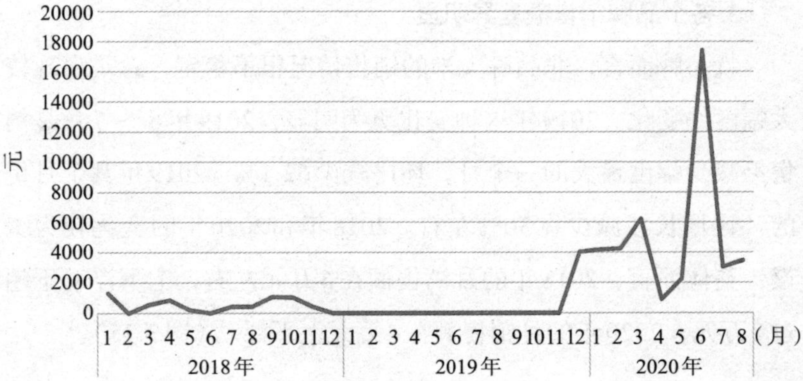

图3.23　有机大米销售额

非有机大米的月销售额表现出与总销售额相同的趋势，即在每年年初出现急速增加的情况，2019年初增长到121.2万元。与总销售额趋势不同的是，非有机大米的月销售额在年初出现大幅增长之前，都会先出现一个小幅的增长，一般出现在8月，销售额大约在70万元，其他月份销售额都稳定在40万元左右（图3.24）。

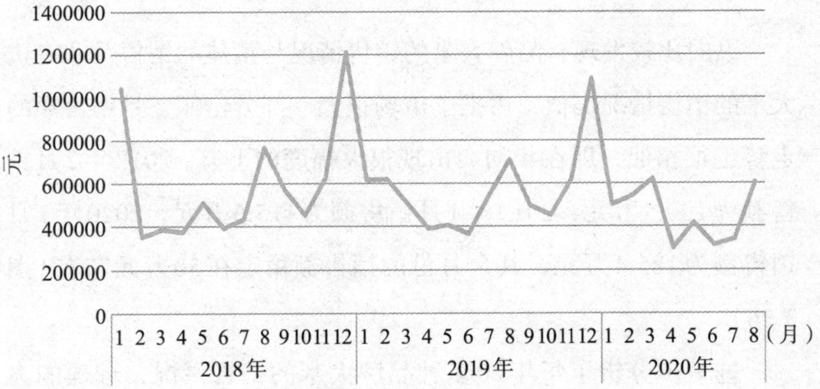

图3.24　非有机大米销售额

3.各个品牌销售额差异明显

就品牌而言，非品牌大米的销售情况很不稳定，总是出现较大幅度的变化。2019年这种变化更为明显，2019年6～7月是销售额减少幅度最大的一个月，环比减少62.1%，2019年其余月份的环比增长或减少在30%左右。2018年和2020年的变化较为缓慢，整体而言，2018年的月销售额在6万元左右，上下浮动不超过2万元，2020年的月销售额在4万元上下浮动（图3.25）。

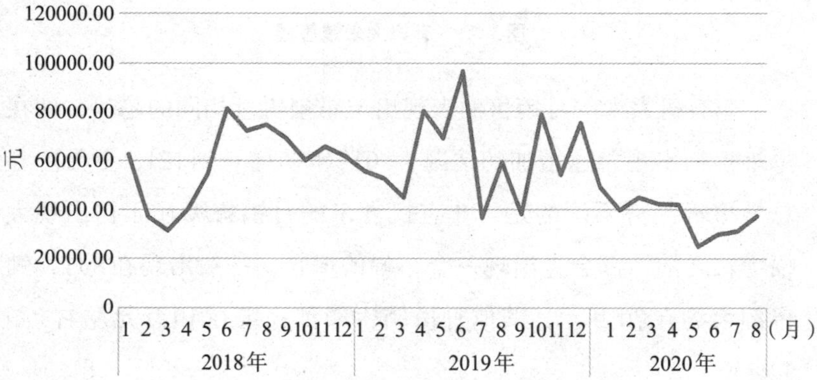

图3.25　非品牌大米的销售情况

纵向比较发现，品牌大米的销售情况与整体的销售及非有机大米的销售情况类似，占据了市场很大一部分份额，且销售额的走势也很相似，即在年初会出现很大幅度的上升，2018年2月销售额为100.5万元，2019年1月销售额为115.6万元，2020年1月销售额为185.4万元，其余月份的销售额稳定在50万元左右（图3.26）。

进一步分析了每年20多种品牌大米的销售情况，璀璨的大米连续3年取得了最高的销售额，排名前3位的品牌占据整体销售额的55%以上。璀璨、福临门、金龙鱼的销售额都比较稳

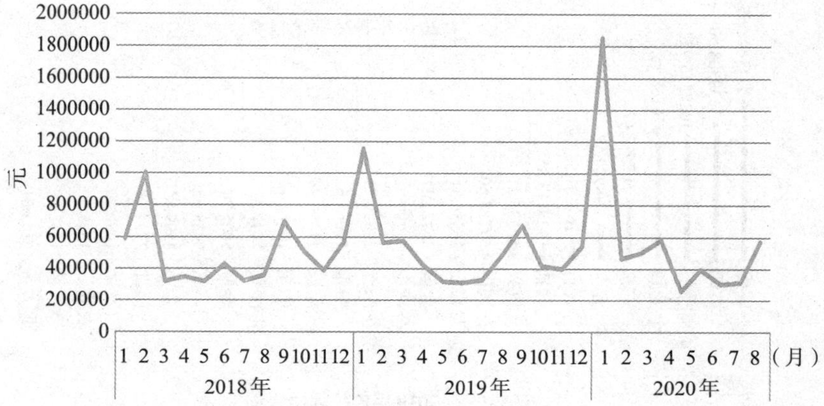

图3.26　品牌大米的销售情况

定，但古船的销售额呈直线下降，2019年比2018年下降54.6万元，环比下降91.9%；2020年前9个月古船的销售额只有11.9万元，不到2019年的1/5。每年最高销售额与最低销售额的差异巨大（图3.27）。

3. 散装袋装与有机非有机的变化基本同步

散装大米的销售额波动情况与非品牌大米类似，每个月都有一定幅度的增加或减少，基本在10万元上下波动；而袋装大米销售情况与整体的销售额波动情况类似，在每年的年初都出现大幅增长的情况。袋装大米在2018年初和2019年初的销售额分别为96.2万元、112.2万元，环比增长分别为76.9%、112.4%；而2020年年初的销售额出现巨大幅度的增长，为180万元，环比增长276%。值得注意的是，袋装大米销售额在每年8月也会出现较小幅度的上升，在2018年和2019年这种特征明显，2018年8月的销售额为6.9万元，环比增长99.7%；2019年8月的销售额为62.6万元，环比增长42.7%；其余月份表现出缓慢的增长速度，环比增长或下降在20%左右，销售额在30万元左右，如图3.28所示。

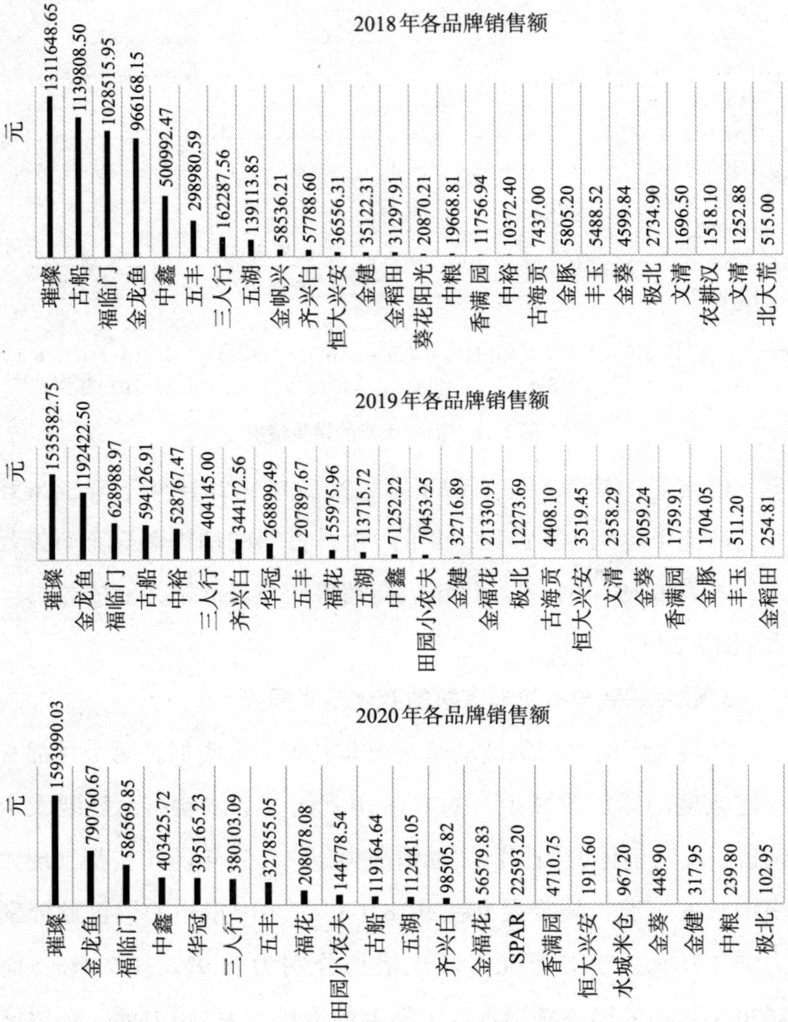

图3.27　2018—2020年各品牌销售额明细

（二）大米消费的特征分析

1.大米总体销售节庆特点明显

大米总体销售表现出明显的节庆特点，每年1月因消费者

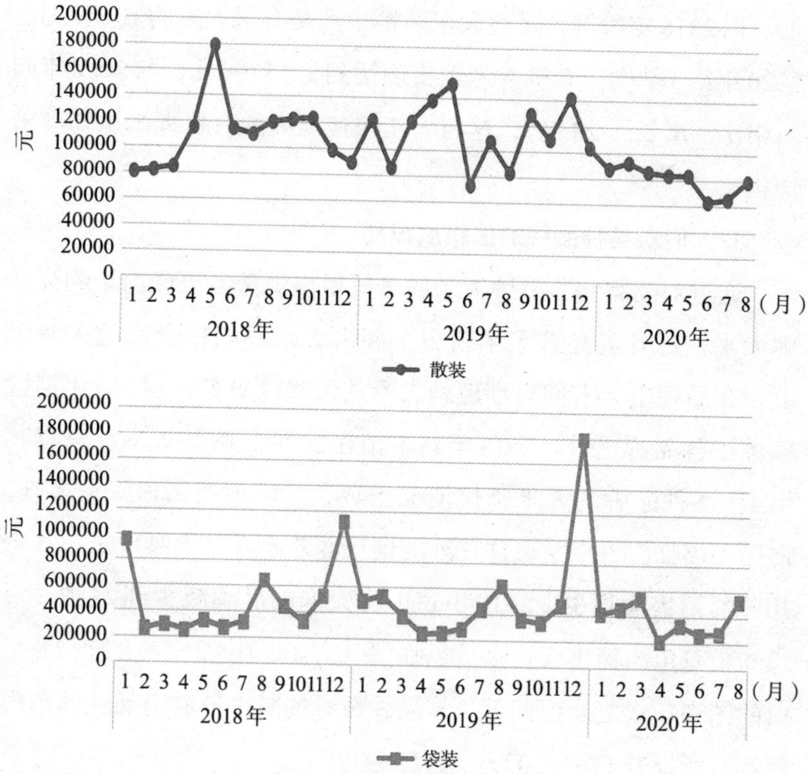

图3.28　袋装和散装的销售额

采购年货，销售金额在平时的1.5～3倍。例如，2018年1月，大米销售金额从上月的65.3万元上升到104.2万元，环比增长59.6%。2019年1月，大米销售金额从上月的62.7万元上升到121.2万元，环比增长93.3%。2020年1月，年货采购叠加新冠肺炎疫情影响，大米销售金额更是从上月的62万元上升到190.3万元，增幅超过200%。

2. 市场以普通大米为主，有机大米销售额快速增长

当前市场上，依然以普通大米为主，有机大米市场份额相对较小，但增速较快。2018年和2019年，市场有机大米销售额极低。以2018年为例，普通大米的销售额是有机大米的10倍以上。2020年第3季度，有机大米销售额达到了45798元，与2018年同期相比，增长了78.4%，这与人们快速提高的有机大米认知度密切相关。

3. 人们对某种品牌的信赖度很高

通过对品牌和非品牌大米的分析得出消费者更倾向于购买品牌大米，每月的品牌大米销售金额占大米总销售金额的90%以上。在品牌中，人们对璀璨牌大米的信赖度更高，连续3年销售额位于各品牌之首。2018年超市销售26种品牌的大米，只有其中4～5种品牌的大米销售情况乐观，除璀璨的销售额最多外，古船、福临门、金龙鱼这三种的销售额差不多，中鑫次之，其余几种的销售额很少。2019年超市将大米的品牌减少到24种，璀璨和金龙鱼的销售额较多，福临门、古船、中裕、三人行、齐兴白的销售额次之。由此可见，品牌数量的减少使各个品牌的销售额都有所提升（图3.29）。

4. 袋装大米的销售更为乐观

从2018—2020年的销售情况来看，散装大米的销售额不及大米总体销售额的1/4，人们更偏向于购买袋装大米且一直很稳定（图3.30）。

综合上述各个维度，可以看出人们更喜欢购买非有机和袋装的某几个固定品牌的大米，且销售额在每年同期都维持在相对稳定的水平，即每月的同比增加或减少都在稳定的状态。

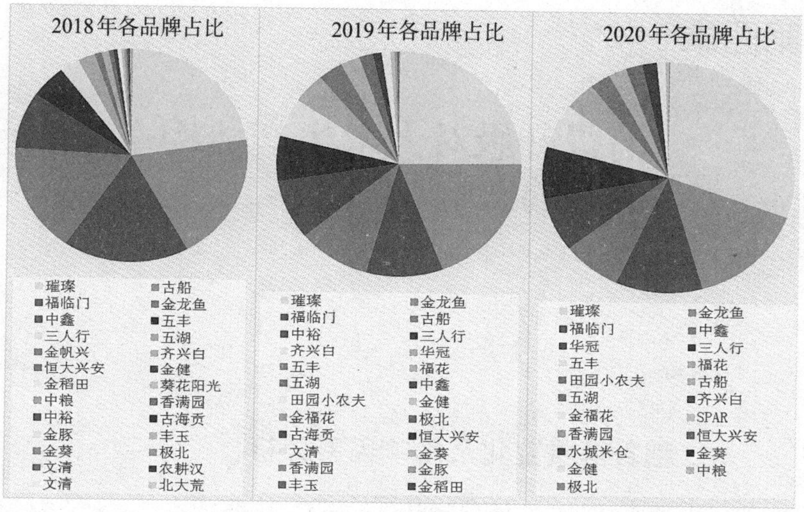

图3. 29　2018—2020年超市销售的品牌

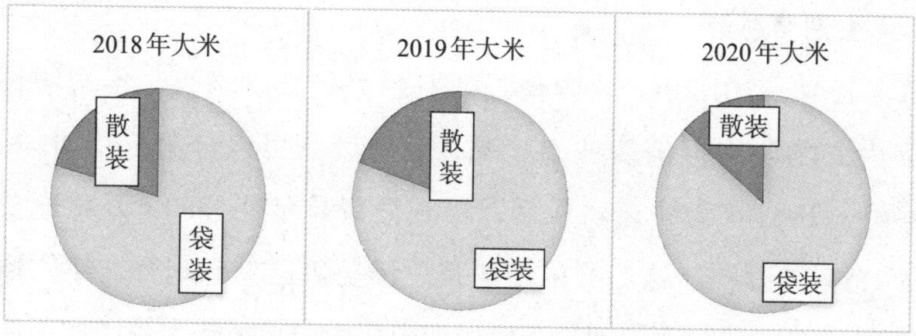

图3. 30　2018—2020年超市销售大米的包装形态比例

第四章

消费升级对大米生产结构调整的影响

一、稻谷消费变化及影响因素分析

（一）稻谷消费变化

1. 消费总量

1961—2016年，我国稻谷消费趋势呈波动增长，年均增长率为2.4%。根据消费波动状况，消费区间可以分为三个阶段。1961—1981年为快速增长期，稻谷消费总量从5380.6万吨增长为13976.1万吨，这期间稻谷消费总体呈快速上升趋势，年均增速为4.9%，其主要原因是人口增加引起的口粮消费大幅增加，这期间口粮消费增量约占稻谷消费总增量的80%。1982—2011年为缓慢波动增长期，稻谷消费总量从15657万吨增长为19385万吨，相比上一阶段增长速度放缓，年均增速为0.7%，主要由口粮和工业用粮消费增长带动。2011—2016年为相对稳定期，稻谷消费总量基本稳定在19222万吨左右，消费总量基本达到高峰（图4.1）。

2. 人均消费

1961—2016年，我国人均稻谷消费呈先增后减趋势，可以分为两个阶段。1961—1984年为快速增长阶段，历时24年，人

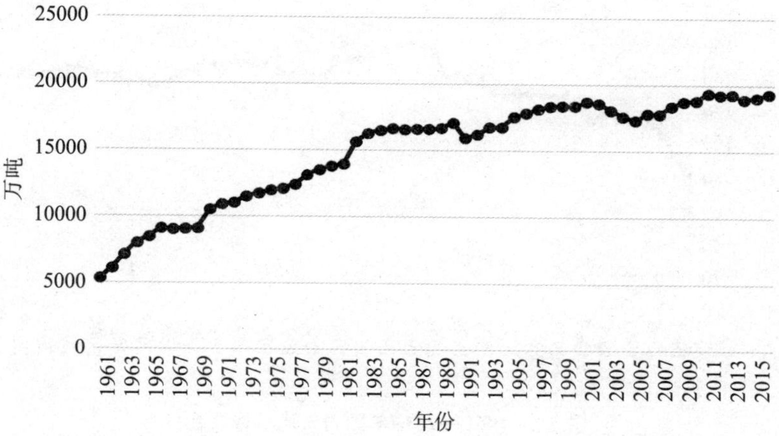

图4.1　1961—2016年国内稻谷消费总量

数据来源：FAO，国家粮油中心

均消费量年均增长3.2公斤，主要原因是人口的急剧增长，由1961年的6.6亿人口增加到1984年的10.4亿人口，供给不足是当时的最大问题，城乡居民生活水平未达到温饱，主食的消费处于增长阶段。1985—2016年为缓慢下降阶段，人均消费量年均下降0.7公斤，主要原因是随着人们生活水平的提高，温饱问题已经解决，饮食结构发生变化，动物性食品消费增加补充了主食产品的消费（图4.2）。

3.用途结构

从用途上看，稻谷消费可以分为食用消费、饲料消费、工业消费和种子用粮四个方面。作为口粮，食用消费一直是稻谷总消费的主体，1961—2016年食用消费平均占稻谷总消费的80%，其次为饲料消费、工业消费和种子用粮，三者分别占总消费量的9%、6%、5%。从变化趋势来看，为满足城乡居民的消费，食用消费的增长与占比明显增加，1961—2016年稻谷消费增量主

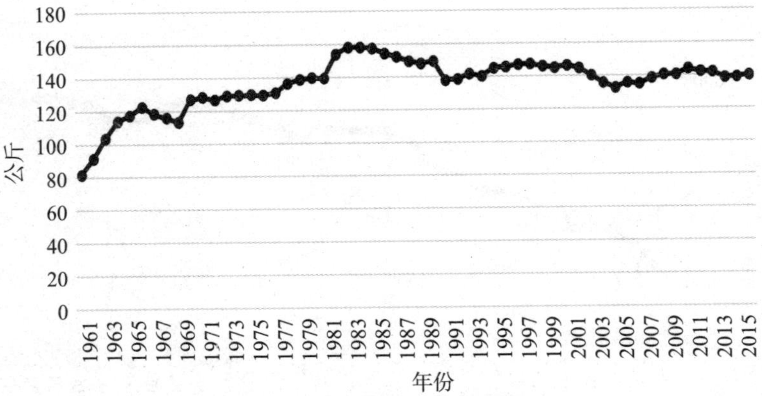

图 4.2　1961—2016年国内人均稻谷消费

数据来源：FAO，国家粮油中心

要来自食用消费部分，这期间稻谷消费增加了13979万吨，其中食用消费增加了11684万吨，食用消费比重由76%增加为81%；同期，饲料消费相对稳定，占比仅下降了1个百分点；工业消费占比略微增加，2016年比1961年增加了1003万吨，其在稻谷总消费中的份额增加了2个百分点；作为种子的稻谷呈下降趋势，2016年比1961年下降了334万吨，在稻谷总消费中所占的比例也从1961年的11%下降到2016年的5%（图4.3、图4.4）。

4.产品结构

按粒型和粒质，稻谷分粳稻和籼稻。籼稻比较适宜生长在高温、强光和多湿的热带及亚热带地区，在我国主要分布于华南热带和淮河以南的亚热带低地；粳稻比较适宜生长在气候温暖的温带、热带高地，在我国主要分布于南部热带、亚热带的高地，华东太湖流域以及华北、西北、东北等温度较低的地区。比较而言，粳米粒形短圆，腹白心较少，胶质率高，米色清亮透明，煮出来的米饭软硬均可，越来越受消费者欢迎。从2015年水稻产

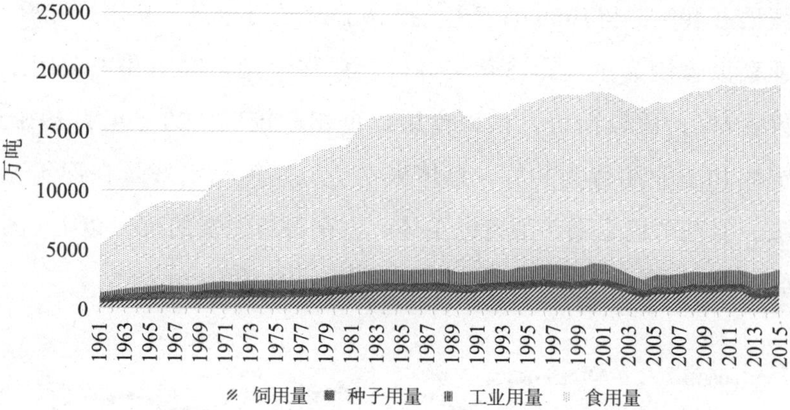

图 4.3　1961—2016 年国内稻谷消费结构趋势图

数据来源：FAO，国家粮油中心

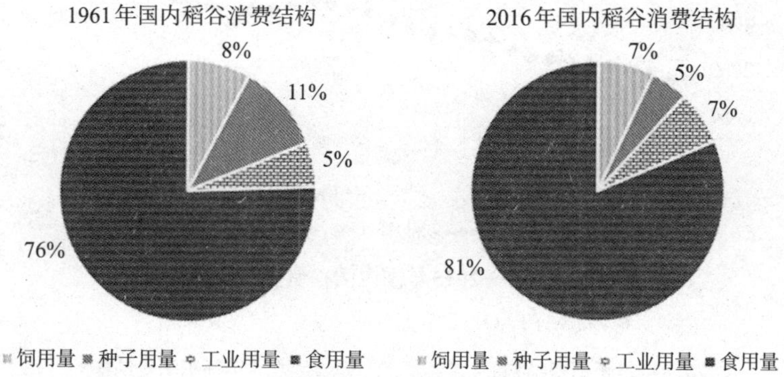

图 4.4　稻谷消费结构对比

数据来源：FAO，国家粮油中心

量数据推算，粳稻消费量已达6807万吨，与1980年相比，增加了5293万吨，年均增长147万吨；相反的是，籼稻的消费量呈波动式下降，2015年籼稻消费量下降至11537万吨，年均下降21万吨。从消费总量上看，2015年籼稻和粳稻的占比分别为63%、37%，与1980年相比，粳稻提高了26个百分点。在食用消费中，粳稻占40%，与1980年相比，提高了27个百分点。从用途上看，粳稻以食用为主，2015年93%以上用作食用，饲用和工业用量仅占6%；比较而言，籼稻食用比重相对较低，2015年为79%，饲用和工业用量为13%。总体来看，虽然粳稻消费量在逐年上涨，但籼稻仍是稻谷消费的主体，占稻谷总消费的60%以上（图4.5、图4.6）。

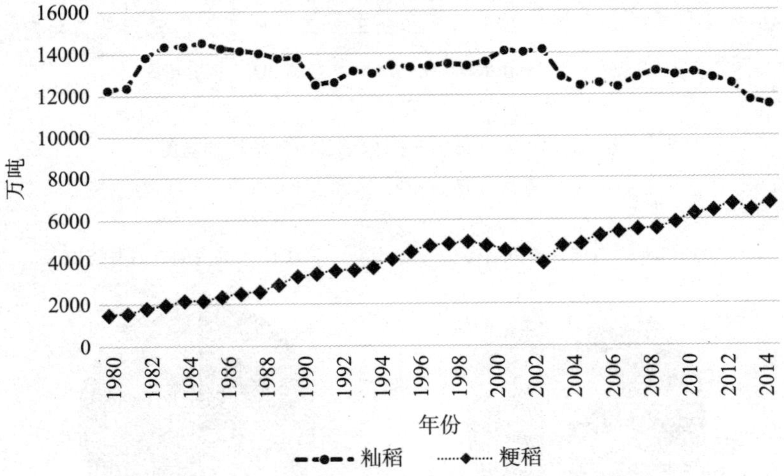

图4.5　1980—2015年国内稻谷消费结构趋势图

数据来源：FAO，国家粮油中心，《中国农业年鉴》

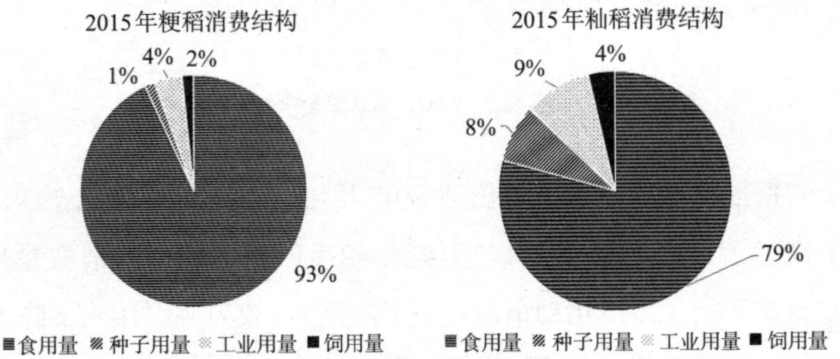

图4.6　2015年粳稻和籼稻消费结构对比

数据来源：FAO，国家粮油中心，《中国农业年鉴》

（二）稻谷消费影响因素分析

1. 数据来源

为了解稻谷消费的影响因素，我们采用统计等数据进行分析。主要数据来源于《中国统计年鉴》《中国农业年鉴》《全国农产品成本收益资料汇编》、FAO数据库、国家粮油中心统计数据、中华粮网数据库，以及王明利博士学位论文《我国粳米生产、消费和贸易的研究》。其中，稻谷、粳稻、籼稻和小麦价格数据来源于《全国农产品成本收益资料汇编》中的各类产品的收购价，稻谷、粳稻、籼稻和小麦的价格根据居民消费价格指数进行平减，人均收入为城乡居民人口加权平均数，并采用居民消费价格指数进行平减以剔除物价波动影响；1980—2013年全国稻谷消费量数据引自FAO数据库，2013—2015年全国稻谷消费量引自2017年中国农业展望大会《中国谷物产需状况与展望》，1980—2001年粳稻产量数据引自王明利博士学位论文《我国粳米生产、消费和贸易的研究》，2001—2012年粳稻产量数据引自国家粮油中心发表的相关报告，2013—2015年粳稻产品数据由课题组依据《中国农业年鉴》中各省稻谷产量推算而来。具体推算方法如下：东北三省及北方部分只生产粳稻的省份，其稻谷产量即为粳稻产量；安徽、湖北、湖南等省份既生产籼稻又生产粳稻，其粳稻生产比例来源于中华粮网公布的2009年各省粳稻产量占比。粳稻消费结构参照国家粮油中心发布的2010—2013年粳稻供需平衡表，其中食用消费为93%，种子用量为1.4%，工业用量为4%，饲料用量为1.6%；籼稻总消费量=稻谷消费总量-粳稻消费量，其中籼稻饲用量=稻谷饲用总量-粳稻饲用量，籼稻种子用量=稻谷种子总量-粳稻种子用量，籼稻食用量=稻谷食用总量-粳稻食用量，籼稻工业用量=籼稻消费量-籼稻种子用量-籼稻食用量-籼稻饲用量。

2. 分析方法

稻谷消费包括食用、工业、饲料和种子四个部分。其中，种子消费主要跟当年生产有关，比重相对稳定；工业消费主要用作米粉、味精、酒精等产品加工原料，其影响因素比较复杂；饲料消费主要受其产品本身质量和竞争性饲料作物比价影响，一般质量较差的早籼稻用作饲料，如果其竞争性作物如玉米、高粱、大麦价格具有明显优势，稻谷饲用消费量会有所下降。比较而言，稻谷食用消费主要受居民食用消费需求影响，影响因素比较清楚，评价方法相对成熟，而且消费占比较大。为此，本研究主要分析居民稻谷食用消费影响因素，为剔除人口增长对消费的影响，采用人均消费量这一指标，从人均稻谷消费量、人均粳稻消费量、人均籼稻消费量三个层面展开，考虑的影响因素主要有自身价格、居民收入、替代产品价格、消费惯性等方面。

（1）人均稻谷食用消费量

$$\begin{aligned}LOG(TRF)=&2.09-0.09LOG(RP)+0.15LOG(WP)\\&(3.76)^{*}\quad(-2.05)^{**}\quad(3.05)^{*}\\&+0.002LOG(INC)+0.52LOG(TRF\text{-}1)\qquad(1)\\&(0.23)\qquad(4.37)^{*}\end{aligned}$$

$R^2=0.66$　F=14.61　SE=0.02　DW=2.09

*表示显著水平为1%；**表示显著水平为5%。

其中，TRF代表人均稻谷食用消费量；RP代表稻谷价格；WP代表小麦价格；INC代表城乡人均加权收入。

（2）人均粳稻食用消费量

$$LOG(JRF)=3.95-0.18LOG(JRP)+0.32LOG(INC)$$
$$(4.13)^{*} \quad (-1.37) \quad (4.61)^{*}$$
$$-0.51LOG(XRF) \qquad (2)$$
$$(-2.55)^{**}$$

$R^2=0.97$　F=229.89　SE=0.058　DW=1.90

*表示显著水平为1%；**表示显著水平为5%。

其中，JRF代表人均粳稻食用消费量；JRP代表粳稻价格；XRF代表籼稻人均消费量；INC代表城乡人均加权收入。

（3）人均籼稻食用消费量

$$LOG(XRF)=2.65+0.004LOG(INC)-0.017LOG(XRP)$$
$$(4.11)^{*} \quad (0.23) \quad (-0.44)$$
$$-0.19LOG(JRF)+0.55LOG(XRF\text{-}1) \qquad (3)$$
$$(-3.42)^{*} \quad (4.90)^{*}$$

$R^2=0.95$　F=133.34　SE=0.033　DW=2.05

*表示显著水平为1%。

其中，XRF代表人均籼稻食用消费量；JRF代表人均粳稻食用消费量；XRP代表籼稻价格；INC代表城乡人均加权收入。

3.主要结论

一是人均稻谷消费量主要受消费惯性影响，小麦对稻谷的消费量有明显的替代关系。模型分析结果表明：人均稻谷消费价格弹性值为-0.09，即当稻谷的价格上涨10%的时候，稻谷人均消费量将减少0.9%；稻谷的需求收入弹性为0.002，说明当人均收入提高10%的时候，稻谷人均消费量将提高0.02%，收入弹性小且统计上不显著，这说明稻谷作为生活必需品，收入对其消费量影响不大。小麦与稻谷的交叉弹性系数为0.15，表明小麦和稻谷之间存在着替代关系，小麦的价格上涨10%，则稻谷的人均消费量将增长1.5%；上期人均稻谷消费量代表居民消费惯性，弹性系数为0.52，说明消费惯性对本期的稻谷消费量有很大影响。

二是收入提升将带动粳稻消费量增加，籼稻和粳稻消费量之间存在明显的替代关系。模型分析结果表明：价格对粳稻消费量影响不显著；粳稻消费量收入弹性为0.32，说明当人均收入提高10%的时候，粳稻人均消费量将提高3.2%；籼稻和粳稻交叉弹性为−0.51，表明粳稻和籼稻之间存在着替代关系，籼稻人均消费量下降10%，则粳稻人均消费量将增加5.1%，说明籼稻对粳稻有明显的替代关系。

三是收入和价格对籼稻消费量几乎没有影响，粳稻消费量增加可以在一定程度上替代籼稻。模型分析结果表明：籼稻人均消费价格弹性值为 −0.017，即当籼稻的价格上涨10%的时候，籼稻人均消费量将减少0.2%；籼稻需求收入弹性为0.004，说明当人均收入提高10%的时候，稻谷人均消费量提高极小；价格和收入弹性小且统计上不显著，这说明籼稻作为生活必需品，价格和收入对其消费量几乎没有影响。粳稻和籼稻的交叉弹性为−0.19，表明粳稻和籼稻之间存在着一定的替代关系，粳稻的人均消费量上涨10%，则籼稻的人均消费量将下降1.9%。上期人均籼稻消费量代表着居民的消费惯性，其弹性系数为0.55，说明消费惯性对籼稻消费量有很大的影响作用。

二、稻谷生产变化及其特征

（一）稻谷产量

1. 产量

稻谷消费量取决于生产，1960—2015年，我国稻谷总产量呈波动上升趋势，增长速度先快后慢，年均增长率为2.3%（图4.7）。根据产量的增长速度及波动情况，可将其分为三个阶段。1960—1997年属于波动上升阶段，在此期间稻谷产量保持较快的增速，稻谷产量由1960年的5973万吨增长到1997年的20073.7万吨，年均增长381.1万吨，年均增速7.4%。这一时期播种面积年均增速低于0.1%，单产年均增速6.9%，产量的增长主要是由于单产的提高，单产的贡献率占93.6%，播种面积的贡献率为6.4%。1998—2003年为下降期，在这段时间内稻谷产量由1998年的19871.2万吨下降到2003年的16065.6万吨，年均下

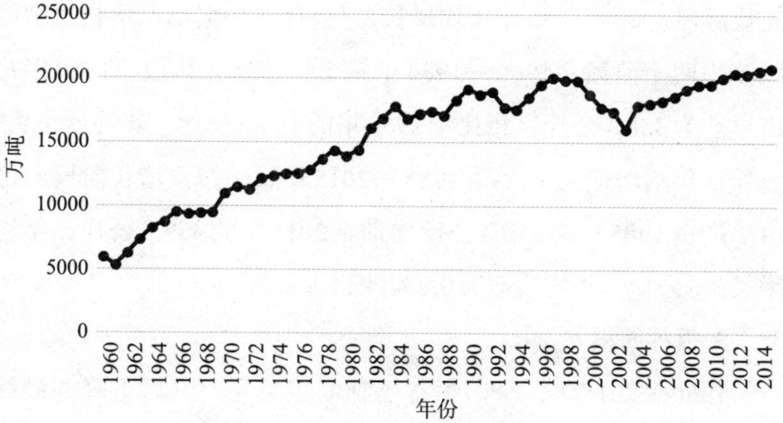

图4.7　1960—2015年全国稻谷总产量

数据来源：《中国农业年鉴》

降761.12万吨。稻谷产量下降的主要原因是这段时间我国由于生态退耕、建设用地以及农业结构调整（主要是粮食作物和非粮食作物之间的结构调整）所以粮食耕地面积快速减少，在此大背景下，我国稻谷的播种面积以每年3.2%的速度减少。同时，稻谷单产也有小幅度的下降，从1998年的6366.1公斤/公顷下降至2003年的6060.7公斤/公顷。从贡献度来看，稻谷播种面积是稻谷产量下降的主要原因，其贡献度为76.8%，单产的贡献度为23.2%。2004—2015年属于恢复增长期，2003年之后，我国稻谷的种植面积有了一定恢复，单产也在不断地提高，稻谷产量由2004年的17908.8万吨增长到2015年的20831万吨，这一时期稻谷产量稳定增加，但其增加速度相比于之前有所放缓，年均增长243.6万吨，年增长率为1.3%，从贡献度来看，单产和播种的贡献率分别为58.5%、41.5%。

2. 单产

1960—2015年，全国稻谷单产呈波动上升趋势，上升速度先快后慢，每亩[①]单产年均增长8.7公斤。根据单产增长速度可以分为两个阶段：1960—1984年属于快速增长阶段，1984年每亩单产为358.1公斤，相比于1960年的134.5公斤，年均增长9.3公斤，年均增速为4.2%；1985—2015年属于缓慢增长阶段，每亩单产由1985年的350.4公斤增加至2015年的459.6公斤，年均增长3.6公斤，年均增速为0.9%（图4.8）。

3. 播种面积

1960—2015年，全国稻谷播种面积呈先上升后下降并最终

① 1亩≈666.7平方米。

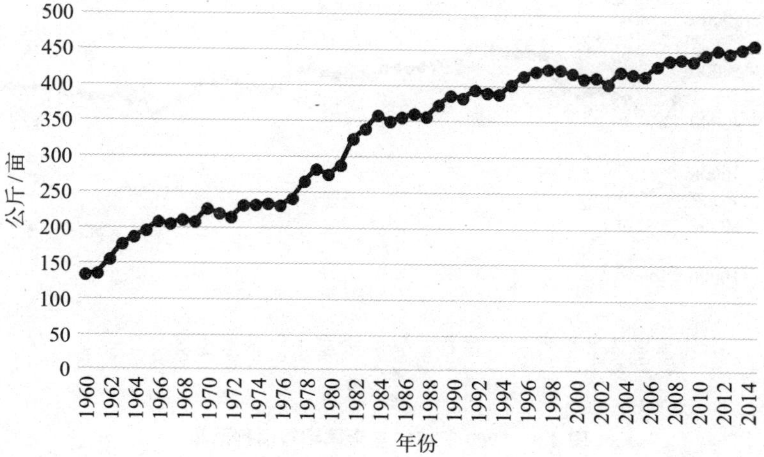

图 4.8　1960—2015年全国稻谷单产

数据来源:《中国农业年鉴》

趋于稳定的态势。1960—1976年，我国稻谷播种面积逐年增加，1976年播种面积达到历史峰值5.4亿亩，和1960年的4.4亿亩相比，增加了22.7%，年均增加625万亩；1977—2003年播种面积逐年减少，由1977年的5.3亿亩减少到2003年的4.0亿亩，减少了24.5%，年均减少500万亩；2003年之后稻谷播种面积呈恢复性上升态势，从2008年起基本稳定在4.5亿亩左右（图4.9）。

（二）生产结构

稻谷有很多种分类方法，例如：根据播种期、生长期和成熟期的不同，稻谷可分为早稻、中稻和晚稻；从种植品种上来分，可分为粳稻和籼稻，其中籼稻又可分为早、中、晚籼稻，粳稻又可分为南方粳稻和北方粳稻；按照一年之内能收获几季来分，又可分为单季稻和双季稻。在《中国农业统计年鉴》中，稻谷的产量及播种面积的统计口径通常为：早稻、中稻和一季晚稻、

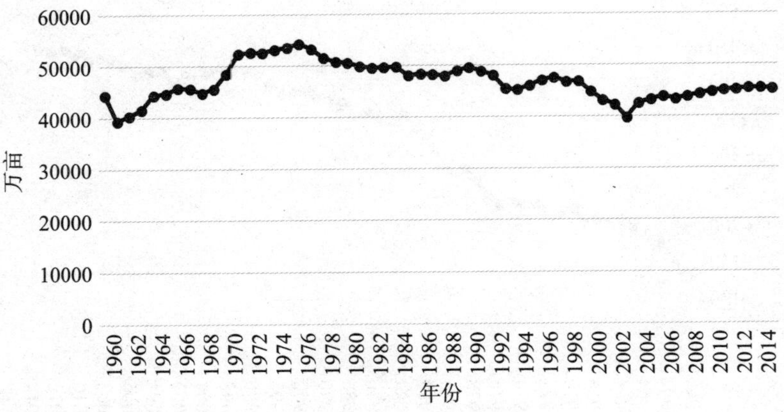

图 4.9　1960—2015 年全国稻谷播种面积

数据来源:《中国农业年鉴》

双季晚稻。

1. 按栽培时间和生长期分类

在《中国农业统计年鉴》当中，将稻谷分为早稻、中稻和一季晚稻、双季晚稻。这几类稻谷的分类主要是根据播种季别进行划分，稻谷根据全生育期（种植—成熟）可分为早稻、中稻、晚稻。其中，全生育期在125天以内、成熟的比较早的稻谷属于早稻，早稻的感光性极不敏感，只需温度条件满足即可；125～152天的全生育期的稻谷属于中稻，中稻具有中度感光性，若温度高则其生长周期缩短，因此其播种范围更广；晚稻全生育期较长，一般在150天以上，晚稻对日照长度极为敏感，且稻米品质较其他的稻谷相对优良。各类稻谷生长周期及分布地区如表4.1所示。

从产量来看，1981—2015年，早稻的产量呈现逐年下降的趋势，其产量由1981年的4953.5万吨下降至2015年的3377.2万吨，年均下降46.4万吨。其中，1992—2002年早稻产量下降

表4.1　　　　　　各类稻谷生长周期及分布地区

	播种期	生长周期（天）	生长区域
早稻	4月	90～120	共有13个省区，全部分布在南方地区，其中主产省份有湖南、广西、江西、广东等
中稻	5月	125～150	分布在除广东、海南和青海以外的全国各地，其中主产省份有四川、江苏、黑龙江、安徽、湖北、云南、湖南、重庆等
一季晚稻	6月下旬	150～170	
双季晚稻	7月	150～170	分布在西南地区、华中地区、华南地区，其中主要包括湖南、湖北、广东、广西、江西等省份

数据来源:《中国农作制》

速度较快，年均下降156.1万吨，年均下降率为4.4%；2002年之后早稻的产量开始趋于稳定，产量在3261万吨左右浮动。中稻和一季晚稻的产量在1981—2015年呈波动增长趋势，且其增长速度较快，产量由1981年的5828.5万吨上升至2015年的13681.1万吨，年均增长231.0万吨，年均增长速度为2.5%。双季晚稻的产量呈先增长后下降的趋势，由1981年的3613.5万吨上升至1994年的6324.1万吨，年均增长208.5万吨；随后在1995—2015年双季晚稻产量由5908.8万吨下降至3772.7万吨，年均下降106.8万吨（图4.10）。稻谷种植结构的变化，很重要的原因是稻谷种植的“双改单”，原来的早稻、晚稻和双季晚稻改为中稻和一季晚稻。

从各类稻谷占比来看，早稻在稻谷中的占比不断下降，由1981年的34.4%下降至2015年的16.2%，下降了18.2个百分点；中稻和一季晚稻在稻谷中的占比稳步上升，由1981年的40.5%增长至2015年的65.7%，增长了25.2个百分点；双季晚稻在稻谷中的比例也呈下降趋势，2015年的占比18.1%与1981年的占

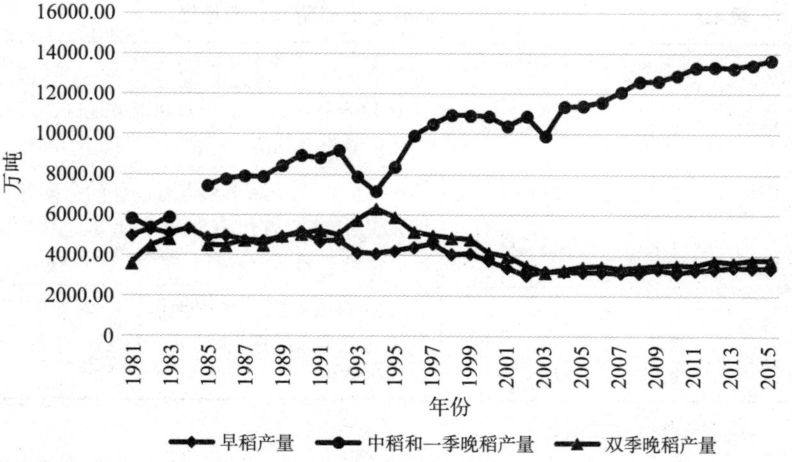

图4.10　1981—2015年全国稻谷产量

数据来源:《中国农业年鉴》

比25.1%相比，下降了7个百分点。总体来看，2005年以后三类稻谷的占比逐渐趋于稳定，早稻、中稻和一季晚稻、双季晚稻比例分别基本稳定在16%、66%、18%左右（见表4.2）。

表4.2　1981—2015年全国稻谷产量结构变化

年份	早稻（%）	中稻和一季晚稻（%）	双季晚稻（%）
1981	34.4	40.5	25.1
1985	29.0	44.2	26.8
1990	26.9	46.8	26.3
1995	22.8	45.3	31.9
2000	20.0	58.0	22.0
2005	17.7	63.2	19.1
2006	17.5	63.5	19.0
2007	17.0	65.0	18.0
2008	16.5	65.7	17.8
2009	17.1	64.9	18.0

续表

年份	早稻（%）	中稻和一季晚稻（%）	双季晚稻（%）
2010	16.0	66.0	18.0
2011	16.3	66.2	17.5
2012	16.3	65.4	18.3
2013	16.8	65.3	17.9
2014	16.5	65.1	18.4
2015	16.2	65.7	18.1

数据来源：《中国农业年鉴》

2. 按种植品种分类

我国稻谷种植格局基本上是“南籼北粳”，籼稻具有耐热、耐湿、耐强光、忌寒冷的特点，因此籼稻的大部分种植区集中于我国的中部地区的和南部地区的省份，如广东、广西、江西、湖南、湖北、江苏等，在北方地区如河南、陕西等地也会小面积种植籼稻。粳稻具有耐寒、耐弱光、较低温生长的特点，因此粳稻的种植区大部分在我国的北方地区、长江中下游地区以及云贵高原，如吉林、黑龙江、辽宁、湖南、湖北、江苏、云南等省份。

目前我国还没有关于粳稻和籼稻产量的官方统计数据，本节对于粳稻和籼稻产量的分析数据主要引自以往研究文献、相关机构发布的报告或课题组测算，具体来源与测算方法见消费分析部分。从产量来看，除个别年份外，1980—2015年，粳稻产量基本呈稳步增长态势，2015年全国粳稻产量6807.7万吨，相比于1980年的1515.2万吨，年均增长151.2万吨，年均增长率为4.4%，高于全国稻谷年均增速3.3个百分点。同期，籼稻产量变化呈先增后减到近期相对稳定的变化态势，1980—1984年籼稻产量由12410.3万吨增加至15663.3万吨，年均增速为6%；1985—2003年籼稻产量由14700.9万吨波动下降到12112.6万吨，年均减少143.8万吨；从2004年起逐步恢复性增加并于2009年稳定在1.4亿吨左右（图4.11）。

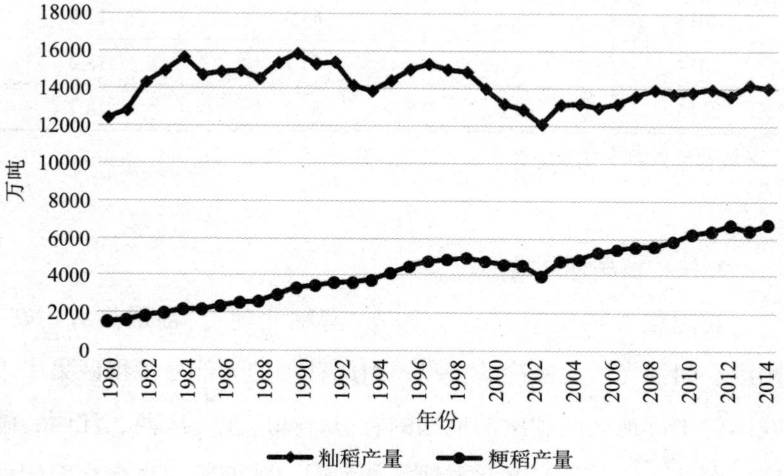

图4.11　1980—2014年全国稻谷产量

数据来源：课题组测算

从粳稻和籼稻的占比来看，籼稻产量在稻谷产量中的占比逐年下降，从1980年的89.1%下降至2015年的67.3%；粳稻产量在稻谷产量中的占比在逐年上升，从1980年的10.9%提高至2015年的32.7%。2010年以后，粳稻和籼稻的产量比率逐渐趋于稳定，基本保持在33%:67%，说明稻谷的生产结构也基本趋于稳定（表4.3）。

（三）区域布局

近年来我国稻谷生产地区发生明显变化，稻谷生产逐步转向

表4.3　　1980—2015年籼稻和粳稻产量占比

年份	籼稻产量占比（%）	粳稻产量占比（%）
1980	89.1	10.9
1985	87.2	12.8
1990	82.7	17.3
1995	77.8	22.2
1999	74.9	25.1
2000	74.5	25.5
2005	72.9	27.1
2006	71.2	28.8
2007	70.8	29.2
2008	71.0	29.0
2009	71.3	28.7
2010	69.9	30.1
2011	68.7	31.3
2012	68.5	31.6
2013	66.8	33.2
2014	68.7	31.3
2015	67.3	32.7

数据来源：课题组测算

特定的具有稻谷生产优势的地区，稻谷生产逐渐趋于专业化、区域化。本研究选取吉林、辽宁、黑龙江、江苏、安徽、湖北、湖南、四川、云南、广东、广西、江西等12个稻谷生产大省（12个省份稻谷产量占到全国稻谷产量的80%），根据《中国稻米品质区划及优质栽培》，划分为4个稻米品质产区，其中北方地区包括吉林、辽宁、黑龙江；东南地区包括广西、广东；华中地区包括江苏、安徽、湖南、江西、湖北；西南地区包括四川、云南。

1. 稻谷总体布局

从产量来讲，1980—2015年，北方地区稻谷产量快速增长，由1980年的422.5万吨增长到2015年的3297.5万吨，年均增长82.1万吨，年增长率达到6%。其中，1980—2003年属于波动增长阶段，2003年的产量达到1512.4万吨，相比于1980年的422.5万吨，年均增长47.4万吨；2003年以后，北方地区稻谷产量增长速度急速加快，稻谷产量由2004年的1969.1万吨增长到2015年的3297.5万吨，增幅达到67.5%，年均增长达到120.8万吨。北方的早熟单季稻特别是黑龙江省的稻谷发展较快，2015年黑龙江省稻谷产量达到2199.70万吨，占东北三省稻谷总产量的67%，黑龙江省稻谷产量的增长是东北地区稻谷产量增长的主要原因。

我国华中地区稻谷产量远高于其他地区，且与全国稻谷产量变化趋势相似。1980—2015年，华中地区稻谷产量由6117万吨增长到9894.5万吨，年均增速1.4%。其中，1980—1984年为快速增长期，年均增长561.3万吨；1984—2003年波动下降，由1984年的8362万吨下降到2003年的7140.3万吨，降幅为14.6%；2003年后稻谷产量回升，至2015年增至9894.5万吨，增幅为38.6%，年均增量为229.5万吨。

我国东南地区稻谷产量呈下降的趋势，1980—2001年属于波动期，最高产量可达2999.5万吨，最低为2416.4万吨，但总体产量变化不大，1980年稻谷产量为2630万吨，到2005年小幅上升至2672.6万吨，仅上涨42.6万吨；2002年之后，东南地区的稻谷产量持续下降，由2002年的2462.8万吨下降至2015年的2226.2万吨，下降了9.6%。

我国西南地区稻谷产量可分为两个阶段，1980—1996年稻谷产量逐年上升，1996年稻谷产量为2718.4万吨，相比于1980年的1924.5万吨，上升了41.3%，年均上涨49.6万吨；1996年之后，西南地区的稻谷产量基本趋于稳定，1997年稻谷产量为2194.8万吨，2015年稻谷产量为2212.3万吨，仅上升17.5万吨，因此西南地区一段时间内稻谷产量也将继续稳定在2200万吨左右（图4.12）。

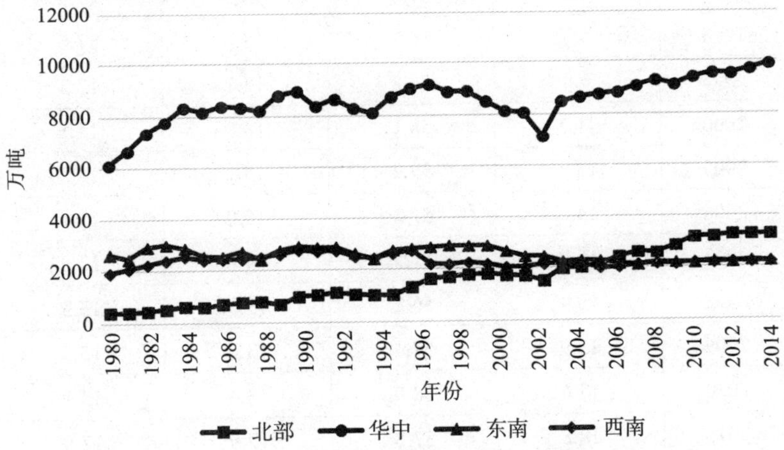

图 4.12　1980—2015年各地稻谷产量

数据来源:《中国农业年鉴》

从各地区稻谷产量占比的趋势来看，北方地区稻谷产量占比逐年提升，从1980年的3.8%提升到2015年的18.7%，提高了14.9个百分点；华中地区稻谷产量占比基本保持不变，是我国稻谷的主产区，2015年产量占比56.3%，比1980年的55.1%提高了1.2个百分点；东南地区的稻谷生产比例在逐年下降，从1980年的23.7%到2015年的12.6%，下降了约11个百分点；西南地区稻谷的产量占比也在下降，1980年占比17.3%，2015年下降至12.5%，下降了约5个百分点。2010年以后，我国各地区稻谷占比基本保持不变，说明我国稻谷区域布局正在趋于稳定，北方、华中、东南、西南的占比分别基本稳定在18.6%、57.3%、12.9%和12.8%（表4.4）。

表4.4　1980—2015年各地区稻谷产量占比

年份	北方地区（%）	华中地区（%）	东南地区（%）	西南地区（%）
1980	3.8	55.1	23.7	17.3
1985	4.4	57.4	18.5	17.5
1990	6.3	56.7	18.7	17.6
1995	6.8	56.8	18.1	17.3
2000	11.7	58.1	18.8	14.1
2005	13.3	59.2	15.1	14.2
2006	14.0	57.3	15.0	13.1
2007	15.7	55.8	14.0	13.0
2008	16.4	56.2	13.3	13.3
2009	15.9	57.3	13.6	13.3
2010	17.6	58.0	13.4	13.1
2011	18.8	57.8	12.9	12.9
2012	18.7	56.8	13.0	12.7
2013	19.1	57.9	12.8	12.9
2014	18.9	56.7	12.9	12.6
2015	18.7	56.3	12.6	12.5

数据来源：《中国农业年鉴》

2. 分品种区域布局

根据季别，我们可以将稻谷分为早稻、中稻和一季晚稻、双季晚稻。在我国北方地区，由于温度等气候原因，一般种植单季稻，因此我们默认北方稻谷全部为一季稻。在中部和南方地区，降水充沛、温度偏高，适合双季稻和一季稻的种植，近年来由于南方省份施行“双改单”，导致我国中部和南方地区各季别稻谷生产区域发生变化。

在早稻生产比例在稻谷生产中逐渐下降的背景下，我国华中地区和东南地区在1981—2015年早稻产量略微下降，华中地区早稻产量由1981年的2607万吨下降至2015年的2172.7万吨，下降了16.7%；东南地区早稻产量由1981年的1281.5万吨下降至2015年的1053.7万吨，下降了17.8%；西南地区早稻产量呈明显下降趋势，2015年的早稻产量低至26.6万吨，和1981年的72.5万吨相比，下降了63.3%。按照目前的趋势，早稻产量将会继续下降，华中地区和东南地区仍将是我国早稻的主要产区。

1981—2015年，中稻和一季晚稻的占比和产量都在稳步上升。分地区来看，华中地区是中稻和一季晚稻上升速度最快的地区，从1981年的2335.5万吨上升至2015年的 5518.1万吨，年均增速2.6%；东南地区的中稻和一季晚稻产量较少，保持中等增速，2015年产量达到95.9万吨，比1981年的82.5万吨增长16.2%；西南地区的中稻和一季晚稻产量增长速度略慢，由1981年的1969.5万吨增长至2015年的2167.9万吨，增长了10.1%，年均增速为0.4%。由此可以看出，由于“双改单”，中稻和一季晚稻在我国中部和南方地区产量迅速提高，尤其是华中地区，是我国中稻和一季晚稻的主产区。

双季晚稻的产量在各个地区都有一定程度的下降。变化幅度最大的是西南地区，从1981年的33万吨下降至2015年的17.8万吨，下降了46.1%；东南地区双季晚稻产量有小幅下降，由1981年的1096.5万吨下跌至2015年的1076.5万吨，下降20万吨；华中地区双季晚稻的种植呈略微上升趋势，2015年双季晚稻产量为

2203.7万吨，比1981年的1724万吨增长了27.8%，虽产量有所增长，但双季晚稻在华中地区稻谷生产中的份额却在逐年减少。

综上所述，在我国中部地区和南方地区，早稻和双季晚稻产量和所占份额在逐年下降，中稻和一季晚稻的占比在迅速增加，成为各个地区主要的稻谷生产品种，特别是华中地区将是中稻和一季晚稻的重要生产地，并且这种趋势很可能将持续下去（表4.5）。

表4.5　　1981—2015年我国中部地区和南部地区稻谷产量

（单位：万吨）

年份	华中地区			西南地区			东南地区		
	早稻	中稻和一季晚稻	双季晚稻	早稻	中稻和一季晚稻	双季晚稻	早稻	中稻和一季晚稻	双季晚稻
1981	2607.0	2335.5	1724.0	72.5	1969.5	33.0	1281.5	82.5	1096.5
1985	2521.0	3217.7	2449.0	53.2	2323.4	32.5	1367.5	78.8	1101.1
1990	2602.8	3712.8	2666.0	56.8	2673.7	30.0	1493.7	69.9	1362.4
1995	1982.5	3208.2	3533.4	52.3	2530.0	27.5	1401.1	71.7	1258.8
2000	1838.9	4304.1	2261.6	39.8	2145.9	16.8	1339.0	83.7	1226.8
2005	1564.0	4726.0	1971.0	37.0	2105.0	10.0	1110.0	69.0	1107.0
2006	1800.7	4894.2	2022.7	31.7	1944.5	10.9	1083.2	70.6	1113.0
2007	1828.2	4986.3	2020.5	34.8	1966.8	7.8	1036.4	85.4	1036.8
2008	1878.9	5111.5	2088.7	36.4	2073.5	8.7	997.8	87.7	1025.4
2009	1962.2	5157.6	2163.2	37.2	2616.8	8.5	1072.7	84.7	1046.6
2010	1809.9	5126.4	2177.9	26.0	2086.2	16.4	1042.6	80.4	1049.9
2011	1926.3	5278.0	2189.5	26.5	2152.1	17.1	1057.8	81.8	1041.4
2012	2019.8	5322.1	2270.8	25.8	2137.5	17.4	1079.2	87.4	1101.9
2013	2042.1	5212.1	2272.7	26.3	2175.4	15.7	1076.3	93.0	1031.9
2014	2041.9	5306.2	2347.2	26.5	2149.1	16.9	1066.5	97.0	1093.8
2015	2172.7	5518.1	2203.7	26.6	2167.9	17.8	1053.7	95.9	1076.5

数据来源：《中国农业年鉴》

（四）品质质量

随着品种改良和生产技术提升，近年来我国稻谷品质总体不断改善，基本上可以满足居民对稻谷的消费需求。

1. 总体品质情况

总体来看，2011—2013年，我国稻谷食用品质达标率较为平稳，稳定在32%左右；2014年下降到24.1%；2015年有所回升，达到28.3%，但仍未恢复到2013年的水平，主要是2015年南方地区气候原因造成稻谷收获延迟，质量受到影响。籼稻类食用品质变化趋势同总体变化趋势相似，但其波动更为明显一些，2011—2013年籼稻食用品质达标率基本稳定在32%左右，最大波动幅度不超过3%；2014年达标率下降至22.1%，和2013年相比下降了近11个百分点；2015年达标率有所回升，达到26.9%。2011—2015年粳稻食用品质达标率呈上升趋势，从2011年的26.3%上升至2015年的42.2%，上升了15.9个百分点（图4.13）。

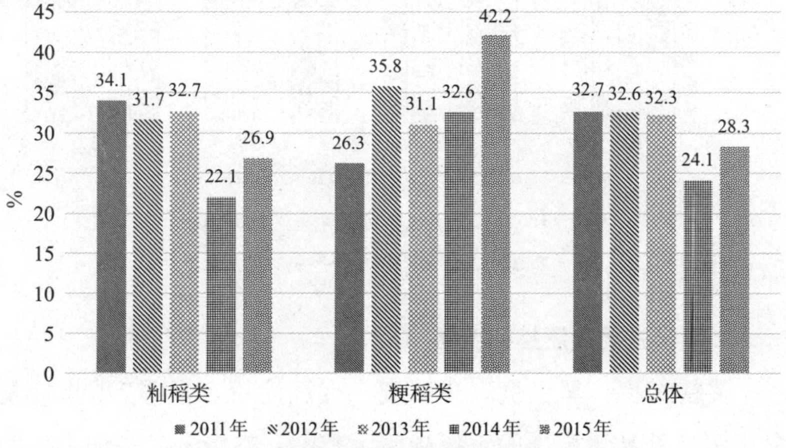

图 4.13　不同稻谷类型优质食用稻米达标率情况

数据来源：《2016年中国水稻产业发展报告》

2. 分区域稻谷品质

从产区来看，北方稻区的稻谷食用品质达标率是较好的，在2013年稻谷食用品质达标率最高达到46.9%，但从2013年开始下降，到2015年下降了11.6个百分点；西南地区的波动幅度最大，2013年西南地区稻谷食用品质达标率达到42.4%，但2014年下降到最低18%，下降了26.4个百分点；华南地区2011—2014年稻谷食用品质达标率持续下降，最低为2014年的23.5%，2015年有所回升，达标率为30.8%；华中地区稻谷食用品质率变化幅度最小，最高的达标率为2012年的33.2%，后两年有所下降，2015年达标率有所回升，达到26.7%(图4.14)。

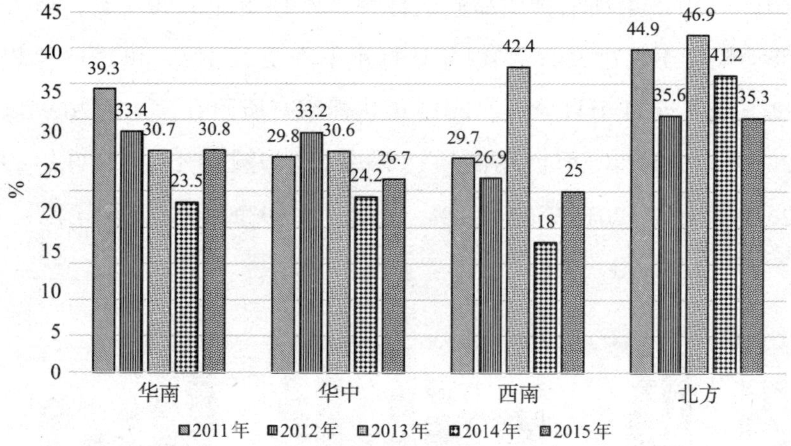

图4.14　不同产区优质食用稻米达标率情况

数据来源:《2016年中国水稻产业发展报告》

3. 稻米主要品质指标变化

整精米率、垩白度、透明度、直链淀粉含量等7项指标是食用稻品种品质标准的定级指标。其中，整精米率是稻米研磨品质的关键指标，直接影响出米率；垩白度和透明度是影响稻米外观的重要指标；直链淀粉含量则影响稻米的口感。在这4项指标中，透明度的达标率最高，呈逐年上升的趋势，2015年达到88.1%；整精米率从2012年开始逐年下跌，从2012年的85.5%下跌至2015年的60.9%，下降了24.6个百分点；垩白度在2011—2013年呈上升趋势，2014年又下跌至2011年的水平，2015年达标率回升至64.6%；直链淀粉含量达标率在2011—2013年呈逐年下降趋势，最低跌至2013年的49.9%，随后2014年得到回升，上升至77.2%，2015年下降了6.4个百分点（图4.15）。

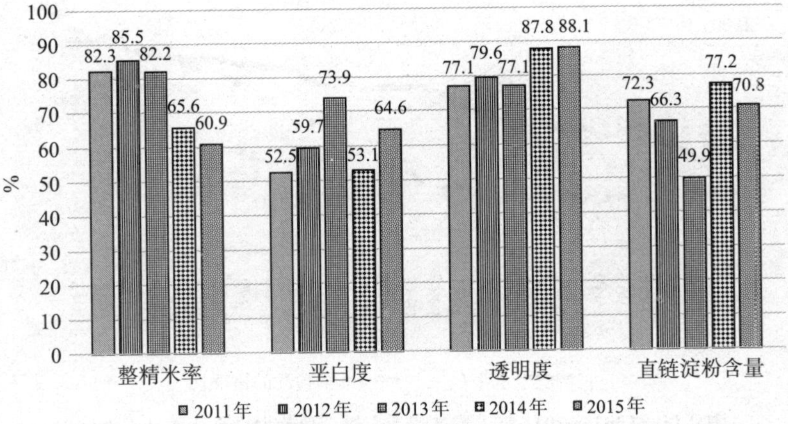

图4.15　稻米主要品质性状达标率情况

数据来源：《2016年中国水稻产业发展报告》

三、稻谷消费升级对生产结构调整的影响

（一）消费升级对稻谷生产影响理论分析

总体上看，我国居民食物消费先后经历了中华人民共和国成立以后至1980年的短缺阶段，1981—2000年的温饱阶段和

2001—2010年的小康阶段，食物消费结构逐步由植物性为主向动植物并重调整，人均热量、蛋白质、脂肪供给量分别由1961年的1415千卡、39克、15克增加到2013年的3108千卡、98克、95克，同期动物产品供能比由不足4%增至23%（图4.16）。我国居民食物消费结构逐步由以植物性为主向动植物并重型过渡，对粮食的需求由直接口粮需求为主向间接饲料需求为主转变。稻谷主要用作口粮，进一步叠加人口总量变化，我国对稻谷的总需求量呈现先增后减的趋势。

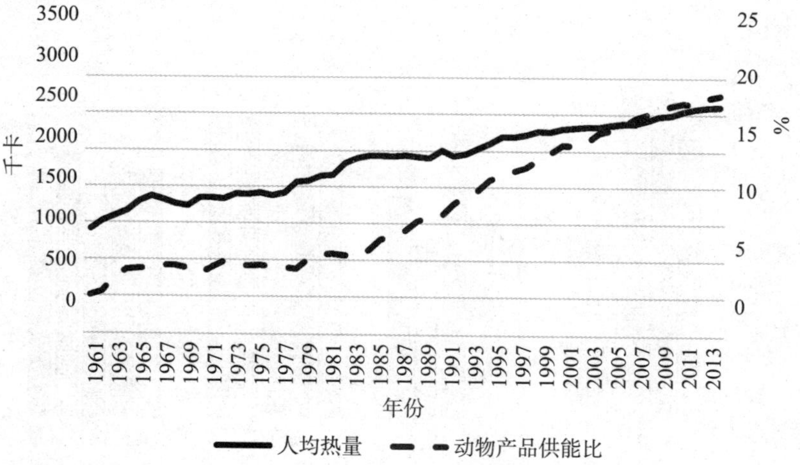

图4.16 1961—2013年人均热量（左轴）及动物产品供能比（右轴）

数据来源：联合国粮农组织食物平衡表

从结构上看，随着收入增加，消费者对稻谷的价格敏感度下降，对价格偏高、口感较好的粳稻消费逐步增加，粳稻生产比重逐步增加，其占总稻谷的比重从1980年的10.9%增至2015年的32.7%。虽然动物产品消费增加带动饲料需求大幅提高，但由于籼稻在价格与品质上与玉米等其他饲料作物相比缺乏优势，因此饲料需求一直相对稳定（图4.17）。

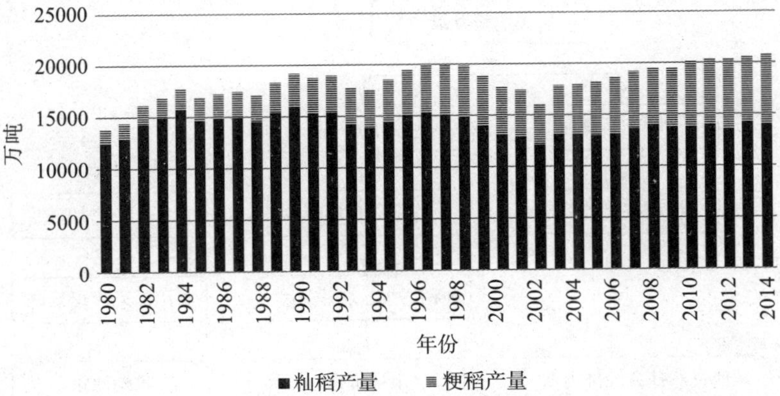

图 4.17　1980—2014 年全国籼稻和粳稻产量

数据来源:《中国农业年鉴》, FAO, 国家粮油信息中心

从理论上分析，稻谷消费升级最终将通过市场价格变化影响生产，考虑到生产的周期性和滞后性，当稻谷供大于求时，价格会下降，同时下一期稻谷生产也会减少，反之则增加生产。值得说明的是，稻谷作为重要的粮食作物，政府一直对稻谷收购进行管制，目的在于稳定供给、保障农户收益。所以，稻谷生产不但受供求关系影响，还与政府收购政策及其他社会经济因素密切相关（图4.18）。

（二）稻谷生产与消费的实证分析

消费与生产之间的关系往往表现在消费需求结构过渡到生产结构，从经济学的角度来看，若假定在现代市场经济体制下，消费者的消费需求和偏好通过需求结构表达出来，从而影响不同消费品的需求收入弹性，通过产品的需求收入弹性影响产品的潜在市场份额，不同的市场份额往往会影响产品在市场的销售价格，通过价格机制，生产者调整其生产行为。因此价格是消费和生产

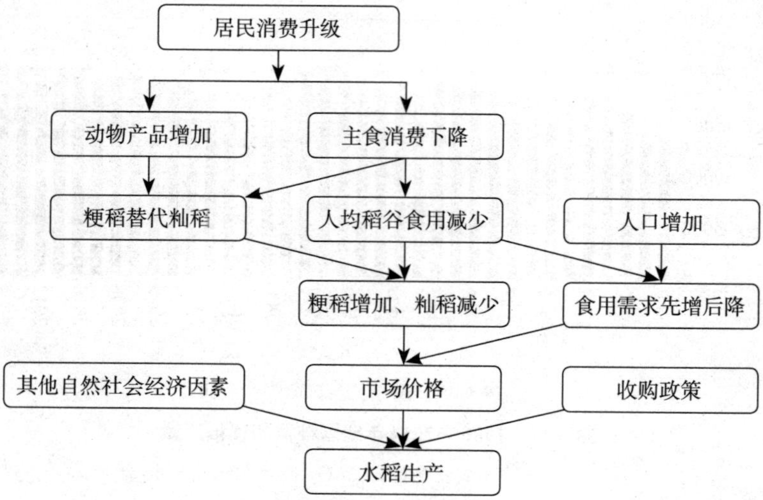

图 4.18　消费升级对稻谷生产的影响理论框架图

之间的一个重要传导媒介，需求结构、消费结构、生产结构的调整往往借助于价格在经济运行的过程中不断变化，三者在经济运行中相互协调、相互促进，存在着动态平衡，三者之间的基本关系如下：需求结构变化—生产结构变化—消费结构变化—消费需要的层次上升—需求结构进一步变化；产业结构变化—消费结构变化—消费需要的层次上升—需求结构变化—产业结构进一步变化。因此本节在研究稻谷消费对生产的影响时，将稻谷收购价格作为研究媒介，第一部分阐述稻谷消费对稻谷生产价格的影响，分析稻谷消费对稻谷价格产生的影响；第二部分分析稻谷价格对稻谷生产的影响，研究稻谷收购价将如何影响农民的稻谷种植行为，从稻谷种植面积、粳稻种植面积、籼稻种植面积三个层面展开，考虑到稻谷生产往往受上一期生产因素的影响，因此考虑的影响因素主要有上一期种植面积、上一期生产成本、上一期稻谷收购价格和政策等。

1. 稻谷消费对稻谷价格的影响

从1980年起，除了2001—2003年由我国种植业结构调整造成的短期稻谷供给不足，我国稻谷产量总体上是大于消费量的，存在着产需盈余。从图4.19可以看出，产需盈余较大的年份多伴有稻谷价格下降，产需缺口较大的年份多伴有稻谷价格的上涨，说明需求的波动是导致我国稻谷价格波动的一个重要原因。1985年之前我国的粮食还处于统购统销的时期，此时的需求状况不能够影响实际的收购价格，例如1982年我国产需盈余为467.5万吨，1983年我国产需盈余为592.4万吨，上涨 26.7%，而稻谷收购价和产需盈余的变动方向相同，相比于1982年，1983年的稻谷收购价上涨9.4%。1985年之后，我国粮食流通体制开始进行改革，市场化改革使得价格成为反映市场产需状况的重要因素，价格的变动和产需的变动呈现负相关，因为现期的稻谷收购价反映的是上一期稻谷种植情况，因此稻谷价格也具有上

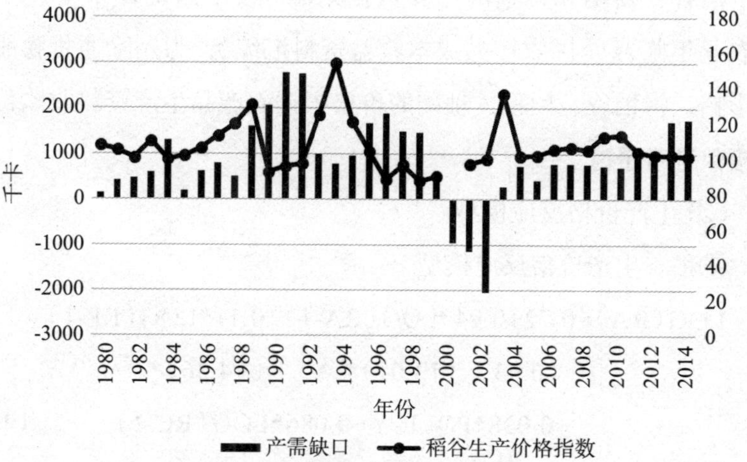

图 4.19 粮食价格波动与产量缺口

数据来源:《中国农业年鉴》, FAO, 国家粮油中心统计数据

性。1989年，稻谷的产需盈余较上一期上涨216.8%，但其收购价由于上性的原因也上涨了30.7%，随后在1990年收购价开始暴跌，稻谷收购指数下跌到92.6。1993—1995年，稻谷产需基本平衡，同期稻谷收购价格也保持在较高水平，最高1994年稻谷收购指数达到154。2001—2003年，稻谷产需出现了较大的缺口，相应的稻谷收购价格指数也出现增长趋势，2004年稻谷收购价指数达到了136.3。2004—2015年，我国的稻谷产需盈余变动幅度不大，因此稻谷收购指数也保持在一个较为稳定的状态。可以看出，粮食价格市场化改革之后，其价格受粮食供求变动影响明显，突出表现在粮食需求大幅增加的年份，产需缺口较大的年份也是粮食价格大幅上涨的年份，这也表明，短期内，粮食价格受需求增加或者产需缺口扩大的影响是显著的。

2. 稻谷价格对稻谷生产的影响

（1）数据来源与处理

稻谷、粳稻和籼稻的主要数据来源于《中国统计年鉴》《中国农业年鉴》《全国农产品成本收益资料汇编》，为剔除通货膨胀的影响，将稻谷、粳稻、籼稻的价格根据农产品生产资料收购价格指数进行平减。

（2）生产价格反应模型

①稻谷生产价格反应模型

$$
\begin{aligned}
LOG(RA)=&0.72+0.94*LOG(RA\text{-}1)+0.11*LOG(RP\text{-}1)\\
&(0.93)\quad(13.01)^{*}\qquad\qquad(4.36)^{*}\\
&+0.038*POLICY-0.086*LOG(RC\text{-}1)\qquad(1)\\
&(3.76)^{*}\qquad\qquad(-4.48)^{*}
\end{aligned}
$$

$R^2=0.91$　F=80.45　SE=0.02　DW=2.60

*表示显著水平为1%。

其中，RA代表稻谷当期的播种面积；RA-1代表稻谷上一期的播种面积；RC-1代表稻谷上一期的生产成本；RP-1代表稻谷上一期的收购价格；POLICY是政策虚拟变量，代表对稻谷最低收购价政策的量化，以实施稻谷最低收购价政策的年份2004年为期限，之前取0，之后取1。

②粳稻生产价格反应模型

LOG（JRA）=−0.44+1.15*LOG（JRA-1）−0.30*LOG（JRC-1）

（−1.11）（11.99）*　　（−2.80）*

+0.09*POLICY+0.189*LOG（JRP-1）　　（2）

（4.00）*　　（4.09）*

R^2=0.99　F=611.32　SE=0.03　DW=2.34

*表示显著水平为1%

其中，JRA代表粳稻当期的播种面积；JRA-1代表粳稻上一期的播种面积；JRC-1代表粳稻上一期的生产成本；JRP-1代表粳稻上一期的收购价格；POLICY是政策虚拟变量，代表对粳稻最低收购价政策的量化，以实施粳稻最低收购价政策的年份2004年为期限，之前取0，之后取1。

③籼稻生产价格反应模型

LOG（XRA）=0.12+1.0*LOG（XRA-1）+0.04*LOG（XRP-1）

（0.17）（16.18）*　　（2.87）*

−0.06*LOG（XRC-1）+0.03*POLICY　　（3）

（−2.06）**　　（3.04）*

R^2=0.98　F=319.30　SE=0.02　DW=1.65

*表示显著水平为1%；**表示显著水平为5%

其中，XRA代表籼稻当期的播种面积；XRA-1代表籼稻上一期的播种面积；XRC-1代表籼稻上一期的生产成本；XRP-1代表籼稻上一期的收购价格；POLICY是政策虚拟变量，代表对籼稻最低收购价政策的量化，以实施籼稻最低收购价政策的年份2004年为期限，之前取0，之后取1。

3. 主要结论

（1）稻谷当期播种面积主要受农业生产习惯和土地使用限制条件等影响，价格、政府实行的最低收购价政策和生产成本对稻谷生产有一定影响

模型分析结果表明，稻谷当期的播种面积相对上一期的播种面积弹性值为0.94，即当稻谷上一期的播种面积数量上涨10%时，稻谷当期的播种面积数量将增加9.4%；稻谷上一期的价格弹性值为0.11，说明当上一期的价格减少10%时，稻谷当期的播种面积将降低1.1%；稻谷上一期的生产成本弹性为值为-0.086，表明当上一期的生产成本增加10%时，稻谷当期的播种面积减少0.9%，此处成本弹性值小但统计效果显著，这意味着成本对播种影响是“缺乏弹性”的；稻谷最低收购价政策影响弹性值为0.038，当政府实施正向的最低收购价增加10%时，稻谷当期的播种面积增长0.4%，表明政府实施的保护收购价可以激励农户增加播种面积，收购政策对播种面积影响不显著，主要原因是收购政策其实已经反映到价格上面，政府收购价提高，价格也就上涨。

（2）粳稻生产受价格和成本影响明显，收购政策在一定程度促进生产增加

模型分析结果表明，粳稻上一期的生产价格弹性值为0.19，说明当上一期的收购价格提高10%时，稻谷当期的播种面积将

增加1.9%，这意味改变粳稻的收购价格会明显影响农户种植行为；稻谷上一期的生产成本弹性为值为-0.3，当上一期的生产成本增加10%时，稻谷当期的播种面积减少3%，表示成本的提高会改变农户种植粳稻的预期，从而寻找相应投入成本低的农作物；稻谷最低收购价政策影响弹性值为0.09，当政府实施正向的最低收购价增加10%时，稻谷当期的播种面积增长0.9%，表明政府实施的保护收购价对农户存在正向激励。

（3）籼稻收购价对籼稻的生产影响较弱，种植习惯是其生产的最重要的影响因素

模型分析结果表明，籼稻上一期的收购价格弹性值为0.04，表示籼稻的收购价格提高10%时，籼稻当期的播种面积将增加0.4%，此处价格弹性小而且统计上不显著，说明籼稻的收购价格对农民种植籼稻的行为影响作用并不大；籼稻当期的播种面积相对上一期的播种面积弹性值为1，即当籼稻的上一期的播种面积数量上涨10%时，稻谷当期的播种面积数量将增加10%，说明种植行为的惯性对种植籼稻有直接的影响；生产投入成本和政府激励政策，也影响着籼稻的当期播种面积，但其影响程度较小。

（三）稻谷生产与消费匹配度

1. 稻谷生产与消费总量匹配度分析

如图4.20所示，1961—2015年我国稻谷总产量和消费量都呈稳步上升的趋势。如图4.21所示，1961—1983年，我国处于统购统销时期，稻谷生产线和消费线基本吻合，稻谷供求基本保持平衡，稻谷供给略多于总消费量，年均盈余410万吨，1979年盈余最多，达到839万吨；1985—1999年，稻谷产

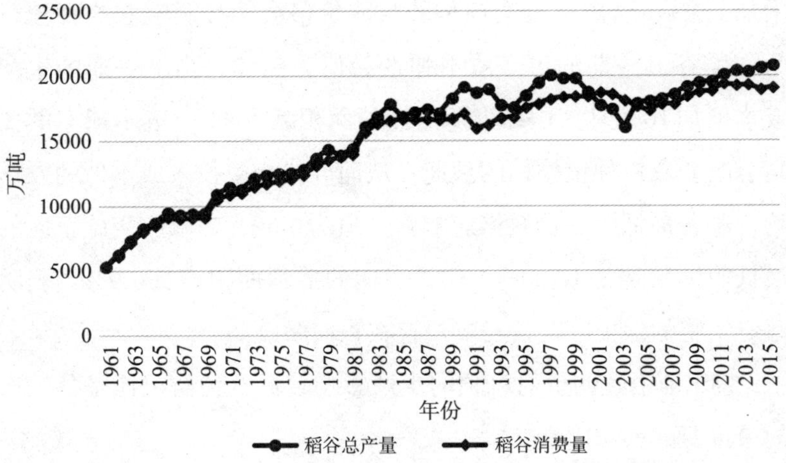

图 4.20　1961—2015年我国稻谷总产量与消费量变化趋势

数据来源：FAO，国家粮油中心，《中国农业年鉴》

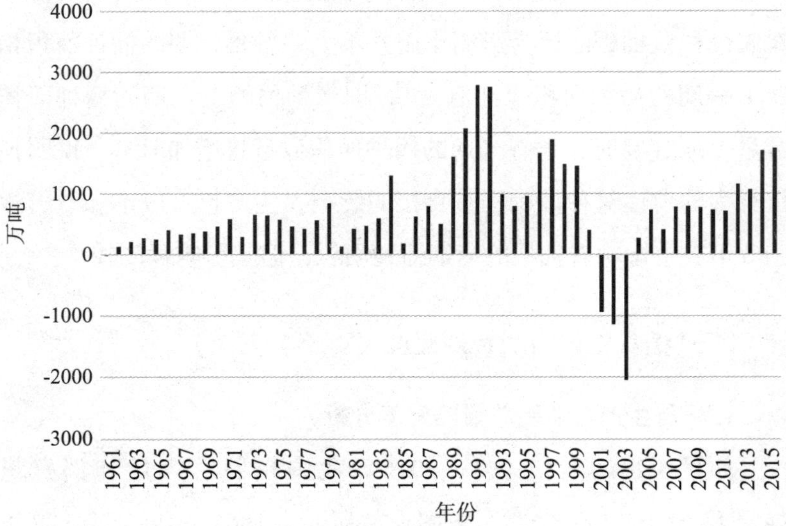

图 4.21　1961—2015年我国稻谷供需盈缺

数据来源：FAO，国家粮油中心，《中国农业年鉴》

量与需求的差距开始拉大，年均盈余1360万吨，较上一阶段上涨了237.1%，最高一年为1991年的2785.1万吨；随后由于我国种植结构调整，2001—2003年稻谷的播种面积急剧下降，导致稻谷供需出现较大的缺口，最高一年为2003年达到1570.0万吨；2004—2011年，我国稻谷产量逐步恢复，且盈余保持在年均650.6万吨；2012—2015年，我国稻谷产需盈余呈逐年上升趋势，年均增长率达到10.7%，2015年产需盈余达到1743.8万吨。

2. 稻谷结构匹配度分析

随着生活质量的提高，人们更加注意饮食质量，粳稻的口感和香味相比于籼稻更受人们欢迎，因此人们食用粳稻的比重逐渐上升。虽然目前我国粳稻的种植面积以及产量也在逐年扩增，但其扩张速度暂时无法满足需求的上涨。如图4.22所示，1980—1988年，粳稻产量占稻谷总产量的比重和粳稻消费占总消费的比重大体相同，表明这段时间粳稻供需基本保持稳定，粳稻消

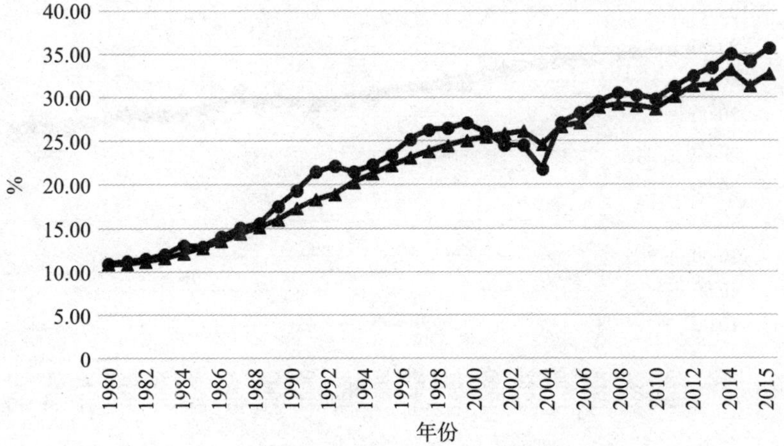

图 4.22　1980—2015年我国粳稻总产量与消费量变化趋势

数据来源：FAO，国家粮油中心，《中国农业年鉴》

费比略高于粳稻产量比，其比例相差最大的年份为1984年，为1%；1989—2000年，粳稻消费比和产量比之间的差距拉大，相差最大的年份为1992年的3.2%，表明人们对粳稻的消费偏好在增强；2001—2003年，粳稻的产量比高于消费比，最大差值点在2003年，达到2.8%；2004—2015年，粳稻的需求比持续保持较快速度增长，粳稻的产量比虽然也在持续增长，但其比例仍小于需求比，之间的差值平均为1.5%，且从2013年开始这种差值有扩大的趋势，到2015年需求比和产量比的差值达到3%。

与粳稻趋势相反，近年来籼稻的总体消费呈下降趋势，居民的食用需求逐年下降，更多的籼稻用于加工、饲用等其他用途。和粳稻相比，籼稻的需求比和产量比总体差距并不是很大，籼稻的产量比略高于籼稻的消费比，说明目前籼稻的产量是多于居民实际对籼稻的需求的。如图4.23所示，1980—1988年，籼稻的产量比和消费比基本一致，产量比略高于消费比，其差值基

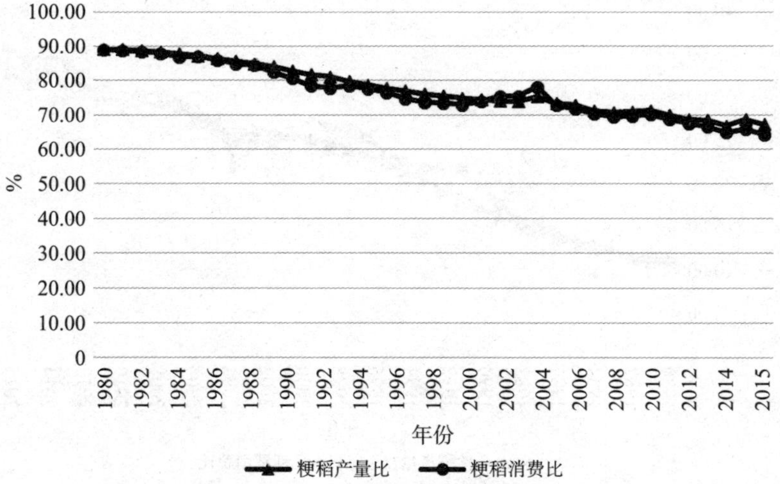

图 4.23　1980—2015年我国籼稻总产量与消费量变化趋势

数据来源：FAO，国家粮油中心，《中国农业年鉴》

本稳定在0.4%，因此这段时间籼稻供需处于平衡状态；1989—2000年，籼稻产量比和消费比之间的距离开始拉大，其差值平均为1.9%，表明这段时期籼稻的产量多于其需求量；2001—2003年，籼稻需求比高于产量比，2003年其差值达到-2.8%；2004—2015年，籼稻供需状态开始恢复，产量比逐渐高于消费比，平均差值保持在1.5%，且在这两年内差值开始扩大，到2015年籼稻产量比和消费比的差值为3%。

3. 稻谷进出口平衡分析

稻谷的国际贸易是反映稻谷供需匹配度的一项重要的指标，作为稻谷供给的重要的一部分，稻谷的进出口是调整国内稻谷产需平衡的重要手段。近年来，在我国稻谷供需出现盈余的时候，我国的稻谷进出口也出现了贸易逆差，稻谷进口连年上升。2011年我国稻谷进口量为82.1万吨，到2012年直线上升至335.0万吨，并且一直保持上升趋势，2016年达到了505.0万吨。2000—2010年，我国都属于稻谷净出口国家，2012年之后随着进口量的激增，我国转变为稻谷净进口国家，且贸易逆差在逐渐扩大（表4.6）。

表4.6　　2000—2016年我国大米进出口量变化　（单位：万吨）

年份	大米出口量	大米进口量	顺逆差
2000	421.4	34.3	387.1
2001	265.7	38.6	227.1
2002	284.3	34.3	250.0
2003	369.9	36.7	333.2
2004	126.0	108.8	17.2

续表

年份	大米出口量	大米进口量	顺逆差
2005	96.0	73.4	22.6
2006	177.1	102.9	74.2
2007	186.4	67.1	119.3
2008	138.6	47.1	91.5
2009	140.0	46.4	93.6
2010	85.2	51.1	34.1
2011	73.7	82.1	−8.4
2012	39.9	335.0	−295.1
2013	68.3	320.6	−252.3
2014	59.9	505.0	−445.1
2015	40.9	478.6	−437.7
2016	56.4	505.0	−448.6

数据来源:《中国对外贸易经济年鉴》

从出口品种上看，我国优质粳米有较强的出口竞争力，我国出口的稻谷95%以上是粳稻，2015年粳稻出口量达到26.6万吨，占全部出口量的99.7%。从进口品种上看，我国进口的稻谷仍然以低价的籼米为主，主要进口地区为越南、巴基斯坦和泰国，籼米进口占总进口大米的比重超过90%。2016年，我国还首次允许美国大米合法进入国内市场，这势必会扩大稻谷的进口量。

（四）稻谷生产与消费不匹配影响因素分析

1.稻谷生产依赖于种植惯性，生产品种结构调整受栽培条件约束

在稻谷生产中，农民选择种植品种一方面受限于所在地的气

候生态环境、种植制度、社会制度、栽培技术、土壤环境等因素，另一方面也受农民长期耕作习惯的影响。通常情况下，若上一期农民种植稻谷，则下一期农民更倾向大面积种植稻谷，而不是种植玉米、小麦等粮食作物。这主要有两个方面的原因：一是在三种粮食作物中，稻谷种植收益较高；二是稻谷生产需要水田，转换其他作物生产不是很便利。

随着我国人口流动规模加大，南方一些地区也开始食用粳稻，粳稻消费需求增长，但短期内生产变化不大，粳稻缺口较大，籼稻供大于需。稻谷供需一度出现结构性的失衡。早在20世纪50年代，我国就曾尝试过“北粳南引”，但由于北方粳稻南引后生育期较短，对南方的气候条件不适应，稻作方式不相同和栽培技术的落后，我国最初的“北粳南引”并没有成功。20世纪80年代以后，随着人们对大米提出更高的要求，稻谷结构性供需不平衡愈加突出；与此同时，我国粳稻的品种选择和栽培技术也在日益成熟，一部分粳稻品种能够对南方地区的生态环境有较好的适应性。一些南方省份提出“籼改粳”，例如江苏、浙江、安徽等地区原来都是以籼稻为主的产区，经过逐步推行“籼改粳”，粳稻所占比例大幅提升，其中江苏地区“籼改粳”最为明显，2011年粳稻种植面积接近3000万亩。

2.稻谷最低收购价政策支撑使得种植收益依然可观，生产者种植意愿依然强烈

2004年以来，随着国内粮食市场和价格全面放开，国家陆续出台稻谷最低收购价政策，对保证种粮农民利益和促进粮食生产发展具有积极作用。近年来稻谷收购价格不断提高，只要水稻扶持政策没有实质性变化，预计我国稻谷仍有增产可能。过高的稻谷政策购销价格，既刺激稻谷产量提高、收购量和进口量增加，又压低消费量和拍卖成交量，导致稻谷供大于求，库存量不断增加，国家按照最低收购价所收购的稻谷，由于价格较高，加上收购保管等费用，要做到顺价销售十分困难。即使是在成本线上的价格，由于储存年限问题，也难以成交。除国有粮食企业收购与销售之外，社会其他企业收购量和加工量有所上升，但总体数量仍是收购量大于销售量，全社会稻谷年度节余量仍相当可观。2017年，国家稻谷最低收购价进行了2004年以来的首次下调，这对于缓解稻谷供需平衡起到了重要的调节作用。

3.国际市场的低价稻谷和国内种植成本的持续上涨，导致国内稻谷“卖粮难”

从国内角度来看，近年来农业的生产成本在持续增加，其中劳动力成本是成本增加的主要因素，2015年的稻谷人工成本接近于2011年稻谷人工成本的两倍。除此之外，随着土地流转的正规化，土地流转的成本也在节节攀升，导致我国稻农收益持续下滑。从国际角度来看，国际市场上出现了大量的低价稻谷，美国芝加哥期货交易市场的稻米价格已接近近年来最低水平，每吨约220美元，东南亚大米出口国泰国和越南的大米价格也处于低位。2016年，我国首次允许美国大米合法进入中国市场，这对于国内稻谷市场也会产生不小的影响。因此国际市场的稻谷低价冲击和国内市场生产成本的持续走高使得世界上的廉价稻谷进入我国价位较高的农产品市场，使国内生产的稻谷一方面存在农民“卖粮难”的问题，另一方面出现国家库存积压过多的情况。我国稻谷已连续十多年产大于需，同时每年又有数百万吨大米净进口，我国稻谷的供需矛盾亟待解决。

第五章

消费升级中的大米消费行为及品质评价

在消费升级时代，一方面需要针对消费者的消费行为进行深入分析，另一方面需要了解同类产品在其他国家及地区的消费状态及对其品质的考量。了解国内高端大米消费者的特征和选择偏好，既有利于满足消费者需求，还能够及时反馈有效信息给生产者，促进产销对接；同时了解日本的粳米消费状况及对大米品种品质的选择，为中国今后在粳米生产及判断消费趋势上提供借鉴。本章主要包含三大部分，第一部分分别从三个方面分析高端大米的消费行为，首先从生产者和消费者的角度，分析不同主体对优质大米的认知和不同主体间对优质大米认知的匹配度与差异性；其次从粳米消费价格角度，分析不同类别（不同价格段）消费者的人口特征、产品属性偏好和消费态度；最后检验消费者的有机大米认知、知识水平和消费态度对有机大米购买行为的影响。第二部分则以粳米消费大国以及对大米品质要求高的日本为例，基于统计数据分析日本的大米消费趋势及特征，以及消费者对大米的选择及对大米品质的评估。第三部分探讨日本大米市场的状况对中国的借鉴意义。

一、高端大米的消费行为分析

（一）对优质大米的认知及匹配度分析

随着社会经济水平和农业生产水平的提高，大米品质有了质的提高。居民生活水平的提升带来消费需求的升级，居民对优质大米的需求迅速增长。本节以优质大米为研究对象，从生产者和消费者的角度，分析不同主体对优质大米的定义和认知，同时分析不同主体间对优质大米认知的匹配度与差异性。

1. 引言

近20年来，大米品种更新以及生产加工水平的提高，提升了大米品质。我国稻谷生产已经从以提高产量为主要目标转变为以提高稻谷生产品质、提高稻谷加工水平、延长稻谷产业链为主要目标，营养、环保、优质、安全已成为目前稻米生产的主流方向。目前我国稻谷生产的主要发展趋势为：优质粳稻种植面积逐年扩大，替代部分籼稻种植；重点研发高产、优质、抗逆性好的水稻新品种；不断改进稻米加工、包装、储存、运输等技术；以需求为导向，推出各类不同品类的大米产品，满足不同人群的需要。在消费方面，随着居民消费能力的提高和健康营养消费意识的增强，消费需求由量转变为质。因此很多消费者在进行大米选购时，会更多留意大米本身的属性信息，选购更加优质的大米，而非仅仅关注价格。由此看出，生产和消费端对优质大米的重视程度越来越高，未来一定时期内，优质大米的市场份额也将进一步扩大，大米的生产和品质将面临新的挑战。

优质大米，即品质优良的大米。大米品质的不同，主要是由于其物理特性与化学成分组成的差异性。对于如何定义和界定优质大米，已有很多研究从不同方面进行解释。大米自身的品质属性是判断大米是否优质的首要判断依据，根据我国优质大米生产标准，优质大米的品质包括加工品质、商品外观、蒸煮品质和营养品质（程等，2003）。大米的品质还受遗传因子、环境条件、栽培管理、收获与晾晒、储藏与加工、蒸煮方法等多方面因素的影响（李等，2008）。也有学者将大米的安全属性纳入优质大米的定义，安全属性包括健康安全属性和环境安全属性（程等，2003；李，2007；程等，2016）。常规大米注重产品数量、无须检测；安全大米则主要注重产品最终质量、有检测标准；绿色大米主要注重生产环境及生产过程、须认证机构认定；有机大米注重生产环境及生产过程，突出自然和有机、须认证机构认定。优质安全大米是指既具有优质大米品质，又具有安全大米标准的稻米，广义地讲，应包括绿色大米和有机大米等。从消费者的角度来看，研究对象通常是具有单一优质属性的大米，例如无公害大米、营养强化型大米、地理标志大米、品牌大米、绿色与有机大米，综观研究结果，消费者对于这些类别的大米均呈现比常规大米更高的支付意愿（孙等，2018；郑，2018；付等，2015；韩等，2016），且居民的收入、年龄、婚姻、受教育程度、对农产品的认知度、食品安全认知度等都会对消费者的购买行为产生影响。

由现有研究可知，受到地区、品种、利益主体认知等限制，目前尚缺少对优质大米明确的界定与定义。通常来讲，大米生产者更加重视大米品种和大米培育与种植所带来的大米品质属性的变化；对于大米加工者，大米的加工品质是其首要考虑的因素；对于末端消费者，由于购买时无法对大米品质有直接的判断，消费者通常依赖于可以间接传达产品品质的属性，如有机、品牌和地理标志。不同主体对优质大米的判断标准与偏好程度并不相同，目前也尚缺乏相关的文献进行相关的对比分析。因此，本节以优质大米为主要研究对象，以不同利益主体为切入点，探索不同利益主体对优质大米的定义与侧重点，并分析供给与需求的匹配度与差异性，基于需求的角度，以期对优质大米生产提出更加精准的建议，提高大米品质与价值，更好地满足消费者的需求。

2. 基于生产者和加工者角度的优质大米

（1）生产者角度的优质大米

优质大米质量形成的基础是生产环节，既包括优质稻谷生产培育和品种推广等产前工作，也包括生产中技术指导的产中工作，还包括收割后储存运输的产后工作，各项生产环节必须紧密配合才可形成最终的优质稻谷。

良好的品种选育。基因决定品种的内在品质。例如有研究表明，稻米垩白度受到单基因控制，而直链淀粉含量受一对主效基因控制，胶稠度由单显性基因控制或一对主效基因和若干微效基因控制，糊化温度由一个主基因或多基因控制（张，2004）。因此由于水稻品种的遗传基因不同，所以存在不同优劣等级的稻米品种。优质的基因对稻米中蛋白质和淀粉的质量起着决定性作用，因此品种在稻米品质的表现上起主导作用。

种植环境。优质稻产地指优质稻米的初级产品或产品原料的生长地，包括大气、土壤和水环境三要素。良好的产地环境是稻米质量安全的首要保障。在影响稻米品质的环境因子中，水稻灌浆成熟期间的日平均温度影响最大，日平均太阳辐射量、日平均温差和平均日照时数等次之，而日平均相对湿度和日平均降水量影响最小。灌浆成熟阶段处于最适温度范围是形成优质稻米最重要的影响因素。灌浆成熟期低温条件对稻米的碱消值影响较大，灌浆成熟期日平均温度在8℃～25℃，温度升高，碱消值降低；温度超过25℃，温度升高，则碱消值增大。齐穗后30天的日平均温度在21℃～22.3℃是形成优质稻米的最适合的温度，粳稻的品质相对更好，高温热害与低温冷害均会使稻米品质下降。光照、温度等也会影响大米的食味品质，在水稻生育期内增加其日照时长，可使其蛋白质含量有一定提高（王，1997）。在其他相同条件下，温度较高时稻米胶稠含量较高，而胶稠含量较高时，有利于增加胚乳蛋白组分和含量，提高米饭的适口性（朱等，1993；金等，2007）。土壤中的有机质含量在一定范围内与稻米品质存在显著的相关关系，土壤的理化性质不同导致土壤养分供给能力差异和稻谷养分积累差异，最终导致品质差异。

肥料施用技术及种植技术。氮肥是众多肥料中对水稻品质影响最大的营养元素。一般来说，氮肥施用量越大，胶稠度降低，蛋白质含量和开始糊化温度提高，直链淀粉含量、最高黏度、最低黏度、最终黏度下降，稻米的食味品质下降。其他肥料也对稻米的品质有很大的影响。例如，在正常氮肥水平下，磷肥施用量增加，直链淀粉含量下降；适量配施硅、钾、镁能降低直链淀粉含量，提高水稻的食味值；适量配施硅、镁、锌能改善外观米质；使用有机肥可以提高整精米率，降低垩白粒与垩白度，降低直链淀粉含量，提高直链淀粉比例，提高稻米的适口性。壮秧、灌溉也影响着大米的优质属性的表达。育壮苗可以提高籽粒的饱满度。合理的水层管理有利于水稻的生长发育，而且能达到节水增效的目的，全程间歇灌溉有利于改善水稻的适口性。

安全化标准化生产。优质稻谷生产环节的功能包括从生产基地的选择、品种选择、播种、农业生产物资的使用、先进生产技术应用、生产全程控制等到稻谷收获的过程。生产需要不断提高稻米的外观、加工、蒸煮品质，还要保证生产的安全性。产品是否符合标准认定是判别稻米产品质量的主要依据。安全大米要求优质稻生产基地环境符合相应规定，应选择在无污染和生态条件良好的地区，远离工矿区和公路、铁路干线，避免工业和城市污染的影响。总的来说，产地应当空气清新、水质洁净、土壤未受污染。产地周围特别是其上风口不得有大气污染源，不得有有害气体的排放；产地的生产用水包括地表水、地下水不能含有污染物；产地土壤元素的背景值应在正常范围之内，产地周围不得有金属或非金属矿山，并且土壤中不应有农药特别是持久性农药等残留。

储存时间。大米的储存时间与大米的新鲜度直接相关。受胚活性、温度、含水量、储存时间等因素影响，大米中的淀粉、脂肪、直链淀粉含量等营养成分变化，最终导致大米品质变化。胚活性是大米新鲜度的核心。稻谷烘干时，整精米率与烘干介质的温度存在负相关关系，随着烘干温度的上升，糙米率、精米率、整精米率、直链淀粉含量、食味值均有下降，而蛋白质含量有提高趋势，因此宜采用低温烘干方式。稻谷烘干时，整精米度与空气湿度呈正相关关系，相对湿度增加，有利于整精米率提高。低温储藏与含水量高低是保持新鲜度的重要因素。大米的结合水一般为14%。不同温度下大米的相对安全水分不同，在0℃、5℃、10℃、20℃、25℃条件下，安全水分分别为18%、16%、14%、13.5%。低温（温度小于10℃）储存的稻谷，蛋白质含量略高，直链淀粉含量低，食味较好。稻米研磨后，储存时间越久，香味和食味就会下降。在20℃以下，大米表层霉菌带菌量明显减少；10℃以下，可以完全抑制虫害及霉菌生长。储存时间最好控制在3年以内。尽量缩短成品到餐桌的间隔时间，努力做到现磨现吃。

综上所述，生产条件对优质大米品质的形成具有重要的影响，从生产者的角度来看，优质大米更加侧重于大米自身的化学和物理品质。无论育种、栽培还是储存，生产对优质大米品质的影响包括其营养、外观和蒸煮品质（食味品质、胶稠度等）。同时，生产地理位置、施肥方式和种类、土壤条件等不同，大米的安全性也具有一定的差别。

（2）加工者角度的优质大米

加工是生产优质大米的重要一环。我国2009年发布了优质大米评价标准（GB/T 1354—2009），在评价标准中，根据碎米率、不完整颗粒、垩白粒率、杂质和品尝分值，将优质大米分为三个等级。总结而言，优质食用大米应该具有整精米率高，籼米形状细长、粳米粒形椭圆适中，垩白度低，透明度高，糊化度低，籼米的直链淀粉含量适中、糯米的直链淀粉含量低，蛋白质含量高，食味好等特性（李军民，2007）。

良好的加工技术可有效控制碎米率、不完整粒和杂质率等，提高大米外观评价等级。加工精度是优质大米的判断标准之一，即稻米籽粒表面除去糠皮的程度。精度按照国家标准可分为四级，即特等、标一、标二、标三。除此之外，加工水平的评定主要指标还有糙米率、精米率、整精米率等。糙米率是指净稻谷脱壳后的糙米占试样稻谷的百分比。去掉糠皮和胚是精米，精米占试样稻谷的百分比为精米率。整精米占试样稻谷的百分比为整精米率，整精米率的高低因品种不同差异较大。通常优质大米要求糙米率、精米率以及整精米率都高，整精米率是其中最为重要的指标。整精米率越高，说明稻谷加工水平越高，也表明其加工出来的大米越优质。

3. 消费者角度的优质大米

（1）数据来源及说明

本次所采用的消费者数据来源于2016年的调研。调研采取网络调研方式，选取了在经济、地区、社会文化等方面具有趋势代表性的北京和上海的消费者，分别回收500份有效问卷，共获得问卷1000份。

此次调研样本的基本特征为：北京与上海地区各占50%；男性与女性各占50%；年龄小于30岁、30～49岁、50岁及以上的分别占32.5%、66.4%和1.1%；受教育程度为大专及以下、本科、研究生及以上的分别占25.3%、64.6%和10.1%；大部分人有全职工作，占比为94.4%；被调查者中，有稳定职业（就职于政府机关、事业单位、国有企业）的占39.7%，非稳定职业（民营或外资合资企业、自营、非营利性组织）的占60.3%；被调查者中，本地城市居民占85.9%，本地农村、异地农村、异地城市居民分别占3.1%、4.1%、6.9%；被调查者家庭人数为1、2、3、4和5人及以上的比例分别为3.2%、9.3%、60.6%、13.8%和13.1%；家庭月可支配收入0～7999元、8000～14999元、15000元及以上的分别占8.9%、42.4%和48.7%；家庭月食物支出0～2999元、3000～6999元、7000元及以上的分别占45.0%、46.1%和8.9%。详细情况参照表5.1。

表 5.1　　　　　　　　　样本人口统计学特征

<table>
<tr><th></th><th>分组依据</th><th>频数（人）</th><th>占比（%）</th><th></th><th>分组依据</th><th>频数（人）</th><th>占比（%）</th></tr>
<tr><td rowspan="2">地区</td><td>北京</td><td>500</td><td>50.0</td><td rowspan="4">户口</td><td>本地农村</td><td>31</td><td>3.1</td></tr>
<tr><td>上海</td><td>500</td><td>50.0</td><td>本地城市</td><td>859</td><td>85.9</td></tr>
<tr><td rowspan="2">性别</td><td>男</td><td>500</td><td>50.0</td><td>异地农村（本市县以外）</td><td>41</td><td>4.1</td></tr>
<tr><td>女</td><td>500</td><td>50.0</td><td>异地城市（本市县以外）</td><td>69</td><td>6.9</td></tr>
<tr><td rowspan="4">年龄（岁）</td><td>小于30</td><td>325</td><td>32.5</td><td rowspan="3">家庭月可支配收入（元）</td><td>0 ～ 7999</td><td>89</td><td>8.9</td></tr>
<tr><td>30 ～ 39</td><td>330</td><td>33.0</td><td>8000 ～ 14999</td><td>424</td><td>42.4</td></tr>
<tr><td>40 ～ 49</td><td>334</td><td>33.4</td><td>15000及以上</td><td>487</td><td>48.7</td></tr>
<tr><td>50岁及以上</td><td>11</td><td>1.1</td><td rowspan="3">家庭月食物支出（元）</td><td>0 ～ 2999</td><td>450</td><td>45.0</td></tr>
<tr><td rowspan="3">学历</td><td>大专及以下</td><td>253</td><td>25.3</td><td>3000 ～ 6999</td><td>461</td><td>46.1</td></tr>
<tr><td>本科</td><td>646</td><td>64.6</td><td>7000及以上</td><td>89</td><td>8.9</td></tr>
<tr><td>研究生及以上</td><td>101</td><td>10.1</td><td rowspan="5">家庭人数（人）</td><td>1</td><td>32</td><td>3.2</td></tr>
<tr><td rowspan="2">工作状况</td><td>全职</td><td>944</td><td>94.4</td><td>2</td><td>93</td><td>9.3</td></tr>
<tr><td>非全职</td><td>56</td><td>5.6</td><td>3</td><td>606</td><td>60.6</td></tr>
<tr><td rowspan="2">所属行业</td><td>稳定职业</td><td>397</td><td>39.7</td><td>4</td><td>138</td><td>13.8</td></tr>
<tr><td>非稳定职业</td><td>603</td><td>60.3</td><td>≥5</td><td>131</td><td>13.1</td></tr>
</table>

（2）消费者对大米品质的偏好结果

为了解消费者对优质大米的认识，调研问卷设计题目为“您认为最能反映大米品质的前三个因素并按重要性排序”，选项设置购买场所、外观、价格、品牌、生产日期、安全认证、是否为有机栽培等7个因素。结果发现，消费者在衡量大米品质时会把安全认证、品牌和生产日期作为3个率先考虑的因素，占比分别为57.3%、55.5%和51.9%，表明消费者比较注重食品安全、具有品牌认知并且关注生产日期这些基本信息；价格因素排在第4

位，消费者对价格的关注程度也相对较高；其后的顺序为是否为有机栽培、外观和购买场所。由此可以看出，人们对大米食品安全有较高的认知和需求，但同时对品牌的较高关注度也说明消费者在重视安全性的同时也重视大米的品质（表5.2）。

表5.2　消费者选购大米时关注的主要因素

	购买场所	外观	价格	品牌	生产日期	安全认证	是否为有机栽培
出现频率（%）	23.8	29.8	49.4	55.5	51.9	57.3	32.3

4. 生产与消费匹配度分析

通过上述生产与消费方面对优质大米的探讨，生产及加工者通过选择大米品种、控制栽培条件及加工技术来调整大米的理化特性，以保证大米的优质属性。对于消费者而言，由于信息不对称，消费者只能通过大米的外在属性来判断大米的优质性，如大米包装上的品牌、生产日期、安全认证和外观等信息。因此，影响生产者生产优质大米的因素势必会与消费者所关注的属性有所重叠，也具有一定的差异性。

消费者最关注大米的安全认证，是否为有机栽培也具有很高的关注度，安全因素是消费者判断优质大米的重要因素。在大米生产方面，近几年安全和规范性生产越来越趋于主流，通过严格防止产地污染，控制生产过程中化肥农药投入，生产出农药残留低、安全系数高的优质大米。因此，在安全性方面，生产与消费认定的优质大米基本一致。

消费者对大米的生产日期关注度也较高，生产日期在一定程度上反映了大米的新鲜程度。大米新鲜度包含两方面含义，一方面大米从收割到加工时间不宜过长，否则会影响大米的营养成分与口感；另一方面大米从加工到最终被消费者购买的时间也不宜过长。消费者所看到的生产日期通常是加工成精米的日期，稻谷储存的时间信息往往无法获取。近年来消费者开始注重食用新米，但市场上依然有陈米销售，新米与陈米的比例关系在逐渐得到改善。从这一角度来看，消费者所关注的生产日期与生产者所关注的大米新鲜度的匹配度各占一半。

消费者对大米品牌的关注度也是影响其选购的重要因素。从生产端来看，生产者所认定的优质大米并没有包含品牌因素，一方面是因为生产者关注的是大米本身的品质信息而非大米的外在属性；另一方面也因为我国农产品品牌体系不健全，除少数知名大米品牌，其余多为小散品牌，往往不能反映大米的优质信息。

消费者对大米价格因素的重视度较高，说明消费者对于大米价格是存在一定敏感度的，大米价格的升高会使消费者减少大米消费或者调整大米的档次。对于生产者而言，生产优质大米的成本要高于生产普通大米，因此对生产者而言，为满足消费者需求，必须在保证大米质量的基础上，控制优质大米的生产成本。

从调研数据来看，以大米外观为例，在众多因素下，消费者对大米外观重视度并非很高。其原因可以认为在消费市场的信息不对称性状态下，消费者无法准确获取或判断大米自身属性的优质性，例如部分大米包装袋无法直接看到大米外观信息，消费者只能凭借包装袋上大米的基本信息进行选购。

5. 结论与建议

本节通过不同利益主体对优质大米定义的分析与比较，可得出以下三点结论。(1) 从生产者和加工者的角度来看，良好的品种选育、种植环境、肥料施用技术及种植技术、安全化标准化生产、储存时间和加工技术均会影响大米的品质。无论育种、栽培还是储存、生产对优质大米品质的影响均包括营养、外观和蒸煮品质（食味品质、胶稠度等）。（2）消费者在衡量大米品质时会把安全认证、品牌和生产日期作为三个率先考虑的依据。（3）生产者与消费者对优质大米的定义在一些属性上相同，如安全属性、新鲜度和是否为有机栽培。不同的是，生产者对优质大米的定义更加偏向于优质大米自身的理化指标，如外观、营养品质等；相反，消费者更加关注品牌和价格等间接反应优质大米的指标。

基于上述结果，需要留意且要面对以下三个课题。（1）以需求为导向，调整大米生产重点与方向。例如，进一步规范大米安全生产，提升种植户安全生产意识，增加绿色大米和有机大米供应量；塑造特色地方大米品牌，加大品牌大米的质量管控力度，为消费者提供多样优质的品牌大米。（2）缩短大米从农田到餐桌的时间。生产企业不仅应控制大米加工到终端消费者的时间，更应调整目前使用陈米加工的现状，改善稻谷的仓储条件。（3）对消费者进行必要的知识普及。例如，如何选购既有营养、适口性又好的大米，减少消费市场的信息不对称。

（二）粳米细分市场

1. 研究假设

随着收入的不断提高，中国居民日常饮食结构发生了巨大变化。从数量而言，消费者对主食的需求，尤其是大米的需求，正处于不断下降的阶段。从品质而言，由于食品安全事件频发和日益严峻的污染问题，越来越多的消费者偏好购买拥有自然、健康、有机和绿色属性的农产品。同时大米消费市场出现了不同层次的分化，所以，了解当前中国粳米消费细分市场状况变得尤为重要。本小节首先根据不同消费价格段区分消费者，同时研究消费者的人口特征、产品属性偏好和态度与价格段的关系。

研究假设基于三个方面：（1）产品属性（包括品牌和产地）对消费者购买价格有关键的影响；（2）消费者购买粳米的态度（包括价格、环境、健康和监管）影响购买行为；（3）消费者存在地区差异。设定的假设如下。

假设1　产品属性（品牌和产地）影响高端粳米的消费价格。

假设2　消费者的购买态度（价格、环境、健康和监管）影响高端粳米的购买价格。

假设3　地区因素影响高端粳米的购买价格。

2. 数据与方法

本次调研主要通过第三方网络平台发放网上问卷收集数据，调查时间为2017年11—12月。考虑到中国地域广阔，存在地区差异，本次调查随机选取3个不同地区共10个省市。网上问卷主要锁定年龄大于25岁（年龄和收入为消费高端大米的重要指标）的消费者，且所有的受访者必须都是以粳米为主食，男女比率为1:1。网上问卷的设计、数据分析都由作者执行，第三方平台只负责问卷发放。

网上问卷主要涉及四个方面：消费者社会人口特征、产品属性（品牌和产地）、消费者态度（价格、环境、健康和监管）和粳米购买行为与偏好。产品属性（品牌和产地）与消费者态度（价格）主要通过问题“您认为产品属性（或者价格）在购买粳米时的重要程度？”进行评价，回答采用李克特五点量表获得相应数值，“非常不重要、不重要、一般、重要、非常重要”分别用数字“1、2、3、4、5”表示。消费者态度（环境和健康）同样采用李克特五点量表获得相应数值，“非常不关心、不关心、一般、关心、非常关心”分别用数字“1、2、3、4、5”表示。消费者态度（监管）也是采用李克特五点量表获得相应数值，“非常不相信、不相信、一般、相信、非常相信”分别用数字“1、2、3、4、5”表示。粳米购买价格是基于日常购买价格，通过问题“你的日常购买粳米的价格是每公斤多少元？”进行评价，受访者可以选择四个不同的价格段。

492份有效问卷中，内陆（湖北、云南和四川）、沿海（广东、上海、江苏和福建）和北方（北京、辽宁和黑龙江）地区分别为150份、187份和155份。受访者平均年龄为34.2岁，多数家庭月收入处于8000～10000元，受教育程度处于高中和大专之间的最多。

表5.3显示了四个不同价格段的样本数、出现频次、累积比例数据。将四个价格段分别定为A：小于5元/公斤；B：5～10元/公斤；而零售价格相对高的高端粳米，价格段分为C：10～15元/公斤；D：大于15元/公斤。选择后两个价格段的人共占20.3%。

表5.3　　粳米日常购买价格分组情况

	价格段（元/公斤）				
	小于5	5～10	10～15	大于15	合计
样本数（人）	122	270	60	40	492
出现频次（%）	24.8	54.9	12.2	8.1	100
累积比例（%）	24.8	79.7	91.9	100	
类别	A	B	C	D	

基于其因变量为有序分类变量，本次研究主要使用有序Logit回归的（模型1）和多项式Logit回归（模型2）进行分析。有序Logit回归的方程如下：

$$P(Y\leqslant k)=p_1+p_2+\cdots+p_k=\frac{\exp(\alpha_k+X\beta)}{1+\exp(\alpha_k+X\beta)} \tag{1}$$

式（1）中k=1，2，…，k表示因变量类别，X表示自变量矩阵，$\alpha_k\alpha_k$和β为估算系数，$P(Y\leqslant k)$表示Y落在或者低于在指定的k类别的概率。有序Logit回归的公式为：

$$Logit[P(Y\leqslant k)]=\log\left[\frac{P(Y\leqslant k)}{1-P(Y\leqslant k)}\right]$$

$$=\log\left[\frac{p_1+p_2+\cdots+p_k}{p_{k+1}+p_{k+2}+\cdots+p_k}\right]$$

$$=\alpha_k+X\beta \tag{2}$$

式（2）中β表示自变量的影响Logit形式Y落在或者低于在指定的k类别的概率，p=（p_1，p_2，p_3，…，p_k）表示自变量的组合。而对于多项Logit回归模型，因变量有四个不同的类别（A，B，C和D）。A组为对照组，其他类别的公式分别为：

$$g_b(x)=\log\frac{P(Y=\text{B})}{P(Y=\text{A})}=\beta_{10}+\beta_{10}x_1+\cdots+\beta_{1P}x_P, \tag{3}$$

$$g_c(x)=\log\frac{P(Y=\text{C})}{P(Y=\text{A})}=\beta_{20}+\beta_{20}x_1+\cdots+\beta_{2P}x_P, \tag{4}$$

$$g_d(x)=\log\frac{P(Y=\text{D})}{P(Y=\text{A})}=\beta_{30}+\beta_{30}x_1+\cdots+\beta_{3P}x_P, \tag{5}$$

式（3），式（4）和式（5）中β_{10}，β_{11}，β_{12}，…，β_{3p}为需要估算的参数，x=（x_1，x_2，x_3，…，x_{12}）为因变量的组合。所有在模型1和模型2中使用的自变量的定义和统计数据在表5.4中详细

表 5.4　自变量定义和统计描述

自变量		变量定义	中位数	标准差	值域	自变量		变量定义	中位数	标准差	值域
人口特征						消费态度					
x_1	年龄	受访者年龄	34.2	8.01	25～70	x_7	价格	1=非常不重要至5=非常重要	3.42	1.18	1～5
x_2	性别	女=1；男=0	0.41	0.49	0～1	x_8	环境	1=非常不关心至5=非常关心	4.13	1.15	1～5
x_3	受教育程度	1=小学或以下； 2=初中； 3=高中； 4=本科； 5=硕士及以上	3.75	0.8	1～5	x_9	健康	1=非常不关心至5=非常关心	3.98	1.14	1～5
x_4	家庭月收入	1=低于3000元； 2=3001～5000元； 3=5001～8000元； 4=8001～10000元； 5=10001～20000元； 6=20001～30000元； 7=30001～50000元； 8=高于50000元	4.33	1.66	1～8	x_{10}	监管	1=非常不相信至5=非常相信	3.46	1.27	1～5
产品属性						区域因素					
x_5	品牌	1=非常不重要至5=非常重要	3.26	1.11	1～5	x_{11}	沿海	沿海=1，内陆和北方=0	0.38	0.49	0～1
x_6	产地	1=非常不重要至5=非常重要	3.26	1.24	1～5	x_{12}	内陆	内陆=1，北方和沿海=0	0.30	0.46	0～1

说明。这里通过使用两种不同的模型来验证分析结果的稳健性。本次数据分析主要运用R编程语言，基于微软Windows 10电脑系统平台操作。

3. 分析结果

（1）消费者特征及购买行为

通过上述分析，表5.5表示不同价格段的消费者特征和偏好

表 5.5　不同购买价格段分组统计量结果

变量	A		B		C		D	
	中位数	标准差	中位数	标准差	中位数	标准差	中位数	标准差
人口特征								
年龄	34.11	8.06	34.29	8.10	33.10	7.53	35.58	8.76
性别	0.41	0.49	0.43	0.50	0.33	0.48	0.40	0.50
受教育程度	3.61	0.88	3.74	0.82	3.90	0.57	4.05	0.60
家庭月收入	3.96	1.47	4.32	1.66	4.68	1.59	4.95	2.01
产品属性								
品牌	3.30	1.05	3.22	1.11	3.32	1.20	3.35	1.23
产地	3.41	1.24	3.19	1.19	3.18	1.28	3.38	1.44
消费态度								
价格	3.61	1.27	3.43	1.12	3.08	1.09	3.23	1.31
环境	4.03	1.15	4.12	1.22	4.31	1.07	4.20	1.00
健康	3.99	1.15	3.89	1.15	4.17	1.06	4.28	1.11
监管	3.25	1.31	3.49	1.27	3.73	1.15	3.45	1.30
区域因素								
沿海	0.39	0.49	0.39	0.49	0.33	0.48	0.32	0.47
内陆	0.24	0.43	0.29	0.46	0.43	0.50	0.40	0.50
样本数（人）	122		270		60		40	

属性的统计量。在人口特征中，随着购买价格的上升，A组到D组的受教育程度和家庭收入也呈上升趋势，简单地说，高教育程度和高收入更容易购买高价格的粳米。从消费者对健康的重视程度看，A组和B组的值要小于C组和D组，也就是说，购买高价格段粳米的消费者更重视健康。同时消费者对价格的重视程度越高，购买粳米的价格则相对较低，即A、B组高于C、D组。从地区上，内陆的消费者偏重于购买价格较高的粳米。

从调研结果可知，大约有72%的消费者主要购买东北粳米，9%的消费者主要购买江苏的粳米（图5.1），只有4%的受访者购买进口粳米，由此可见东北粳米的被认知度之高。尽管受访者来自南北的10个省市，还是有7成以上的消费者购买东北粳米，因此南方粳米的消费范围要小于东北粳米。

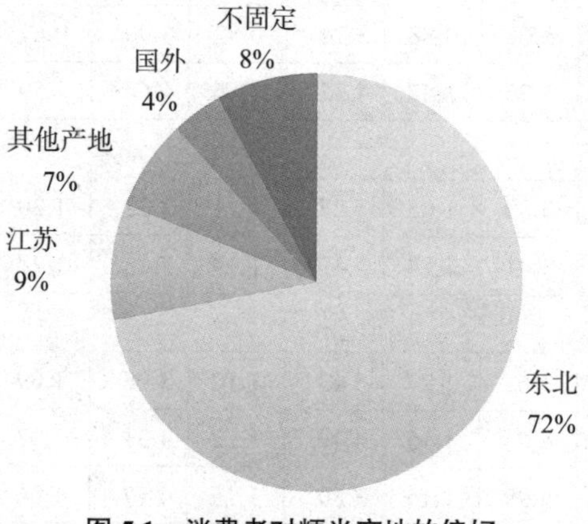

图 5.1　消费者对粳米产地的偏好

数据来源：问卷调查

从购买粳米的频率看，接近50%的受访者每1 ～ 2个月购买一次粳米，超过30%的受访者每3 ～ 4个月购买一次粳米，只有非常少的受访者一年之内只购买一到两次粳米（图5.2）。

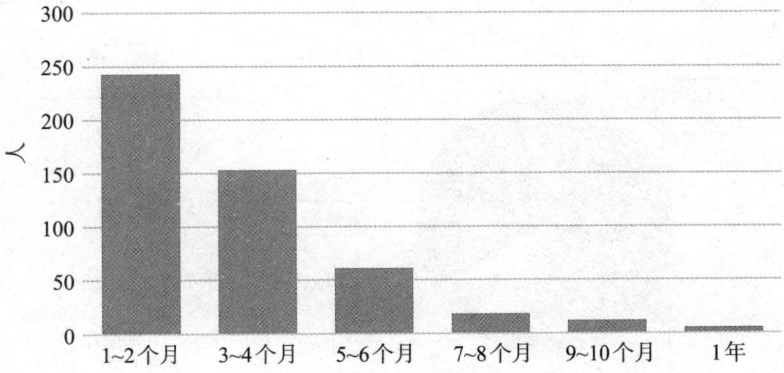

图 5.2　粳米购买频次

来源：问卷调查

消费者购买粳米时对包装的选择以及购买重量分别显示在图5.3和图5.4中，有80%的受访者倾向于购买袋装粳米，而20%的受访者倾向于购买散装粳米。基于不同包装的重量，10公斤包装最受欢迎，有41%消费者购买；5公斤包装其次，占29%；较少受访者选择2公斤、50公斤和超过50公斤装的包装。这可能与粳米长期保存口感会发生改变和容易变质有关系（矫和许，2004）。

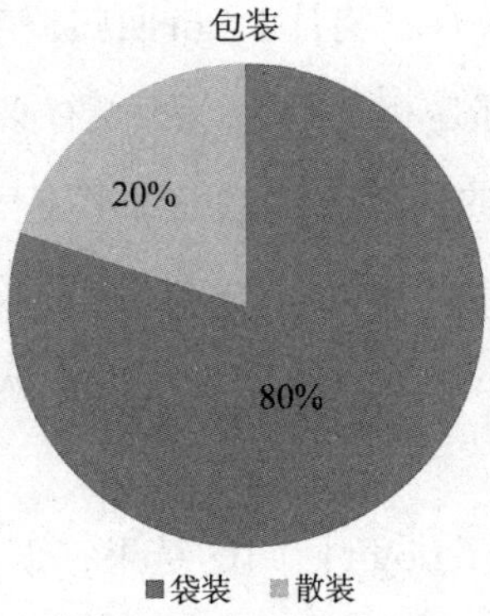

图 5.3　消费者对粳米包装的偏好

数据来源：问卷调查

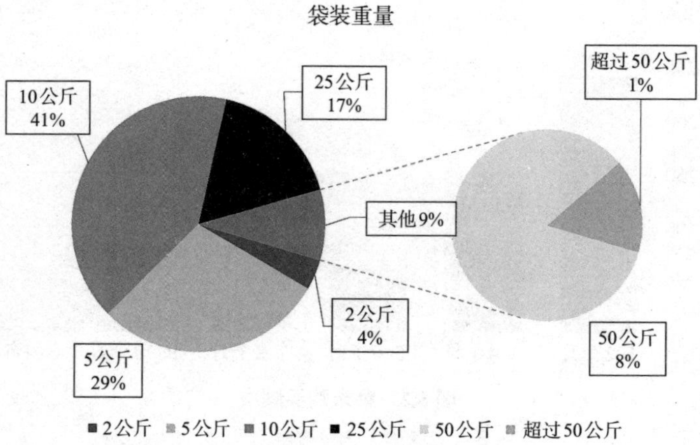

图 5.4 消费者对粳米包装重量的偏好

数据来源：问卷调查

（2）粳米消费细分市场分析

从上述的统计变量关系来看，受教育程度、家庭收入和价格态度之间很可能存在相关性。在进行回归估算前，为了避免存在多重共线性，首先对其因素之间进行了检测。运用方差扩大因子法分析，得出方差扩大因子全部小于1.9，可以认为变量之间不存在显著的相关性。有序Logit回归模型的前提是，不同分类中的自变量影响都是相互平行，所以有必要进行平行性检验。Brant检验为最常用的检验方法之一，其基于解释变量在不同分类中的相关性都相等（Brant，1990）。表5.6显示了检验结果，所有的解释变量都不显著，此结果可以确认有序Logit模型适用于此次数据分析。

表5.7展示了有序Logit回归的结果，卡方检验表示模型1显著有效。人口特征中的受教育程度、家庭月收入因素，消费态度中的环境、健康和监管的因素，区域因素中的内陆地区，都

对购买粳米价格有正向影响，而价格态度则为负向影响。同时，关于产品属性的影响不显著。所以，分析结果支持假设2和假设3，即消费者的购买态度（价格、环境、健康和监管）影响高端粳米的购买价格，以及地区因素影响高端粳米的购买价格；而不支持假设1，即产品属性（品牌和产地）并不影响高端粳米的消费价格。

表 5.6　　　　Brant 检测平行性结果

变量	χ^2	自由度	p值
Omnibus	20.5	24	0.67
年龄	2.52	2	0.28
性别	1.14	2	0.57
受教育程度	0.86	2	0.65
家庭月收入	0.75	2	0.65
品牌	0.79	2	0.67
产地	1.52	2	0.47
价格	1.71	2	0.42
环境	1.43	2	0.49
健康	1.99	2	0.37
监管	3.56	2	0.17
沿海	0.21	2	0.90
内陆	1.02	2	0.60

从上述结果来看，如果消费者认为价格是非常重要的因素，那么他们不太可能购买高价的粳米。在保持其他变量不变的前提下，每上升一个单位的价格态度，消费者购买更高价格段粳米的概率将会下降18%。消费者在做购买决定时，如果他们的态度更为关心环境和健康因素，则有更高的概率购买高价的粳米。与此

同时，消费者对政府监管的信心越高，他们更加有可能购买高价粳米。在保持其他变量不变的前提下，每上升一个单位的消费态度（环境、健康和监管），消费者购买更高价格段粳米的概率将分别提高27.4%、22.9%和17.2%。

从表5.7可以看出，消费者来自内陆地区更加有可能购买更高价格段的粳米。在其他变量不变的前提下，内陆消费者购买更高价格段的概率是沿海的2.1倍。内陆消费者对高价格段的高消费倾向的理由，可考虑为内陆城市需要承担较高的物流和时间成本。如果消费者拥有更高的受教育程度或者家庭月收入，他们更有可能购买更高价格段的粳米。在其他变量不变的前提下，每上升一个单位的受教育程度，他们购买高一个价格段粳米的概率增长38%。同样地，在其他变量不变的前提下，每上升一个单位的家庭月收入，他们购买高一个价格段粳米的概率增长18.7%。

表5.7　有序Logit回归估算结果（模型1）

变量	相关系数	优势比
人口特征		
年龄	0.0178（0.0117）	1.0179（1.0118）
性别	−0.0902（0.1816）	0.9137（1.1991）
受教育程度	0.3222（0.1246）***	1.3802（1.1327）***
家庭月收入	0.1715（0.0588）***	1.1871（1.0606）***
产品属性		
品牌	0.0786（0.0862）	1.0818（1.0900）
产地	0.0681（0.0834）	1.0704（1.0870）
消费态度		
价格	−0.1985（0.0827）**	0.8199（1.0862）**

续表

变量	相关系数	优势比
环境	0.2422(0.1003)**	1.2740(1.1055)**
健康	0.2064(0.1042)**	1.2293(1.1098)**
监管	0.1583(0.0799)**	1.1715(1.0832)**
区域因素		
沿海	0.1100(0.2142)	1.1163(1.2389)
内陆	0.1583(0.0799)**	2.1337(1.0832)**
A|B 截距	1.7457(0.8792)**	5.7299(2.4090)**
B|C 截距	4.4408(0.9011)***	84.8428(2.4623)***
C|D 截距	5.5585(0.9156)***	259.4334(2.4983)***

注：括号内表示标准差；符号***、**分别表示估计参数的显著性水平为1%、5%

表5.8显示以A组为对照组，B、C、D组与A组的多项式Logit回归的估算结果。卡方检验显示模型2显著有效。实例1为B组与A组的对比结果，显示显著性变量较少，人口特征中的受教育程度，消费态度中的环境和监管因素存在相关性。这是因为A组和B组的粳米价格差比较小，都是属于传统价格段的粳米，所以A组和B组的消费者特征与消费偏好相似。实例2和实例3的结果与表5.7中结果非常相似，高端大米消费者与传统大米消费者的特征和消费偏好差距较大。实例3显示年龄有正向显著影响，年龄较大的消费者更加愿意购买高价的粳米。同时，消费者对监管的态度并不影响高价格的粳米购买行为。

表 5.8　　多项式Logit回归估算结果（模型2）

变量	实例1（B组对比A组）		实例2（C组对比A组）		实例3（D组对比A组）	
	相关系数（标准差）	优势比	相关系数（标准差）	优势比	相关系数（标准差）	优势比
人口特征						
年龄	0.0145（0.0153）	1.0146（1.0154）	0.0018（0.0234）	1.0018（1.0237）	0.0455（0.0238）**	1.0466（1.0241）**
性别	0.0527（0.2334）	1.0542（1.2629）	−0.3338（0.3509）	0.7162（1.4204）	−0.1250（0.3979）	0.8825（1.4887）
受教育程度	0.2234（0.1533）*	1.2504（1.1657）*	0.4047（0.2532）*	1.4988（1.2882）*	0.7655（0.3077）***	2.1500（1.3603）***
家庭月收入	0.0937（0.0748）	1.0982（1.0777）	0.2634（0.1109）***	1.3013（1.1173）***	0.3262（0.1313）***	1.3857（1.1403）***
产品属性						
品牌	−0.0019（0.1108）	0.9981（1.1172）	0.1620（0.1632）	1.1759（1.1772）	0.1033（0.1874）	1.1088（1.2061）
产地	−0.0451（0.1060）	0.9559（1.1118）	0.0745（0.1563）	1.0773（1.1691）	0.1772（0.1826）	1.1939（1.2003）
消费态度						
价格	−0.0611（0.1057）	0.9407（1.1114）	−0.3454（0.1543）**	0.7080（1.1668）**	−0.3142（0.1779）**	0.7304（1.1947）**
环境	0.3274（0.1403）***	1.3874（1.1507）***	0.4251（0.2276）**	1.5298（1.2556）**	0.3697（0.2276）*	1.4473（1.2556）*
健康	0.0340（0.1363）	1.0346（1.1461）	0.3164（0.2371）*	1.3722（1.2675）*	0.4545（0.2371）**	1.5753（1.2675）**
监管	0.2213（0.0993）**	1.2477（1.1044）**	0.3349（0.1700）**	1.3977（1.1853）**	0.1019（0.1700）	1.1073（1.1853）
区域因素						
沿海	0.1115（0.2636）	1.1180（1.3016）	0.3174（0.4831）	1.3735（1.6211）	0.0851（0.4831）	1.0888（1.6211）
内陆	0.4166（0.2968）	1.5168（1.3456）	1.2631（0.4895）***	3.5362（1.6315）***	1.1968（0.4895）***	3.3097（1.6315）***
截距	−0.2288（1.1313）	0.7955（3.0997）	−4.1405（1.7417）***	0.0159（5.7070）***	−7.9673（1.9975）***	0.0003（7.3706）***

注：A组为对照组省略（Pseudo R2为0.1538；AIC为1122.5340；BIC为1286.2750；对数似然值为-522.2672；卡方检验统计量为73.01***；卡方检验为0.0000）；符号***、**、*分别表示估计参数的显著性水平为1%、5%、10%

（三）消费者意识、知识水平和态度对有机大米购买行为的影响

1. 引言

近几年，国内有机食品消费市场发展迅速。2017年中国成为世界上有机作物种植面积排名第5（160万公顷）和有机食品消费市场排名第4（4712万欧元）的国家（FiBL和IFOAM，2017）。根据国家有机产品标准（GB/T 19630—2011）的定义，有机食品在食品生产和加工过程中，一律禁止使用化学合成的肥料、农药、生长调节剂、饲料、饲料添加剂和转基因技术（Liu，Pieniak和Verbeke，2013）。有机食品是目前三大食品安全认证（无公害食品、绿色食品和有机食品）中等级最高的认证。

如前所述，人均大米消费量正在不断减少，但由于有机食品具有高质量、安全和环境友好的特性，消费者对其需求却不断增多（Gu，Ma，Ma和Liu，2015）。从2013年到2015年，有机大米的种植面积增加了18.7%，同时产量也增长14.4%，分别达到20万公顷和122万吨（中国水稻研究所北京中绿华夏有机食品认证中心，2016）。

随着越来越多的有机大米在市场上销售，消费者必然会根据自己对有机大米的意识、知识水平和态度做出相应的购买决定（Gotschi等，2009）。大多数早期研究证明消费者对有机食品的意识（Hasimu，Marchesini和Canavari，2017；Hung，Lin和Chen，2013；Teng和Wang，2015）和知识水平（Díaz，Pleite，Paz和Gaspar，2012；Gotschi等，2009；Müller和Gaus，2015；Pieniak，Aertsens和Verbeke，2010）与其购买行为有显著相关

关系。也有一些研究（Ajzen，Joyce，Sheikh和Cote，2011；Cerjak，Mesicć，Kopić，Kovačić 和Markovina，2010；Rödiger和Hamm，2015）认为购买过程是一个复杂的内部过程，是基于有机农业意识、知识水平、消费态度和个人特征而决定的。

大量的文献（Aertsens，Mondelaers，Verbeke，Buysse和Van Huylenbroeck，2011；Chen，Lobo和Rajendran，2014；My等，2017；Xie，Wang，Yang，Wang和Zhang，2015；Yu，2012；Zhu，Li，Geng和Qi，2013）都在关注不同因素对有机食品购买行为的影响，但是这些研究相对缺乏对单一农产品特别是中国主食产品的研究。本研究的目的在于了解消费者意识、知识水平和态度如何影响有机大米的购买行为，同时将样本分为不同区域以验证区域性的影响，为有机大米产业提供有效信息，提高有机大米的市场份额和生产效率。

2. 研究假设

在探讨以往文献的研究结果的基础上，提出三个主要研究问题：（1）意识和知识水平对购买行为有重要影响；（2）消费者对于价格、环境和便利性因素的态度影响其购买行为；（3）地区差异影响购买行为。因此建立三个假设。

假设1　消费者对有机大米的意识和知识水平会影响有机大米购买行为。

假设2　消费者对价格、认证和便利性的态度会影响有机大米的购买行为。

假设3　与沿海和内陆消费者相比较，北方消费者更加有可能购买有机大米。

3. 数据与方法

本部分的问卷是在上一节粳米细分市场问卷的基础上，拓展覆盖到全部大米消费者。数据收集方法与时间都与上一节相同。

问卷最主要关注四个方面：消费者社会人口特征，意识和知识水平，有机大米态度（价格、认证和便利性）和购买行为。有机大米意识是通过问题“您多大程度了解有机大米”进行评价，回答采用李克特五点量表获得相应数值，“非常不了解、不了解、一般、了解、非常了解”分别用数字“1、2、3、4、5”表示。有机大米知识水平是通过计算回答正确问题的分数来进行评价。共有4道问题，回答正确得1分，回答错误不得分，最低分为0分，满分为4分。价格和认证因素的重要性回答同样通过李克特五点量表获得相应数值，“非常不重要、不重要、一般、重要、非常重要”分别用数字“1、2、3、4、5”表示。对于便利性的感知回答也是通过李克特五点量表获得相应数值，“非常不方便、不方便、一般、方便、非常方便”分别用数字“1、2、3、4、5”表示。为了排除偶然性因素的干扰和减少选择性偏差，选择购买行为限定在过去一年的时间内购买过有机大米的消费者。购买行为通过问题“在过去的一年中您曾经购买过有机大米吗？”确认。

从10个省份的受访者中获得有效问卷1371份，按受访者的居住地将有效问卷分为3个地区，即内陆、沿海和北方地区，内陆包含湖北、云南和四川3省，有效问卷数406份；沿海包含广东、上海、江苏和福建4省/市，有效问卷数539份；北方包含北京、辽宁和黑龙江3省/市，有效问卷426份。受访者平均年龄为34.1岁，多数家庭月收入处于8001～10000元，受教育程度处于高中和本科或同等水平之间的最多。有605名受访者（44%）在过去的一年中购买过有机大米。

实证研究指出双变量Logit回归适合分析因变量为双变量的模型。双变量Logit回归方程拥有k个自变量形式如下：

$$\hat{L}=\alpha+\beta_1X_1+\beta_2X_2+\beta_3X_3+\cdots+\beta_kX_k \quad (1)$$

转换成为Logit形式的概率为：

$$\hat{L}=\ln\left[\frac{P(Y=1)}{1-P(Y=1)}\right] \quad (2)$$

双变量Logit公式为：

$$Logit(P)=\ln\left[\frac{P(Y=1)}{1-P(Y=1)}\right]=\alpha+\sum\beta_kX_k+\varepsilon \quad (3)$$

式（3）中Y为虚拟因变量定义为：

Y_i=1，如果消费者i在过去一年中购买超过一次有机大米；

Y_i=0，如果消费者i在过去一年中从来没有购买过或者只购买过一次有机大米；

X=（X_1，X_2，X_3，…，X_{11}）为不同的自变量；

α表示常数；

β=（β_1，β_2，β_3，…，β_{11}）为需要估算的参数；

ε为误差。

本次数据运行采用R编程语言，基于微软Windows 10电脑系统进行。

表5.9展示了具体的变量描述和样本统计量。具体来说，沿海地区的家庭月收入和北方地区的受教育水平在三组中分别最高。沿海和北方地区的意识和便利性平均数非常接近且同时都高

表 5.9　变量描述与不同地区描述分析

变量		变量描述	内陆均值（标准差）	沿海均值（标准差）	北方均值（标准差）	总体均值（标准差）
Y	购买行为	在过去的一年中您曾经购买过有机大米吗？有=1；没有=0	0.40（0.49）	0.44（0.50）	0.49（0.50）	0.44（0.50）
X_1	年龄	受访者年龄	33.11（7.99）	34.49（8.09）	34.61（8.65）	34.12（8.26）
X_2	性别	女性=1；男性=0	0.55（0.50）	0.52（0.50）	0.53（0.50）	0.53（0.50）
X_3	受教育程度	1=小学或以下；2=初中；3=高中或同等水平；4=本科或同等水平；5=硕士及以上	3.67（0.80）	3.58（0.93）	3.75（0.84）	3.66（0.86）
X_4	家庭月收入	每月收入：1=低于3000元；2=3001～5000元；3=5001～8000元；4=8001～10000元；5=10001～20000元；6=20001～30000元；7=30001～50000元；8=高于50000元	4.09（1.62）	4.47（1.63）	4.24（1.80）	4.28（1.69）
X_5	意识	有机大米的了解程度：李克特五点量表“从1=非常不了解到5=非常了解”	2.20（0.74）	2.28（0.83）	2.24（0.74）	2.24（0.78）
X_6	知识水平	有机知识水平是通过四个问题检验，答对一题得一分，答错不得分，满分为4分	2.20（0.74）	1.91（1.05）	1.95（1.12）	1.90（1.07）
X_7	价格	李克特五点量表“从1=非常不重要 到 5=非常重要”	3.35（1.22）	3.25（1.25）	3.26（1.25）	3.28（1.24）
X_8	认证	李克特五点量表“从1=非常不重要 到 5=非常重要”	3.64（1.47）	3.46（1.54）	3.65（1.43）	3.57（1.49）
X_9	便利性	李克特五点量表“从1=非常不方便 到 5=非常方便”	3.00（0.96）	3.15（0.87）	3.12（0.86）	3.09（0.90）
X_{10}	沿海	沿海=1，内陆和北方=0	—	—	—	0.39（0.49）
X_{11}	内陆	内陆=1，北方和沿海=0	—	—	—	0.30（0.46）

数据来源：W.WU et al.：“Impact of consumer awareness，knowledge，and attitudes on organic rice purchasing behavior in China”，*Journal of Food Products Marketing*，2019，25（5）：555.

于内陆地区。总体来说，北方地区的意识、知识水平、认证和便利性都要高于总体的平均数，然而价格态度却低于总体平均数。

4. 分析结果

（1）购买有机大米的决定因素

为了避免多重共线性，在进行Logit回归前必须对变量之间的相关性进行检验，结果为所有自变量的方差膨胀因子都低于1.5，说明自变量间没有显著的相关性。表5.10展示了两种Logit回归模型的结果，模型1为基本模型，模型2把地区因素纳入方程中，同时考虑两个模型的方式有助于检测统计结果的稳定性。似然比检验结果显示两个模型都是显著的有效性。具体来说，模型2中家庭月收入和意识的相关系数比模型1要高，但是模型2中态度的相关系数要比模型1低。模型2显示地区因素统计水平上显著。

表5.10　双变量Logit回归分析结果（全样本）

变量	模型1		模型2	
	相关系数	标准差	相关系数	标准差
人口因素				
年龄	0.0074	0.0074	0.0062	0.0074
性别	−0.1188	0.1142	−0.1188	0.1144
受教育程度	0.0911	0.0770	0.0765	0.0776
家庭月收入	0.1347***	0.0364	0.1371***	0.0367
意识	0.3748***	0.0801	0.3788***	0.0803
知识水平	0.0778	0.0550	0.0758	0.0550
态度				
价格	−0.1716***	0.0490	−0.1680***	0.0491
认证	0.1027**	0.0405	0.1008**	0.0406

续表

变量	模型 1		模型 2	
	相关系数	标准差	相关系数	标准差
便利性	0.2825***	0.0667	0.2813***	0.0670
地区				
沿海	—	—	-0.2378*	0.1371
内陆	—	—	-0.2931**	0.1465
截距	-3.0200***	0.4969	-2.7610***	0.5107
Pseudo R2	0.0808		0.0839	
AIC	1786.1810		1785.4920	
BIC	1838.4140		1848.1710	
对数似然函数值	-883.0907		-880.7459	
似然比统计量	115.4778***		120.1675***	
似然比检验	0.0000		0.0000	
样本数（人）	1371		1371	

注：符号***、**、*分别表示估计参数的显著性水平为1%、5%、10%

①意识

意识水平对购买行为有显著的正向影响。在模型2中每上升一个单位的意识水平，购买有机大米的对数概率会提高0.4（表5.10），所以假设1（意识）成立。消费者对有机大米意识程度的高低是影响购买有机大米的一个重要影响因素。以往的研究也证实了这一点（Aertsens等，2011；Feldmann和Hamm，2015；Teng和Wang，2015），同时也指出缺乏有机食品的意识将会阻碍购买行为的发生。其他研究进一步解释说，消费者对有机食品的意识能够影响其对产品的信任和价值的理解（Hung等，2013；Teng和Wang，2015）及功利主义的态度（Lee和Yun，2015）。

表5.9中展示消费者对有机大米的意识只有2.24，说明受访者只是稍微了解有机大米。大约有29.8%的受访者了解有机大米，而只有6.4%的受访者非常了解有机大米。这与之前一个研究的结果相似（Yin等，2010），中国消费者对有机食品的意识还是非常低的，与发达国家还存在很大差距，一些发达国家的有机食品意识可以达到80%。多数研究表明提高消费者对有机食品的意识是增加有机食品市场份额的有效手段（Hung等，2013；Lee和Yun，2015；Teng和Wang，2015；Xie等，2015）。

②知识水平

表5.10的结果表明，消费者对有机大米的知识水平对购买行为没有显著影响，所以假设1（知识）不成立。虽然许多消费者听说过有机大米，但是他们仍然缺乏相应的概念和具体的有机大米知识。从表5.9可以看出，大多数受访者答对的问题少于2个。内陆受访者的有机大米知识水平略高于其他地区，平均答对2个问题。表5.11表示受访者关于有机大米知识的具体回答结果，只有30.9%的受访者可以正确辨认出有机食品标签，更为重要的是只有6.9%的受访者答对全部问题。不仅如此，受访者对有机大

表5.11　有机大米知识水平问答正确率与错误率（全样本）

问题	正确答案	正确率	错误率
全部答对受访者比例	—	6.9%	—
哪一个是有机食品认证标签？	A	30.9%	69.1%
有机大米禁止使用化肥和化学农药	正确	62.0%	38.0%
有机大米有利于环境	正确	72.2%	27.8%
有机大米可以使用转基因工程技术	错误	25.0%	75.0%

注：正确答案基于国家标准中国有机产品（GB/T 19630—2011）

米不可使用转基因的认识也有很大误区。此结果与过去的文献（Loo，Diem，Pieniak和Verbeke，2013；Xie等，2015）都证明中国消费者缺乏具体的有机食品知识。

此次结果与先前的一些研究结果（Hsu，Chang和Lin，2016；Xie等，2015）也有不同的地方，一些文献解释知识水平对购买意愿和消费态度有影响，而对于购买行为只有间接的影响（Feldmann和Hamm，2015；McDermott等，2015），或者说购买行为的最终形成，还需要与其他因素共同作用（Yin等，2010）。

③态度

价格态度对购买有机大米有显著的负向影响（表5.10），也就是说如果消费者认为价格是一个很重要的因素，他们更有可能不购买有机大米。在模型2中，每上升一个单位的价格，购买有机大米的对数概率与不购买相比要下降0.2，所以假设2（价格）成立。在南京和上海的消费研究表明，如果有机食品的价格和传统食品相近，消费者更加愿意选择有机食品（Xie等，2015）。

认证因素对购买有机大米行为有显著的正向影响。如果消费者认为认证是购买有机大米的一个非常重要的条件，他们会更加有可能购买有机大米。在模型2中，每上升一个单位的认证因素，购买有机大米的对数概率将会提高0.1，所以假设2（认证）成立。有不少的研究（Drexler等，2018；Wang和Mu，2014）表明有机食品标签是辨别有机食品和传统食品的最主要途径，尤其在信息不对称的环境下，消费者可以很快通过有机食品认证标签获得有用信息（Drexler等，2018；Han，2013）。与此同时，Yu（2012）发现有机食品认证标签有助于加强消费者对有机食品的信任。Wang和Mu（2014）在对有机牛奶的研究中解释因为有机认证标签为消费者提供产品信息的同时能增强消费者信心，以至消费者愿意为有机牛奶支付更高的价格。

表5.10的结果表明便利性因素对有机大米购买行为有显著的正向影响。在模型2中，每上升一个单位的便利性因素，购买有机大米的对数概率将会上升0.3。如果消费者认为购买有机大米的途径很方便，他们更有可能购买有机大米，所以假设2（便利性）成立。大量的文献也确认了这一结果，方便购买的途径对消费者购买行为有积极正面的影响（Xie等，2015；Yin等，2016）。Lu等（2010）也解释了购买有机食品的途径越方便，购买率也会相应提高。

④家庭月收入

家庭月收入对提高购买有机大米的概率有显著的正向影响（表5.10）。在模型2中，每上升一个单位的家庭收入，与不购买比较，购买有机大米的对数概率将会上升0.1。一个在华东地区展开的研究表明，高收入的消费者更有可能购买有机食品，87.5%的高收入消费者（年收入超过20万元）都曾购买过有机食品（Xie等，2015）。Chen等（2014）进一步解释了中国高收入消费者对有机食品有更好的买前评价和态度，这使他们有更强烈的购买意愿。

（2）有机大米购买行为的地区差异

表5.10证明地区因素对购买行为有显著的影响。沿海或者内陆地区的消费者与北方地区相比，购买有机大米的对数概率分别要低0.2和0.3，也就是说，北方地区消费者比沿海和内陆地区消费者更有可能购买有机大米，所以假设3成立。其理由可以认为北方消费者因接触有机产品的机会要大于其他两个地区，这与便

利性结果的有效性一致。

表5.12显示三个地区Logit回归结果，其中似然比检验分别显示三组模型都是显著有效的。这与之前的结果基本相同，家庭

表 5.12　　内陆、沿海和北方地区的双变量 Logit 回归结果

变量	内陆		沿海		北方	
	相关系数	标准差	相关系数	标准差	相关系数	标准差
人口因素						
年龄	0.0163	0.0141	0.0095	0.0124	−0.0087	0.0133
性别	−0.1659	0.2157	−0.0193	0.1832	−0.2114	0.2075
受教育程度	0.3322**	0.1545	0.0898	0.1186	−0.1549	0.1478
家庭月收入	0.1282*	0.0692	0.1620***	0.0616	0.1262**	0.0636
意识	0.3270**	0.1542	0.3923***	0.1251	0.5050***	0.1531
知识水平	0.0085	0.1040	−0.0434	0.0917	0.2382**	0.0949
态度						
价格	−0.1083	0.0945	0.2079***	0.0795	−0.1977**	0.0867
认证	0.1616**	0.0789	0.1212*	0.0645	0.0337	0.0732
便利性	0.3582***	0.1167	0.2117*	0.1115	0.2985**	0.1256
截距	−4.6924***	1.0036	−2.8487***	0.7629	−1.5922*	0.9109
Pseudo R2	0.0776		0.0854		0.0932	
AIC	526.0720		710.7298		568.6266	
BIC	566.1356		753.6269		609.1710	
对数似然函数值	−253.0360		−345.3649		−274.3133	
似然比统计量	39.2580***		48.1329***		41.7001***	
似然比检验	0.0000		0.0000		0.0000	
样本数（人）	406		539		426	

注：符号***、**、*分别表示估计参数的显著性水平为1%、5%、10%

数据来源：W.WU et al.，“Impact of consumer awareness，knowledge，and attitudes on organic rice purchasing behavior in China”，*Journal of Food Products Marketing*，2019，25（5）：561.

月收入、意识、便利性都在三个地区正向显著，年龄和性别在三个地区都是不显著。沿海和北方地区的价格都是负向显著，而认证在内陆和沿海是正向显著。除了这些共同点，受教育程度和知识水平只有分别在内陆和北方地区正向显著。

虽然结果显示地区差异影响有机大米购买行为，但是仅从人口特征和意识因素角度解释其中的原因还不够全面，这可能是模型中没有包含其他可能的潜在变量（Maruyama，Wu和Huang，2016）。同时，本研究采用大样本足以估算1%的统计水平，但对解释地区差异与消费者购买行为的影响仍然具有局限性。

随着大米市场需求快速变化，高端大米将会越来越受欢迎。本节基于有序Logit回归和多项式Logit回归分析了粳米价格细分市场，表明了受教育程度、家庭月收入、消费态度（价格、环境、健康和监管）和地区因素都会影响粳米的购买价格。同时本节也通过双变量Logit回归模型分析了有机大米购买行为，了解有机大米的意识和知识水平、价格、认证、便利性、家庭月收入和地区因素都会对有机大米购买行为产生重要影响。

二、日本粳米消费趋势及对品质的考量

尽管大米在日本人的食物消费中占有决定性的地位，但也很难改变消费下降的趋势。据报道[①]日本农林水产省2021年产主食大米生产量减少50万吨，提出合理地将主食大米生产量降到679万吨，这也是第一次低于700万吨。围绕这个方针，农户调

① 大米合理生产量679万吨，日本农业新闻，2020年10月17日。

整了水稻生产面积，有10万公顷水田转种其他作物。

稻作是日本农业的支柱，也是其食物文化的基础，但大米消费在一路减少。大米消费量的高峰是1962年的人均118.3公斤，1990年为70公斤，2016年减少到54.4公斤。日本农林水产省的资料显示，居家消费减少是大米消费量减少的主要原因，理由在于社会结构的变化，即单身人口以及双职工家庭的增加促进了社会消费（便利店、在外饮食等），社会消费的比例由1985年的15.2%增加到2017年的29.1%。从消费结构来看，根本性的原因还是消费的多元化，如面包等面食消费增加引起对大米的替代，以及以肉类消费为代表的蛋白质食品消费增加带来主食消费的减少。从稻谷生产来看，产量的峰值为1967年的1426万吨糙米[①]，1998年之后年产量均低于1000万吨，2019年为726万吨，在此期间主食大米的需求量以年均8万吨的速度减少。[②]由食物多样化、家庭结构变化和消费结构变化等带来的大米消费下降的趋势很难改变。同时，人口减少也是影响整体需求的一个重要因素。近年来日本政府在努力开拓海外市场，以改变其国内需求下降的局面。

本节着重阐述大米的消费状况、消费结构的变化和大米消费特点，大米品质的评估方式以及消费者对品种及品质的选择。在此基础上探讨对国内大米在品质等方面的借鉴意义。这里不探讨消费者属性、价格及收入等对大米消费的影响，侧重点放在如何

---

① 日本稻谷生产统计中的产量计量以糙米计算，一般从稻谷到糙米重量会减少25%，从糙米到大米又会减少10%。当然根据使用的机械设备多少有些出入。

② 日本农林水产省，《关于大米的相关资料》，2018年7月。

判断大米的品质。

（一）食物消费结构变化及大米的消费倾向

1. 食物消费结构的变化

一般认为日本的高速经济增长是从1954年开始，在此后的经济发展中，农业及人民生活得到发展和改善。从人均每天的供给热量的变化可以看出人均消费的变化，图5.5和图5.6分别显示各大分类的食物供给热量及主食和副食的变化。从图5.5可以看出，大米是食物中最大的热量供给源，但大米的消费从20世纪60年代中期开始急剧减少且一直持续到2000年，此后减少的幅度趋于平缓，但整体的减少趋势没有改变。与此相反，20世纪60年代至2000年显著增加的食物有畜产品和脂类，这两类在2000年后也有缓慢增长。同期内水产品类、小麦和果品类也呈增长趋势，水产品类和果品消费在2005年后略有减少或停滞。而作为主食大米替代品的小麦为饮食结构中第4大热量源，1985

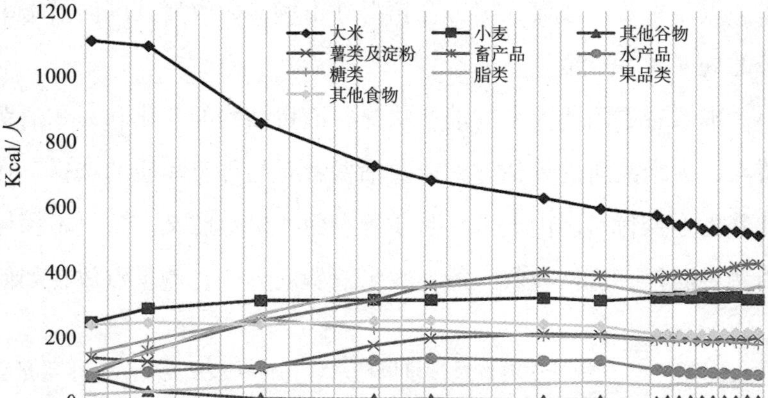

图 5.5　日本人均每天供给热量消费的变化

数据来源：日本农林水产省“食物供求表”

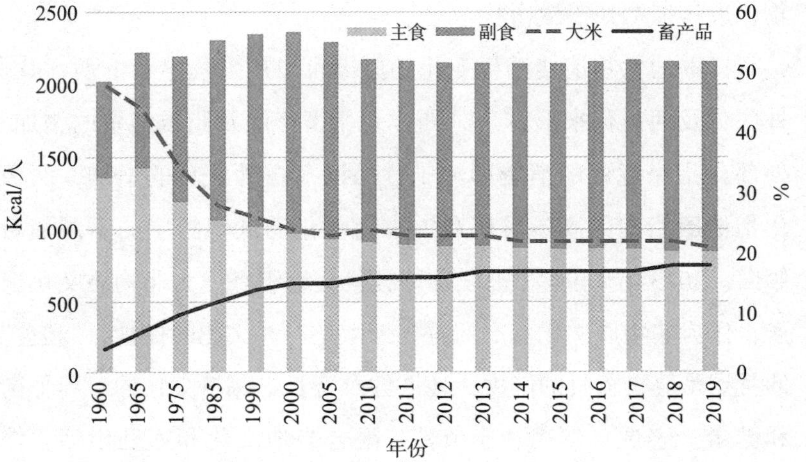

图 5.6　日本人均主副食每天供给热量消费的变化及代表食物所占比例

注：主食指大米和小麦；副食指薯类及淀粉、畜产品、水产品类、脂类及其他食物

数据来源：日本农林水产省"食物供求表"

年后基本保持在一定水准上。糖类在二十世纪六七十年代增加较快，但1975年至2000年逐渐减少，2000年后则基本处于停滞状态。

图5.6显示主副食结构，可以看出人均每天热量供给在2000年达到2643千卡路里后开始减少，现状基本保持在2430千卡路里左右，人均食物热量消费少于中国。这与日本的饮食文化及饮食教育有关，可以认为是一种理性消费，这点之后会有所涉及。每天的供给热量中主食所占比例在1965年达到高峰后一直下降，近年来基本保持在35%左右。图中的虚线代表大米所占的比例，2000年前出现大幅减少，此后在缓慢减少。因此从热量供给上可以判断，大米的减少趋势很难逆转，但近20年来减少趋势放缓。主食消费减少，副食消费增加，副食产品中畜产品所占比例最大，人均每天消费卡路里中畜产品是继大米的第二位主要食

物，近年依然处于微增状态。

日本的食物消费结构变化的原因可以用食物生活的西洋化、外部化及两极化来形容[①]，西洋化指畜产品及脂类消费的增加，外部化指家庭外的消费即加工食品以及在外饮食的增加，两极化指健康指向的高年龄层和追求简便化的低年龄层的不同消费倾向。2013年“和食”被联合国教科文组织登记为非物质文化遗产，作为非物质文化遗产的重要理由是对其文化的保护，“和食”的特点是尊重食材的鲜度、地区性及特长，保持食物的营养平衡和健康，表现自然美和季节性，融合当地文化和家庭生活。伴随经济发展带来的食物结构变化无疑是对保护“和食”文化的挑战，因为与传统的食物文化相匹配的是一日三餐的米饭及相配的副菜。从大米消费的减少和消费结构的变化可以看出，传统饮食文化面临消失的危险。从另一角度来看，“和食”成为日本饮食文化对外输出的强有力品牌，在推进饮食文化出口的同时促进其农产品出口，这也是一举两得之事。总之，以大米消费减少、畜产品消费增加为代表的食物消费结构的变化依然在进行之中，如何稳定大米消费也是保护以稻作农业为中心的日本农业的重要课题。

2. 大米消费倾向

如上所述，大米是日本食物文化的中心，也是日本农业的中心，但大米消费一直处于减少状态。从图5.6可以看出，人均摄取热量中大米和畜产品的比例呈现的趋势正相反且两者间的差距

① 草割:《战后的食物消费与家计的作用——食物消费的现代课题》,《农业经济研究》2011年第3期。

越来越小，2000年大米比畜产品高9个百分点，2019年两者间的差距缩减到3个百分点。本节从不同的角度考察大米消费的具体变化。

（1）主食消费的内部结构

长期以来大米是日本饮食文化中不可替代的主食，但在外来文化的影响下小麦消费逐渐增加。日本饮食市场对外来文化具有很强的接受度，20世纪50年代美国提供的小麦对改变日本主食结构起到了推动作用。当时为补充大米的供给不足开始推广面粉消费，特别是在学校的配餐中广泛提供食用面包，加速了面食的普及。在经济发展下，人们收入得到提高，在外饮食的机会增加，购买加工品的比例上升，促进了易加工的面粉消费。图5.7显示2000年后大米和小麦的消费比例产生变化，在主食中所占的比例，大米从近62%降到2019年的57%，小麦则从36%上升到40%，并在2015年后基本保持在40%，增加的幅度放缓，两

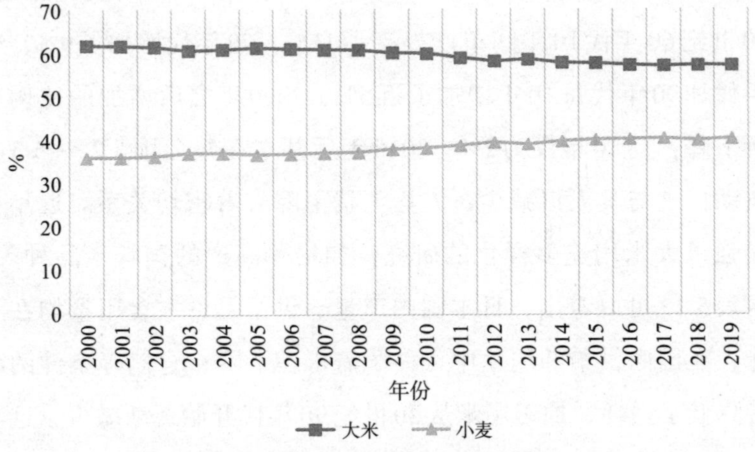

图5.7 日本谷物消费中大米和小麦的比例变化

数据来源：日本农林水产省“米麦加工食品生产动态”“食品制造业生产动向”

者之差基本保持在17个百分点。大米的消费形态基本以米饭为主，而小麦的消费形态更趋多样，以面包、面条为主。日式传统早餐多以米饭、烤鱼和酱汤的形式出现，现在则多食用牛奶和面包。为提高大米消费，以改变大米的单一消费方式、促进大米的多样利用为方向，政府及企业加大了对米粉利用的研究及支持，使米粉加工技术得到大幅改善。据日本农林水产省的资料①，现在米粉的年利用量在2万吨左右，潜在需求量则超过3万吨，因此也在鼓励开发适宜于米粉的大米品种。同时学校配餐中提高大米的食用次数，增加利用有米粉为原料的面包，从多种角度提高大米利用率。

（2）大米的多用途化

大米与小麦相比加工的用途较少，为扩大大米消费，政府与研究机构等从各个角度支持与开发扩大大米加工用途。几十年来，日本大米生产以重视品质为重点，所以品种培养的研发重点是提高品质的同时保障一定的产量。从单产的变化来看，20世纪60年代10年间单产提高了16%，70年代增加了9%，80年代和90年代每10年增加了近5%，2000年之后增加的比例有所下降，前10年仅为2%，2010年后基本在每公顷5.2～5.3吨波动，这与其人口减少、人均消费下降有着密切关系。近年来加强了大米用途多样化的研究，如培养高产的饲料米品种等。从表5.13可以看出，日本国内产量、供给量、主食用量均在下降，在国内供给的用途中，种子需求在下降；仓储等条件的改善降低了损耗；加工用米从20世纪90年代开始逐渐减少，这与

① [日]农林水产省:《关于米粉的状况》，2020年9月。

表 5.13　　日本大米供给及需求　　（单位：千吨）

年份	国内产量（稻谷）	贸易量		国内供给量	国内供给的用途				主食（糙米）
		进口	出口		饲料	种子	加工	损耗	
1960	12858	219	0	12618	20	104	470	238	10738
1970	12689	15	785	11948	22	99	712	221	9860
1980	9751	27	754	11209	4	88	711	208	9239
1990	10499	50	0	10484	13	72	650	195	8656
2000	9490	879	462	9790	11	56	489	185	8198
2010	8554	831	201	9018	71	42	322	172	7620
2019	8154	870	121	8281	393	39	288	151	6691

数据来源：日本农林水产省“食物供求表”

人口减少及生活样式的变化存在相关性，大米加工用途主要有发酵产品（Miso，米酱）、米粉、米果（米饼）、米糕及米酒（清酒）；但在诸用途减少的趋势下，近年来变化最大的是饲料用米，特别是2010年后的增长显著。由于主食需求的减少，每年需要调整水稻的种植面积，部分用作主食大米生产的稻田需要转做饲料用米的生产或生产其他作物，这一点在本章开始时也曾提到。

此外，通常用作米饼等点心类的米粉，近年来被开发用于替代部分面粉生产面包等面食类加工品，这类加工用米粉的大米需求量约2.7万吨（2019年），通过这种方式扩大大米消费。生产新用途的米粉采用气流式粉碎装置使粒子更细，对淀粉的损伤也小，这样的米粉用来做蛋糕、面包和面条等产品。因米粉中不含面筋（gluten），适合于一些有面筋不耐症的群体食用。总之，政府在努力扩大支持大米的加工等需求，如将水田用于种植加工米粉的品种或饲料用米的话，每公顷补贴55万～105万日元不等，如单产3.8吨/公顷时补贴55万日元，单产为6.8吨/公顷时的补贴是105万日元，生产全株青储稻的补贴是每公顷80万日元，水田用作生产麦子、大豆和饲料作物的话补贴为35万日元/公顷，加工用米（指生产用于制酒、加工米饭、酱、米饼等用途的大米）的补贴是20万日元/公顷。[①] 这些补贴的意图在于不荒废水田的同时扩大大米的使用用途。

日本农林水产省提出的关于大米生产的努力目标中，2030年的产量为806万吨，其中用于家庭消费、在外饮食、简便化需求、游客需求及出口等的产量为723万吨，用于米粉的产量为13万吨（2019年为2.7万吨），饲料用米70万吨。可见努力方向集中在米粉和饲料需求。

3. 大米消费的特点

这里我们从消费场所、购买场所、消费支出及品种嗜好来描述日本的大米消费特点。

（1）家庭内外消费

大米消费由家庭内消费和在外（中外食）[②] 消费组成。前面已经提到人均大米消费一直在下降，同样家庭消费也在减少。如

① [日]农林水产省:《关于米粉的状况》，2020年9月。

② 中食和外食：根据食物消费的地点及特点将消费形态分为内食、中食和外食，内食指家庭内加工消费；中食指消费者购买加工好的便当、菜品等在家及工作单位等其他场所消费的食物，具体有三种类型，即超市、便利店、便当店或百货店的食品卖场销售的便当和料理好的菜品，比萨饼、中国菜和寿司等外卖食品，请人在家中或特定地点制作的菜品；外食，顾名思义，即在外就餐时的食物。[日]农林水产省:《食物消费动向》，https：//www.maff.go.jp/j/wpaper/w_maff/h26/h26_h/trend/part1/chap1/c1_3_01.html。

图5.8家计调查的结果所示，两人以上家庭的大米年购入量由2005年的89.48公斤降到2019年的62.2公斤，14年间年购入量减少了27.28公斤，且从2008年起显示出不断下降的趋势，这种趋势与消费量的减少趋势相比更为显著。可以说大米的家庭购入量越来越少，而中外食消费会在一定程度上弥补这部分消费的减少。主食消费依然多以家庭消费为主，但随着经济生活的改善，职业妇女的增加，以及少子高龄化的进展，从消费形态上对简便易食食物的需求增加，同时会提高在外消费的比例。

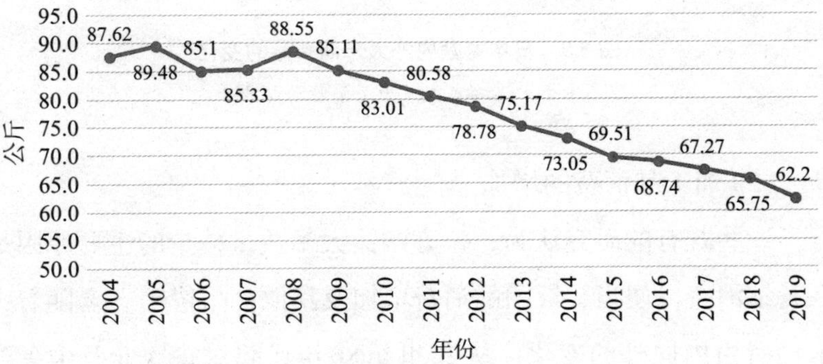

图5.8　日本两人以上家庭的大米年购入量

数据来源：日本总务省“家计调查/项目分类”

从2011—2019年的大米消费量可以看出（图5.9），中食和外食大致达到3成。日本农林水产省的资料显示，利用中食的理由主要是没时间，其次是可以吃到自己不会做的食物，单身的消费者还认为做饭和收拾餐具过于麻烦，在外消费会比自己购买食材进行料理更合算。2019年大米消费中家庭内消费比例为67.3%，中外食占32.7%，其中中食占19.1%，外食占13.6%。消费形态向外部、简单方便及多样化发展。

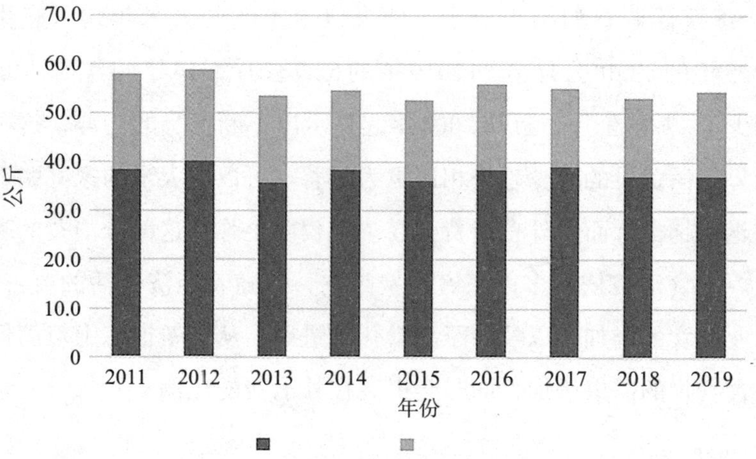

图 5.9　日本家庭内外大米消费量的变化

数据来源：米谷机构"大米消费动向调查".

（2）加工品消费的增加

一些既有的研究认为，家庭购买大米数量减少的主要原因是在餐馆消费，便当、饭团的消费增加及其他食品替代[①]。随着大米消费由内向外的变化，从20世纪80年代起对餐饮业及中食产业的发展起到了推动作用。中食消费中便当消费可为代表之一。便当在日本很普遍，便利店的一个重要功能是提供饭团、三明治和便当等方便食物，所以从方便程度及经济上考虑，对中食有很高的需求。在超市里购买的包装米饭利用微波炉即可加热，这种做熟的包装米饭既方便储存、携带又方便加热食用，为很多缺少时间的人提供了方便。从日本农林水产省的食品制造业数据（表

① [日]镰田让:《外食 / 中食产业的动向及大米需求（The Trend of the Food Service Industry and the Home-meal Replacement Service and the Increase of Rice Demand）》,《北海道大学农经论丛》2010年第65期。

5.14）可以看出，无菌包装米饭产量增长最快，其次是冷冻米饭。日本的冷冻技术发展很快，米饭冷冻后依然可以保持其原有风味，有一款销售极好的冷冻饭团（饭团表面刷有酱油），用微波炉解冻加热后即可食用。而罐装、干燥米饭的数量相对较少，2010年后其他加工米饭也均有增长。2011年日本东北部大地震，自然灾害往往会唤醒人们的防灾意识，易储存、易利用的食物会有一定的市场，同时在这类食品的研发上有很多成果和积累，这也为消费者提供了多渠道的选择。

表5.14　日本包装米饭的类型及产量　（单位：万吨）

年份	速食米饭	无菌包装米饭	冷冻米饭	冷藏米饭	罐装米饭	干燥米饭	合计
2000	2.3	5.6	15.3	0.7	0.2	0.4	24.4
2005	1.8	8.9	14.9	0.7	0.2	0.6	27.0
2010	1.9	9.9	10.1	0.3	0.1	0.4	22.8
2015	3.1	13.7	17.2	0.5	0.1	0.4	34.9
2019	2.7	18.3	17.8	0.5	0.1	0.5	39.9

注：速食米饭，指经过料理加工，放入密闭包装容器或成型袋中，密封后经过100℃以上的杀菌加压处理的米饭。

无菌包装米饭，指经过料理加工，放入密闭包装容器或成型袋中，经密封处理的米饭。

冷冻米饭，指经过料理加工，在零下40℃以下快速冷冻处理的米饭。

冷藏米饭，指经过料理加工，包装后保存在冷藏状态下的米饭。

罐装米饭，指经过料理加工，放入包装罐密封后，经过100℃以上的杀菌处理的米饭。

干燥米饭，指经料理加工，用热风快速烘干，冻结干燥或蒸煮后做糊化处理的米饭。通常用于储备、防灾。

数据来源：日本农林水产省“食品制造业的生产动向”

（3）购买场所及品种

消费者购买大米的主要渠道为超市、米店（粮店）、生协[①]和农户直销，其他还有农协及亲戚赠送（也称为缘故米）。如表5.15所示，1996年购买渠道最多的是超市和米店，均超过20%；其次是生协、亲戚等赠送和农户直销，均占15%左右；农协为7%；其他所占比例很小。此后超市的比例急剧上升，2011年超过4成，2018年一半以上的消费者从超市购买大米。反之减量最多的渠道是米店，2018年仅有3%的消费者光顾。农户直销和生

表 5.15　日本消费者购买大米场所比例的变化　（%）

	1996年	2001年	2006年	2011年	2016年	2018年
超市	24	27	36	46	50	53
农户直销	14	21	20	7	6	6
产地直销店	—	—	—	1	2	2
生协	15	11	9	9	8	7
米店	23	11	8	4	3	3
农协	7	5	3	1	2	1
折扣店	0	2	3	4	3	3
百货店	0	1	1	1	2	1
药妆店	—	—	—	4	4	5
网店	—	—	—	6	10	10
亲戚等赠送	15	18	13	24	17	15
其他	2	4	8	2	4	3

注：2011年后的调查采取复数回答形式。
数据来源：米谷安定供给确保支援机构的统计信息

① 生协：生活协同组合的略称。生协属于消费者的合作组织，其目的在于提高生活质量。

协也处于下降趋势，与2006年相比，农户直销由20%降到2018年的6%，同期生协也由9%降到7%。从农协购买的消费者已经微乎其微，而亲戚等赠送依然保持在15%。2000年后，购买渠道除向超市集中外，也产生了新的流通渠道，发展最快的为网店，从2011年的6%增加到2018年的10%，其他增加的还有药妆店。从购买渠道看，当今消费者的倾向表现为以超市为主，网店、生协和农户直销为辅，此外传统形式的亲戚等赠送依然占有一定比例，这也是人情世故的反映。

这种变化与流通政策有很大关系。长期以来大米流通处于“粮食管理制度”[①] 下，即由国家控制流通。为缩小农工间的收入差距，大米的收购价格长期以来处于被保护状态，但是在大米供给过剩，国家补贴赤字增加的情况下，1969年开始导入“自主流通米制度”，农户可以将部分优质米不通过政府直接销售给批发商，1972年起进一步放开大米价格。2004年后除农户之外，只要符合一定条件并向农林水产省提交经营大米批发销售申请就可以经销大米。这些制度的变化背景是稻谷供给过剩的同时消费结构变化引起的需求不足。现在大米流通的自由度越来越高，市场上流通的大米品种也越来越多。前文讲到家庭购买大米的数量在急剧下降，这种情况下各产地要面对如何销售大米的问题，因此各地加强满足消费者偏好的品种培养，对主推品种加强宣传，提高知名度以得到消费者的认可，近年来上市的优质大米数量增

① 粮食管理制度：政府管理主食作物（米，麦等）的供给及价格，1942年在粮食管理法下设立的制度。随着供求形式的变化，此制度在1995年废除，由“保障主要粮食供需及价格稳定的法律”取代，简称“粮食制度”，2004年进行了大幅度修改。

加，品种品牌也多了起来。

越光（Koshihikari）是具有代表性且品质优良的日本大米品种，在中国市场上也有销售。越光既是其品种名也是商标名，日本东北部以南地区均可栽培，最大产地在新潟县，主要产地为茨城县、福岛等东京的东北部地区，其特点是米的黏性较强，味道好。二十世纪八九十年代，还有一个与越光媲美的食味优质的代表品种——撒撒尼（Sasanishiki），主产地在日本东北部地区。1993年发生的具有灾难性的低温冷害，造成抗冷害性弱的撒撒尼基本绝产，由此其栽培面积大幅缩小。从2000年后的10个主要品种的种植情况来看（表5.16），越光占绝对优势，为稻谷种植面积的35.5%左右。位于第2位的“一见钟情”（Hitomebore）

表 5.16　　日本种植面积前10位的品种及面积比重　　（%）

品种名	2000年	品种名	2010年	品种名	2019年
越光	35.5	越光	37.6	越光	33.9
一见钟情	9.7	一见钟情	9.9	一见钟情	9.4
日之光	9.0	日之光	9.8	日之光	8.4
秋田小町	8.5	秋田小町	7.7	秋田小町	6.7
Kirara397	4.8	绢之光	3.2	七颗星	3.4
绢之光	3.6	七颗星	2.8	Haenuki	2.8
Haenuki	2.7	Haenuki	2.6	Masshigura	2.2
星之梦	2.6	Kirara397	2.1	绢之光	2.1
日本晴	1.3	津轻浪漫	1.6	朝日的梦	1.7
津轻浪漫	1.3	Masshigura	1.5	梦之美好	1.6
合计	79.0		78.8		72.2

数据来源：米谷安定供给确保支援机构的统计信息

注：表中个别品种中国尚未进口，没有统一的中文名称，故以日本国内名称表示

的种植面积比越光要少了很多，但也有近10%的占有率。前4位的品种顺序没有变化且均有越光的基因，它们占总种植面积的比例由2000年的62.7%降到2019年的58.4%，减少了近5个百分点。第4位之后的顺序变化比较明显，2000年排在第5位的Kirara397是北海道的主要品种，2019年又有两个北海道品种（七颗星和梦之美好）入围前10位，而Kirara397的排位则降到20位，面积比例为0.7%。北海道作为主要稻谷产地，长期以来没有食味优质的品种优势，特别是家庭主食用米，现在具有代表性的优质米品种"梦之美好"是北海道花了10年多的时间开发的品种，可以说代表了北海道培养优质大米的梦想，2011年正式进入市场得到消费者的认可，而且连续得到特A评价。

近年来各地间品种品牌竞争日趋激烈，有越来越多的品牌大米上市。为得到消费者认可，有些使用有影响力的艺人做宣传，也有地方政府组织专家评定安全质量高的生产农户，加大宣传推销的力度，用各种方式扩大新品牌/品种大米的认知度。2011年后诞生的主要品牌有38个①，分布在30个道县②，各县的推广品牌/品种为1～3个。如何得到消费者的认可和接受是品牌可持续生存的关键。有些用奇特的名称吸引消费者的注意，如青森县的"晴天霹雳"会给人留下很深的印象，认知度上升，这也与其具有优质品质相关，品质与名称的同步是一个品牌生存的基本条件。各地用不同方式推广自己的品牌，这也是前4个主要品牌所

① [日]日本粮食新闻社编:《全国大米铭柄事典》，日本粮食新闻社2018年版，第9页。

② 都道府县共47个，都为东京都，道为北海道，府为大阪府，其他为县。

占比例减少的原因。

消费者在挑选满足自身偏好的大米时，通常会关注每年公布的大米品质评估结果，同时参考自己对味道、适口性、黏度、凉饭的口感、价格等的偏好来决定。

（二）消费者的大米选择及品质评估

1. 日本消费者的大米选择尺度及消费的多样性

针对消费者购买大米时的选择尺度方面的研究有很多，石谷等[①] 在文章中介绍了消费者在购买大米时的选择标准的问卷结果，其中中小企业、事业团等的调查认为好吃、产地/商标、合理的价格为主要选项；朝日新闻大阪分社的调查为首先是味道/好吃，之后是安全、价格、商标/品牌；全国妇女联络会的结果为品种、价格、好吃、安全；东京都消费者中心的调查为品种/商标、味道、价格、安全。日本农林水产省的资料（2020）[②] 显示，与5年前相比，大米消费增加的20～30岁代表的年轻人回答的理由为“味道变好了”“感觉大米对健康有好处”，而大米消费减少的群体的理由以“副食增加主食消费减少”及“整体吃得少了”为主。消费者对大米的选择标准可以归纳为食味（好吃），商标/品牌（可以与产地、安全相连），价格。由此可以看出消费增加的主要因素是味道及健康，这也是现代社会物质丰富时代消费的主要倾向。

① [日]石谷孝佑等：《食环境变化与米的食味 / 嗜好的变化》，农林水产技术信息协会1996年版，第85—113页。

② [日]农林水产省：《大米消费动向调查结果概要》，2020年3月。

矶岛和平尾[①]通过邮寄方式对日本东北地区大米主产地之一的岩手县盛冈市的女性居民调查分析，得出消费者具有对当地（本县）产米购入倾向高的特点，其理由为由当地农户生产的大米安全放心，同时可以为当地农业发展做贡献。对凉米饭的食味品质的偏好也较强，理由是简便化，喜欢一次多做些放凉也好吃的米。采用不同抽样方法对同地区消费者的调查分析显示，重视品质的消费者以有孩子且具有一定收入的家庭居多。梅本等[②]以消费者关心度高的品种、产地、价格这3项指标为主，分析了消费者在购买大米时的意识决定过程，发现与米袋上的信息等相比，消费者以自身的消费习惯及商品形象为判断标准的倾向更明显，首先以直观意识决定，再对相对关心的指标比较后做出决定。因此在考虑市场化时树立商品形象尤为重要，一旦遭到消费者排斥，则需要相当长的时间才能改变在消费者心中的形象。

消费者的选择多以品种（商标/品牌）、安全、价格等为标准，以大米为主食的消费者除选择满足偏好的产品外，自然会考虑商品价格。中国国内市场的大米价格差距较大，如京东商城上销售的2020年产自同一厂家同一品种的大米产品（高端品牌）的价格从每5公斤78元到112元[③]不等，仅4款产品间存在30%的

① [日]矶岛昭代、平尾正之：《关于消费者购入大米的意识分析：应用定型自由文的解析（Analysis of Consumers' Consideration when Purchasing Rice：By Fixed Free Description）》，《食品系统研究（Food System Research）》2008年第15期。

② [日]梅本雅等：《购入大米时的消费者意识决定过程的现状和特点》，《农业经营研究》2002年第40期，第26—38页。

③ https://item.jd.com/100005185131.html. 2020-12-08。

价格差。而日本市场上大米间的价格差相对较小，从表5.17可以看出A商家的两款泽姬（Tuyahime，很有人气的品牌）间的价格差有24%，价格差较为明显的原因是包装大小，小包装的产品单价更高。同时，B商家的越光大米（2公斤/袋），最好产地的新潟鱼沼米比新潟非鱼沼产的大米价格高出近33%。产品的价格取决于供需关系，因鱼沼是一个小区域，生产能力有限，所以需

表5.17 日本大米的品牌与单价（零售价）

销售商	产地	品牌/商标		包装重量（公斤/袋）	平均单价（日元/袋）	平均单价（日元/公斤）
		中文	英文			
A	岩手	银河之珠	Ginganoshizuku	5	2050	410
	山形	泽姬	Tuyahime	5	2325	465
	山形	泽姬免淘米	Tuyahime	5	2465	493
	北海道	梦之美好	Yumepirika	5	2230	446
	福岛	越光	Koshihikari	5	1965	393
	山形	泽姬	Tuyahime	2	1153	577
	新潟	新之助	Shinosuke	2	1160	580
B	山形	泽姬	Tuyahime	5	2504	501
	北海道	梦之美好	Yumepirika	5	2127	425
	秋田	秋田小町	Akitakomachi	5	1908	382
	新潟	越光	Koshihikari	5	2101	420
	新潟鱼沼	越光	Koshihikari	2	1434	717
	新潟	越光	Koshihikari	2	1080	540
	秋田	秋田小町	Akitakomachi	2	1000	500

数据来源：KSP-POS数据，2019年1月至12月东京11个超市大米销售数据中提取

求大于供给，价格就会提高。中国的五常大米也同理，品种、知名度提高后，需求急剧上涨，而受产地的限制生产供给量相对稳定，产需间的缺口越大，价格越会抬高，但大米终究是人们生活的必需品，价格上涨的空间有限。表中列举的品牌均为知名度较高的品牌，不同品牌间存在一定价格差。中日大米产品间的价格差究竟有多少？品牌间多少有所不同，仅按上述的五常大米的价格来看，与日本市场大米2000日元（约120元人民币）/5公斤相比，高端品牌大米与日本的价格差距已不明显。现在中国也面临人均大米消费减少的局面，虽然人口上升的空间还有一小部分，但是将来的趋势会与日本大同小异。

2. 日本大米品质评估

既然掌握了消费者的偏好，那么生产和销售环节如何应对就是维持与扩大大米消费的重要课题。前面已经提到，生产通过选择满足消费者偏好的品种是解决此课题的主要途径。在有了可推销的商品下，营销中如何显示可以信赖的商品品质、味道等是成败的关键。日本在研究评价米质方面颇有成果及经验，其中一个重要的宣传条件是“特A”评价。影响大米品质的最大因素是品种，但由于农产品在自然环境中生产，水土条件、天气（气温、降水等）等均会对品质产生影响，此外生产者的栽培技术水平（投入要素的使用、田间管理等）也会影响产品质量。因此需要采用同一公平指标评价大米品质，使消费者显而易见地识别自己所需要的产品，前面提到的“特A”可以说是一个这样的指标，如在《全国大米铭柄事典》中介绍北海道大米品种时，就有“Yumepirika是北海道大米的最高峰”“特A品种”的记述，品种具有味道丰富、甘甜而浓厚，黏性强，直链淀粉低的特点。“特

A”是大米食味5级评比中最高的评价。

大米食味评比标准是1960年由当时日本农林水产省下属的粮食研究所对米饭的官能检查进行了标准化，1968年农林水产省粮食厅制定“大米食味实验实施要领”之后，由日本谷物鉴定协会主持实施。据谷物鉴定协会的官方网站介绍[①]，大米评估是为了推进优质大米生产及扩大大米消费，从1971年开始对具有代表性的产地品种开展食味试验，其结果以排名的形式公布。2019年参与评估的有155个产地品种（表5.18），近年来每年均有增加。对象产地品种的选择标准是道府县的推荐品种并有一定的种植面积。即便是同一品种，由于土壤、水质、气温等条件的不同，产出的米质也有差异，因此同一县内按不同生育条件区分评估。所选米均为一等米，使用同一品牌的电饭锅，每年新米收获后实施，2019年的实施时期为11月到2020年2月。评估所用试料在低温库中保管。首先进行官能试验，官能评价指标为米饭的外观、香味、味道、黏度、硬度和综合评价6项，由经过培训及选拔出的20名评价人员针对以上指标，与对比基准米（不同产地混合的越光米）进行评估。根据与对比米好坏程度计分，相同为0，稍微/较少/相当的程度为±1，±2，±3计分。按食味试验的综合评估结果，表现特别好的大米为特A，良好的为A，基本相同的为A'，稍差些的为B，差些的为B'，这样评选出来的结果就是每年公布的大米品质评估排名。这个机构因长期从事谷物品质评估，也是正式的检查机构，因此具有代表性。2008年后没有出现被评为B以下的品种。在大米消费减少的趋势下，如何使

① http://www.kokken.or.jp/data/ranking_hajime01.pdf.

下降趋势不再继续，同时扩大大米消费，是政府和生产者颇为关心之事。为满足消费者对品质等的要求，育种上加强了对提高适合消费者偏好的品质研究，从品质评估的结果也证实了这一点。

表 5.18　日本大米评估结果

时间	特A	A	A'	B	B'	总计
2019年产	54	73	28	0	0	155
2018年产	55	67	32	0	0	154
2014年产	42	70	21	0	0	133

数据来源：日本谷物鉴定协会，http://www.kokken.or.jp/ranking_area.html；https://www.ricepier.jp/2015/02/09/

表5.19显示了最新的食味评价结果，这里选了两大主要产地（新潟和北海道），新潟县的品种绝大部分是越光，所以在评价时分为几个地区，新潟的别称为越，因此将产地分为三大块，上越、中越和下越，同时最有名的产地鱼沼单独区分出来评价。而北海道因不同品种种植区域不同，所以评价仅按品种进行。从表中可以看出新潟县的越光米在不同的产区评价结果有所不同，有名的鱼沼地区产的越光米的评价结果一直保持特A等级。北海道的3个代表品种2019年均为特A，据《全国大米铭柄事典》介绍

表 5.19　日本两大稻谷产地的品种及食味评估（2019年）

	地区名	品种名	评价	地区名	品种名	评价
新潟县	上越	越光	特A	北海道	梦之美好	特A
	中越	越光	A		七颗星	特A
	下越	越光	A′		fukkurinko	特A
	鱼沼	越光	特A			

数据来源：日本谷物鉴定协会

“梦之美好”品种自投入市场后一直被评为特A。这也反映了北海道近20年来在培养高品质稻谷品种上的投入，原来北海道大米以主要用于生产加工业务需求的大米为主，自培养出高品质的品种后，北海道大米在家庭消费的比重逐渐增加。在提高品质的同时，针对家庭主食市场、中食市场、外食市场等不同需求，培育不同品质特性的品种以满足不同需求，如“七颗星”品种因其品种特性，适度的甘甜、整体的平衡感及可保持米饭变冷之后依然可以在较长时间内维持其好吃的味道，因此既可做家庭消费也可以用于便当、寿司等中食/外食消费。此品种在北海道的栽培面积最大，全方位的应对市场变化，为北海道大米提高了其市场地位及话语权。

三、日本大米市场的状况对中国的借鉴意义

以上就中国高端大米的消费行为进行了深入分析，同时针对粳米消费更为精细的日本大米的消费变化和对品质品种偏好及评估方法等进行了阐述。可以看出两国在消费形态上尽管存在时间差，但中国消费者对品质的要求与日本消费者越来越接近，所以日本大米市场的状况从某种意义上可以对中国的粳米市场的发展方向及战略提供参照作用，特别是在如何评估大米品质并引导及提高消费者对品质的意识方面。

首先从品种培养及品质评估上，中国在大米育种上长期以来为满足供给不足，着力于培养单产高的品种，进入2000年后随着人均大米需求的下降以及经济生活的改善，消费者对高品质农产品的需求加大，稻谷育种上也更加重视高品质品种的培养。

2010年前以“高产、高质”为目标，之后改为“高质、高效、高产”，质量已经排到首位。根据我们对中国水稻研究所等相关机构的访谈，中国对优质大米的评价主要是品种的评价，从大米的商业性到大米的加工质量（糙米率、碾米率、上浆率），外观特性（形状、垩白度、透明度），以及对煮熟米的品性评估。品性评估等级取决于食味（黏性、直链淀粉含量等），营养（蛋白质）和味道（气味、颜色、口感和冷米饭的评价）等。该标准由农业农村部制定，并根据需要进行修订，最新标准是2017年修订版。该评估标准并不总是与大米的口味评估相匹配。因此，近年来人们开始关注日本的食味评价方法，国内已有多个优质大米评估会。粳稻多以日本新潟鱼沼产的越光米为参照系进行评比，如2018年5月国家优质稻品种公关推进暨鉴评推介会[①] 评出10个粳稻品种，对照稻以日本新潟鱼沼产的越光米为标准，10个粳稻品种中有9个是北方粳稻，1个是南方粳稻。北方品种中东北有6个品种入围，可见东北大米在粳稻上的优势之大。今后中国的大米品质评估，日本的经验也具有参考价值。

中国是个多民族、人口众多的国家，人们对食物的偏好也多种多样，对口味的评价存在地区差异，即使是相同的粳米，北方和南方的口味也有所不同。如与北方相比，南方更注重柔软度，菜肴的搭配、饮食习惯等都会影响消费者对大米品种的选择，因此中国的品种偏好比日本更具多样性，但日本消费市场的变化可以在一定程度上反映今后中国大米市场的趋势。

在大米消费升级的局面中，中国对大米消费的品质要求仅仅

① http://www.moa.gov.cn/ztzl/2018cg/gzbs/201805/t20180504_6141353.htm.

是开始，大米在中日食品市场上均为必需品，也就是说收入的变化不会影响消费，但会面对如何选择满足自己偏好的产品。与日本的消费者相比，中国的消费者对品种的信息所知甚少，除最为出名的稻花香之外，销售阶段中涉及品种的信息微乎其微，而产地信息相对较多，我们的调查显示消费者选择东北大米的近8成。如何提高消费者对品种的认知，也是形成产品差异化的方向，如果消费者具有对不同品种在口感和口味上的差异的认识和偏好，就可以更加明确产销对接，形成合理的大米市场和价格，所以需要解决供销双方信息不对称的问题。

人均大米消费已经处于减少的状况，在稻谷利润有限而且农户生产规模上没有优势的情况下，如何维持大米产业的发展是政府要面对的重要课题。日本面对的局面更为严峻，农户、政府、研究及产业界等从各个角度在做努力，如从政府层面利用中小学的配餐制度，推广和食配餐，对增加和食配餐的学校无偿提供部分政府储备米等措施①，一方面提高大米的利用频度，另一方面培养孩子从小对大米的兴趣及偏好，可谓一举两得。同时从提高大米效用（功能）上下功夫，从健康医学及营养的角度加深研究，因米饭以颗粒的形式消费会增加咀嚼功能，缓慢消化可以维持满腹感，血糖也会缓慢上升，与鱼类、豆类、发酵食品一起消费可形成低脂肪的营养餐等，从各个方面加强大米的营养宣传，从而提高消费者对大米的兴趣以维持并扩大消费。从研究方面，在大

① 日本农林水产省关于扩大大米消费资料，https：//www.maff.go.jp/j/syouan/keikaku/soukatu/attach/pdf/index-283.pdf，2020年10月。

米的效用等利用的多样化上加深研究。石谷[①]的文章称1984年以后日本以开发优质食味米为育种目标，诞生了很多优质食味品种。日本整体的消费偏好相对比较单一，大米的品种特性也略为相似，直链淀粉含量、蛋白质含量等会直接影响大米的口感，因此加强了降低这两个要素含量的品种培育及土水肥管理方法的研究。同时在家庭大米消费减少的情况下加强了新形态米的研究，如开发高直链淀粉米，虽不适宜直接食用，但可以满足冷冻炒饭、西班牙炒饭等的加工需求；低直链淀粉米，可以用于加工成制作点心用的米粉；低蛋白质米，以满足无麸质饮食的需求等，尽可能地提高大米的附加值，扩大大米的用途[②]。

因此，日本的经验可以在品质评估、品种研究方向及提高加工性能，开拓利用途径以满足消费者的多方面需求的同时，通过食育等方式引导消费等方面，为国内大米市场发展提供参考。

---

① [日]石谷孝佑:《日本米的特性和新形态米的开发》,《调理科学》1993年第26期，第85—92页。

② [日]大坪研一:《适应利用用途的大米特性和选择(2)(Characteristics and Selection of Suitable Rice Cultivars Depending on Utilizations)》,《日本调理科学会志》2018年第51期，第290—296页。

第六章 未来中国粮食需求预测

本章对未来中国粮食消费需求进行预测，在加强对食物消费规律分析的基础上，对未来需求趋势进行判断，并分析了城镇化、老龄化等引起食物消费结构变化的相关因素对粮食总量需求的影响。

一、我国人均粮食需求峰值的判断

食物消费受饮食习惯、收入水平以及人口结构等多方面因素的影响。从发达国家的经验来看，膳食结构升级主要表现为动物产品消费的增长。但随着收入的增长，人均动物产品消费在经历快速增长后会最终趋于稳定，甚至略有下降。因而，对我国未来食物需求预测的关键是要找出膳食结构转型过程中人均消费的变化规律，包括不同群体人均食物消费差异、人均食物消费结构变化以及不同品种食物的人均消费峰值等。

（一）我国人均粮食消费特征与趋势

随着我国经济发展和收入水平的提高，城乡居民动物产品的消费量呈持续上升趋势，并形成了对直接粮食消费的替代。我国粮食消费结构已经由以直接的口粮消费为主，转变为以间接的饲料粮[①]消费为主。从近10年我国城乡居民粮食消费情况看，如表6.1所示，口粮消费逐步下降，饲料粮消费持续上涨。我国城市居民口粮消费基本趋于稳定，2009年以来城市居民人均口粮年消费量基本稳定在130公斤。农村居民口粮消费下降明显，2012年农村居民人均口粮年消费量较10年前下降58.6公斤。城乡居民间接的饲料粮消费均出现不同程度的上涨。2012年城市居民人均饲料粮消费达347.9公斤，[②]较2003年增长了28.2公斤，近10年年均增长率为0.9%，近5年年均增长率为3.4%。2012年农村居民人均饲料粮消费量为178.0公斤，较2003年增长了57.1公斤，10年间年均增长率为4.4%，近5年年均增长率为5.7%。

除了城乡消费行为不同外，不同收入群体的粮食消费结构也存在明显差异。利用2013—2014年农业农村部食物与营养发展研究所食物消费调查[③]的数据分析发现，随着收入水平的提高，城乡居民人均口粮消费呈下降趋势，饲料粮消费呈上升趋势，食

---

① 除FAO数据以外，本研究中提到的饲料粮均以肉类、蛋类、奶类、水产四类耗粮食物的消费量，分别用对应的粮肉比系数折算后得到。

② 调查消费量因为忽略了户外就餐和消费过程中的损耗而明显小于实际的需求量，但表观消费量近年因为库存的大幅度增加也极大偏离了真实需求。本研究是通过建立调查消费量和表观消费量的关联来对真实的需求进行估算，关联调整系数考虑了动物产品可食用的转化率、食物消费损耗、外出就餐以及调查消费量与表观消费量比例的稳定关系等因素。在2012年以前因为粮食供需基本保持平衡，粮食城乡住户调查消费量占表观消费量的比重基本稳定在61%。

③ 该调研覆盖全国25个省份，2003户家庭（其中城镇家庭1226户，农村家庭777户），首次采用称重法记录我国居民家庭内5天的食物消费行为。

表6.1　　城市与农村居民人均粮食年消费量差异[①]　　（单位：公斤）

年份	城市居民		农村居民		全国	
	口粮	饲料粮	口粮	饲料粮	口粮	饲料粮
2003	128.4	319.7	326.8	120.9	259.9	201.5
2004	128.8	297.0	324.4	121.9	256.7	195.0
2005	128.6	319.9	313.9	145.6	248.7	220.5
2006	129.0	322.8	312.5	147.5	246.1	225.2
2007	131.7	321.9	306.8	145.2	242.1	226.3
2008	105.9	304.3	309.8	142.7	227.0	218.6
2009	137.5	328.4	298.0	152.5	237.7	237.5
2010	140.0	344.4	289.0	156.5	233.1	250.4
2011	140.4	341.2	275.3	175.1	225.3	260.3
2012	133.1	347.9	268.2	178.0	215.8	267.3
2003—2012年年均增长率（%）	0.40	0.94	−2.17	4.39	−2.04	3.13
2008—2012年年均增长率（%）	5.88	3.40	−3.54	5.68	−1.26	5.03

数据来源：本课题组根据国家统计局数据测算

用粮食人均消费总量呈上升趋势，如表6.2所示。参考国家统计局的收入划分标准，本课题组将调查样本在区分城市和农村的基础上，将收入水平划分为低、中、高三个等级。城市高收入组居民比城市低收入组居民人均每年多消费粮食76.6公斤，其中少消费口粮15.8公斤，多消费饲料粮92.4公斤。农村高收入组居民比农村低收入组居民人均每年多消费粮食134.6公斤，其中少消费口粮7.2公斤，多消费饲料粮141.8公斤。

城市不同收入组之间粮食消费差距随收入增加而缩小，农村不同收入组之间粮食消费差异随收入增加而扩大，且饲料粮的消费变动幅度远大于口粮。城市中、低收入组居民人均粮食年消费量相差60.6公斤，其中口粮相差4.9公斤，饲料粮相差65.5公斤；高、中收入组居民人均粮食年消费量相差16公斤，其中口粮相差10.9公斤，饲料粮相差26.9公斤。农村中、低收入组居民人均粮食年消费量相差29.1公斤，其中口粮相差3.5公斤，饲料粮相差32.6公斤；高、中收入组居民人均粮食年消费量相差105.5公斤，其中口粮相差3.7公斤，饲料粮相差109.2公斤。从城乡对比的角度看，农村高收入组的消费水平和城市低收入组的消费水平最接近。农村高收入组人均粮食年消费量为450.3公斤，其中口粮132.3公斤，饲料粮318.0公斤，全年粮食消费与城市低收入组居民仅相差16.7公斤。

表6.2　2014年城乡不同收入组居民人均粮食年消费状况

（单位：公斤）

	收入组	收入区间（元）	粮食（公斤）	口粮（公斤）	饲料粮（公斤）
城市	低	（0，13724）	467.0	131.1	335.9
	中	（13724，32758）	527.6	126.2	401.4
	高	（32758，+∞）	543.6	115.3	428.3
农村	低	（0，4878）	315.7	139.5	176.2
	中	（4878，13171）	344.8	136.0	208.8
	高	（13171，+∞）	450.3	132.3	318.0

数据来源：根据农业农村部食物与营养发展研究所食物消费调查计算，口粮折算成原粮口径，饲料粮以表观消费量计算

（二）我国人均耗粮食物需求峰值的判定

我国正处于膳食结构转型升级期，未来我国人均粮食消费水平仍将在一定时期内保持增长状态，且动物产品消费需求的增长

将是推动人均粮食消费需求增长的主要动力。因此，预测人均粮食需求峰值的关键，在于找到动物产品引致的饲料粮需求转折的关键点，即人均饲料粮消费需求峰值。综合考虑东亚发达国家和地区及我国高收入群体的消费变化特征，对我国人均耗粮食物需求峰值做出初步判定。

1.亚洲部分发达国家和地区耗粮食物人均消费峰值

我们选取饮食习惯与我们较相似的亚洲发达国家和地区：新加坡、日本、韩国、中国台湾、中国香港进行比较。可以发现，随着人均GDP的增长，这些国家和地区在经历了能量、蛋白和脂肪等的摄入，从以谷物为主向更多来自动物产品的转型之后，其主要动物产品的人均消费量都在人均GDP处于1万～3万美元阶段达到了最高值，之后趋于稳定或略有下降。这说明人均食物消费随着经济发展和收入提高不是无限制地增长，在食物品种结构转换的同时，各类食物的人均消费量是存在峰值的。

如表6.3所示，日本、韩国以及中国香港地区在2011年达到肉类人均消费峰值，新加坡和中国台湾地区则分别在1987年和1997年达到肉类人均消费峰值。日本和韩国水产品类消费较多，对肉类消费形成一定替代，肉类人均消费峰值略低于其他地区；中国香港地区因为外籍人口、流动人口较多，拉高了其人均肉类消费的峰值水平。日本和新加坡蛋类消费在人均GDP超过3万美元后达到了人均20公斤的消费峰值，中国台湾地区和中国香港地区则在人均GDP1.5万美元达到了人均14公斤的蛋类消费峰值，韩国蛋类消费峰值水平略低。新加坡、日本以及中国香港地区奶类消费在人均GDP超过3万美元后达到峰值，中国香港地区与日本的奶类人均消费峰值都是83公斤，中国台湾地区和韩国

表 6.3　亚洲部分发达国家和地区人均耗粮食物年消费峰值

	肉类			蛋类			奶类			水产		
	峰值（公斤）	年份	人均GDP（美元）	峰值（公斤）	年份	人均GDP（美元）	峰值（公斤）	年份	人均GDP（美元）	峰值（公斤）	年份	人均GDP（美元）
新加坡	89.0	1987	13492	19.2	2011	36154	196.7	2011	36154	45.5	1976	7433
日本	48.8	2011	36203	20.2	1993	32270	83.1	1996	33716	72.6	1988	28236
韩国	62.2	2011	22884	11.4	2009	20977	33.7	2002	16807	58.8	2009	20977
中国台湾	84.7	1997	13454	14.8	1999	13080	52.0	1995	13160	41.2	1990	9454
中国香港	153.9	2011	32617	14.2	1988	16767	83.6	2011	32617	71.0	2011	32617

数据来源：食物消费数据引自FAO，人均GDP数据引自World Bank、以2005年不变美元计

奶类消费峰值则相对较低。水产品类受资源禀赋约束和饮食偏好影响更大，峰值水平以及与峰值相对应的经济发展水平存在较大差异。总的来说，部分国家和地区在部分产品上的人均消费峰值水平接近，但因资源禀赋、经济文化、人口结构特征的不同，即使是饮食习惯较为相似的亚洲国家和地区，主要食物人均消费峰值的水平及其到达时的经济发展水平仍有较大差异。我们还需要对我国食物消费特征进行研究，才能更好地确定哪些地区的峰值水平对我们的预测有参考价值。

2.我国耗粮食物人均消费峰值的判定

利用农业农村部食物与营养发展研究所食物消费调查数据进一步对主要耗粮食物消费进行考察发现，样本中城市高收入组和北京市居民动物产品的人均消费量已基本与上述亚洲发达国家和地区的消费峰值接近，在部分品种上甚至已经显现出拐点。从表6.4可以看出，城市较高收入组的肉类和奶类人均年消费量已超过了城市最高收入组，分别达到85.0公斤和77.7公斤。

对于肉类，我国城市较高收入组和北京市的人均消费水平与中国台湾地区人均消费峰值最为接近，且城市最高收入组的肉类消费水平已经下降，城市较高收入组的人均消费水平即可作为我国人均肉类年消费峰值，即85公斤。对于蛋类，我国当前消费水平已明显高于亚洲主要发达国家和地区，而且也已高于膳食营养推荐水平，因此继续增长的空间不大，当前城市最高收入组的人均消费水平可作为全国人均蛋类年消费峰值，即30公斤。对于奶类和水产品类，我国城市高收入组和北京市的人均消费水平与中国香港地区和日本人均消费峰值最为接近，但城市高收入组与北京市对这两类食物的消费存在较大差异，说明它们的消费明

表6.4 全国人均耗粮食物消费水平及与高收入人群的比较

（单位：公斤）

		肉类	蛋类	奶类	水产
调查样本中的高收入人群	北京市样本平均	81.2	27.9	89.4	53.0
	城市样本中的最高收入组	72.3	29.7	76.4	71.5
	城市样本中的较高收入组	85.0	23.2	77.7	61.8
全国平均消费量		64.8	21.2	34.7	44.3
人均消费峰值判定		85	30	78	59

注：人均消费数据是通过调整系数进行调整后得出的，调整系数综合考虑了所消费产品可食用部分比例、生产加工过程损耗率以及户外消费比例。北京市、城市最高收入组和城市较高收入组数据来自农业农村部食物与营养发展研究所食物消费调查数据；全国平均消费量系根据国家统计局调查的城乡食物消费数据进行折算后获得

显受地域因素的影响。考虑到我国奶业和渔业资源的地域分布不平衡，我们认为这两类产品的全国人均消费峰值会低于当前的最高消费水平，城市较高收入组的人均消费水平可能会与全国人均消费峰值更接近，即奶类和水产品类的全国人均年消费峰值分别为78公斤和59公斤。

除了动物产品外，豆油和豆制品也是需求量比较大的耗粮食物，目前我国这两者的人均消费水平已趋于平稳。国家统计局城乡住户调查数据显示，城市居民食用油购买量在2013年后保持稳定，农村居民购买量在2013年后开始下降。2013年我国人均植物油的消费量为24.5公斤[①]，已经超过了我国居民膳食推荐标准。在健康消费引导下，预计我国植物油的人均消费水平还会逐

① 植物油消费是以表观消费总量除以人均计算，即植物油总产量加上净进口再除以人口数，因为植物油的消费还包括户外就餐和加工食品的用油，难以通过调查消费量折算。

渐回落，可将2013年的消费水平作为峰值标准。按照目前我国居民食用油中45.1%的大豆油比例，可推算出大豆油的人均年需求量为11公斤，折合为原豆为66.9公斤。① 2015年我国食用大豆加工量为1300万吨，折合人均年消费量为9.5公斤，而营养学会推荐的豆制品摄入最佳标准折合原豆量为10.9公斤，可将此作为我国加工豆制品的消费峰值②。由此，可以估算我国大豆的人均年消费峰值为77.8公斤；剔除压榨用大豆产生的饼粕计入饲料粮这一因素，我国大豆的人均年消费峰值为21.9公斤③。

（三）我国人均粮食需求峰值的预测分析

我国快速城镇化的过程中形成了城乡之间的市场分层，致使城镇居民、农村居民和农民工的食物消费特征存在明显差异。通过将农业农村部食物与营养发展研究所的食物消费调查和中国农业大学武拉平教授团队的农民工食物消费调查两套数据相结合，我们将各群体最高和较高收入组的人均消费值作为各群体的人均消费峰值。从表6.5可以看出，除了水产、牛羊肉等产品可能受资源和运输条件限制，农村人均消费峰值低于城市，其他产品会随农民收入提高和城乡一体化推进，最终达到与城市相当的消费水平。

---

① 大豆出油率参考《中国粮食发展报告》数据，按16.5%计算。

② 从FAO的消费数据来看，我国豆制品的人均消费量已经连续三年保持稳定，日本、韩国和中国台湾地区豆制品消费也稳定在一定区间内，没有反弹增长趋势。

③ 因为豆粕可用作饲料，且将计入饲料粮，除了饲料外的人食用大豆需求量即为豆油量+豆制品折合原豆量。

表6.5　城乡耗粮食物人均年消费峰值比较　（单位：公斤）

		猪肉	牛羊肉	禽肉	肉类	蛋类	奶类	水产	饲料粮
城镇	峰值	49.1	9.4	26.5	84.9	30.1	78.4	61.5	372.4
	时间	2017年	2017年	2017年	2022年	2012年	2030年	2012年	2030年
农村	峰值	54.2	7.6	23.9	85.7	31.2	78.0	52.7	365.1
	时间	2030年	2030年	2030年	2030年	2016年	2047年	2069年	2069年
农民工	峰值	49.1	9.4	26.5	84.9	30.1	78.4	61.5	372.4
	时间	2031年	2031年	2031年	2031年	2031年	2031年	2031年	2031年
全国	峰值	50.6	8.8	25.7	85.2	30.4	78.3	58.8	370.2
	时间	2029年	2030年	2030年	2031年	2029年	2047年	2069年	2069年

注：饲料粮的折算系数是根据《全国农产品成本收益资料汇编2015》计算平均养殖规模的肉饲比

但城乡之间各类产品达到消费峰值的速度会有明显不同。国家统计局城乡住户消费调查数据显示，城市居民食物消费已经从2000—2010年的快速增长，过渡到了当前的慢速增长期；农村居民则是经历了2000—2010年的慢速增长之后，现在开始进入快速增长期，并与城市快速增长阶段特征相似。因此，需要根据不同食物消费增长的不同特征来分别确定预测的增长率。城镇居民肉类消费以2010年后的平均增速计算，即年均增量0.5公斤；奶类消费目前与峰值差距较大，而且预计随收入增长会出现增速反弹，以2000—2010年年均增速计算的年均增量为1.7公斤；水产和蛋类由于已经达到消费峰值，假定维持在当前消费水平。农村肉类和奶类未来消费增速以2000—2010年城镇居民食物消费增速计，年均增量分别为2.3公斤和1.7公斤；蛋类和水产以农村居民当前消费增速计，年均增量分别为3.1公斤和0.6公斤。

以此增速推算，分别得出城镇居民、农村居民和农民工各类产品人均消费峰值到达的时间。预计城镇居民肉类人均年消费峰值将出现在2022年，峰值数为84.9公斤；奶类人均年消费峰值出现在2030年，峰值数为78.4公斤；蛋类和水产品类人均年消费量已在2012年达到消费峰值后开始下降，峰值分别为30.1公斤和61.5公斤。农村各种动物产品的消费还有巨大增长空间，预计肉类、奶类和水产品类人均年消费峰值将分别出现在2030年、2047年和2069年，峰值数分别为85.7公斤、78.0公斤和52.7公斤，人均年消费量还将分别增加36.2公斤、57.3公斤和30.6公斤。农民工将在我国城镇化进入成熟阶段后逐步被吸收转化为城镇居民，其动物产品人均消费峰值预计在2031年达到，并基本与城镇居民相似。

根据饲料粮转换为相应动物产品的转换率，可以估算出间接的饲料粮需求情况。人均间接消费饲料粮，城镇居民将在2030年达到372.4公斤的峰值，农村居民将在2069年达到365.1公斤的峰值，农民工将在2031年达到372.4公斤的峰值。全国人均间接消费的饲料粮峰值，将因农村居民动物产品的长期持续增长而延后到来，最终会随农村人均消费峰值的实现在2069年达到370.2公斤的峰值。

需要注意的是，动物产品消费增加会在能量上形成对口粮的替代，使人均口粮消费进一步下降。城镇居民人均口粮消费在2017年达到最低值125.1公斤，村居民逐步转变为城镇居民后在2031年达到与城镇相同的口粮消费水平，农村居民人均口粮消费将在2022年达到最低值164公斤，此后保持稳定。

按照预测的人口结构和数量进行加总可以得到，全国人均间接消费的饲料粮峰值将出现在2069年，峰值数为370.2公斤；全国人均口粮消费持续下降到2031年后将稳定在136.8公斤；全国人均粮食总量消费则在2069年达到507公斤的峰值；如果进一步考虑大豆的消费量，全国人均食用粮食总量需求峰值将达到528.9公斤/年。

二、我国粮食总量需求峰值估算

人口总量及其结构特征对粮食总量需求有着决定性的影响。预测粮食总量需求，需要在掌握未来微观主体膳食结构变化的特征后，进一步考虑未来人口总量增长、城乡人口结构变化、人口年龄结构变化等因素叠加对粮食总量需求的影响。本书将利用现有较为权威的人口总量、老龄化、城镇化、农业转移人口的预测结果，结合之前对不同群体人均粮食需求峰值的判定，按人口结构分类估算和联合加总的方法，对上述相关因素的影响进行系统整合，进而估算出我国粮食需求总量峰值①。

（一）影响粮食总量需求的宏观因素

人口是影响粮食总量需求的关键变量，人口增加将直接拉动粮食总量需求的增长，而且城镇化、老龄化等因素都是通过人口结构的变化间接影响粮食总量需求。

第一，人口峰值对粮食总量需求峰值有决定性的影响。对于人口的预测国内有着众多的研究，但是伴随着我国生育政策调整，很多预测结果已经不适用。根据国家卫生健康委员会的估

① 不包括种子用粮，以及酿造、发酵、医药等工业用粮。

计，全面二孩政策实施会适度推迟我国人口峰值到来的时间，预计在2030年前后达到14.5亿人的峰值；2030年后人口总量将逐渐下降，预计2050年降至13.8亿人。

第二，城镇化会通过农村人口向城镇转移和农民工市民化，带动我国膳食结构的整体升级，从而提高粮食总量需求。黄（1999）较早发现了城乡居民在谷物和动物产品消费上的差异。在城镇化的带动下，农村居民向城镇转移，会提高居民食品消费结构中动物产品的比重，进而增加粮食需求总量，但同时可能会因工作性质转变后劳动强度下降而减少热量需求，对粮食总量需求带来一定向下的影响（钟和向，2012a，2012b）。武（2013）的调查研究显示，农民工因为体力劳动消耗大，会比城镇居民和农村居民有着更高的人均粮食需求。李（2004）认为城镇居民户外用餐的增加也会提高粮食总量需求。这些因素在之前预计不同人群人均需求峰值时均已经考虑。从需求总量的角度看，我们主要从两个方面来解构城镇化的影响。

一方面是由城镇化率提高带来的城乡人口比例变化。按照国家未来的发展规划目标，未来我国将继续推进城镇化发展，2025年和2030年我国城镇化率目标分别为65.5%和70%。根据国务院发展研究中心对未来10年我国城镇化率的预测，2024年我国城镇化率将达到64.8%（表6.6）。2024年以前我们按照其预测数进行测算，2024年以后，则假定城镇化率向70%的目标匀速增长，2030年城镇化率达到70%后我国进入城乡发展稳定期，即城镇化率维持在70%的水平。

另一方面是基于农业劳动力转移的趋势和潜力来估计外出农民工的数量。近年来农村劳动力转移速度下降（图6.1），但伴

表6.6　　未来10年我国城镇化率预测值

年份	2015	2016	2017	2018	2019
预测的城镇化率（%）	56.2	57.3	58.5	59.5	60.5
年份	2020	2021	2022	2023	2024
预测的城镇化率（%）	61.5	62.4	63.2	64.0	64.8

数据来源:《中国经济增长十年展望（2015—2024）：攀登效率高地》

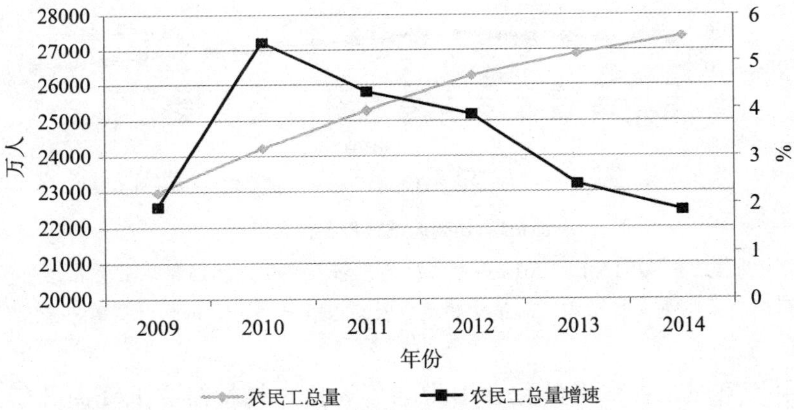

图6.1　农民工总量及其变化

资料来源：国家统计局全国农民工监测调查报告（2013—2014）

随着农业劳动生产率的提高，农村劳动力仍有进一步的转移空间。根据现有研究（许等，2013；金，2012；卢和杨，2012）可知，按照当前农业生产能力能够供养的人口测算，为保障粮食自给安全，以2010年为基期，还可以转移的农村劳动力为5520万人，考虑到2011—2014年已经转移3172万人，在保障粮食自给率的基础上还可以转移的农村劳动力为2348万人。按照到2020年完成其余农民工的转变计算，2015—2020年，年均转移农民工的数量为391万人。假设2021年以后，农村剩余劳动力将以每年1600万人的速度转化为城镇人口，2031年转出殆尽，由此测算出未来的城镇人口、农村人口和外出农民工数量（图6.2）。

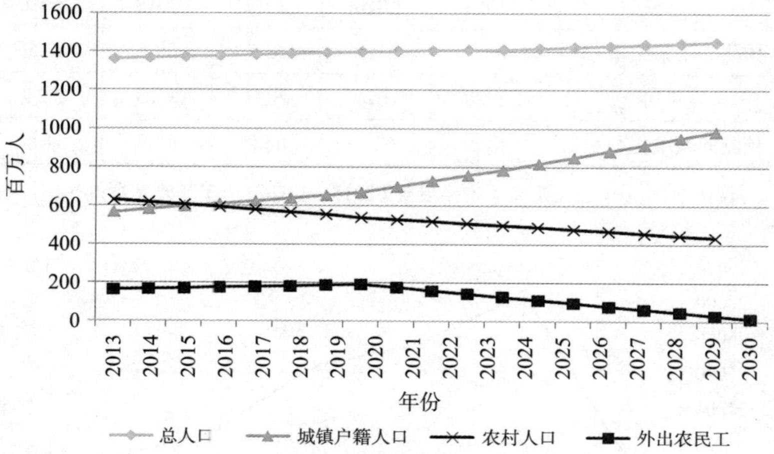

图6.2　预测的城镇与农村人口

数据来源：2013年和2014年为实际的户籍人口数，2015年以后为预测数。预测数是根据人口预测、城镇化预测以及对农业转移人口的估计测算出来

第三，人口老龄化会因为老年人食物能量需要下降而拉低粮食总量需求。钟甫宁等（2012）的研究发现，人口的年龄和性别结构会影响粮食总量需求。他们以FAO/WHO/UNU（2001）提供的标准人①每日能量摄入需求为基准，计算了不同年龄段能量摄入需求差异系数，40～49岁、50～59岁、60～69岁、70～79岁和80～89岁男性的每日能量摄入需求分别只相当于标准人摄入量的0.9、0.7、0.7、0.7、0.5；上年纪女性的能量摄入需求则更低，40～49岁、50～59岁、50～69岁、70～79岁和80～89岁女性的每日能量摄入需求分别只相当于标准人摄

① 标准人是指17～18周岁从事轻体力劳动的成年男子，其每日能量摄入需求为2400千卡。

入量的0.7、0.6、0.6、0.6、0.4。通过这一系数可以对老龄人口的粮食消费进行调整，并结合对我国人口老龄化的预测，将老龄化的影响纳入粮食总量需求峰值的测算分析中。人口老龄化的预测数采用中国发展研究基金会（2012）的研究结果，即2027年我国60岁以上人口数量将突破总人口的20%，2050年将达到总人口的28.9%（图6.3）。

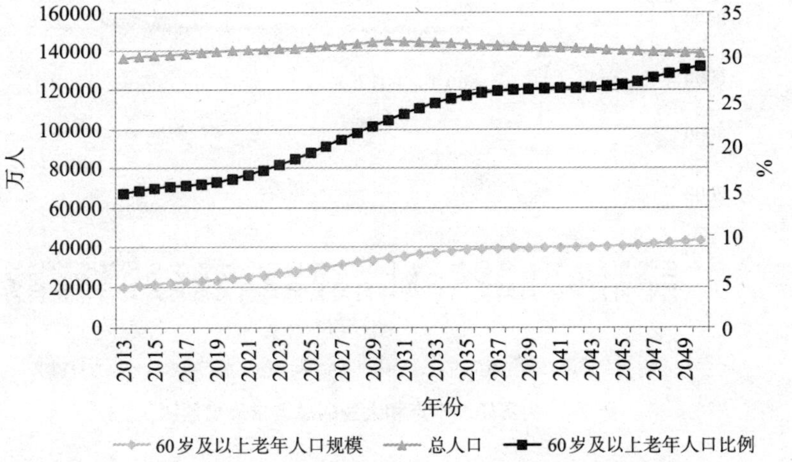

图6.3　预测的老龄人口及老龄化率

数据来源：中国发展研究基金会:《中国发展报告2011/12：人口形势的变化和人口政策的调整》，中国发展出版社2012年版

（二）主要耗粮食物需求峰值

根据对我国城市居民、农村居民和农民工的主要耗粮食物人均消费量的推断分析，结合上述对人口增长、人口城乡结构、年龄结构的预测数据，可以通过分类加总得到未来我国主要耗粮食物的总量需求，并据此判断各食物品种总量需求峰值出现的时间及数值。研究结果显示，因人均消费峰值与人口峰值几乎都将在

2030年前后到达，而人口对各类耗粮食物的需求增长具有决定性的影响，因此各类耗粮食物的总量需求也将在2030年出现明显的转折（图6.4）。

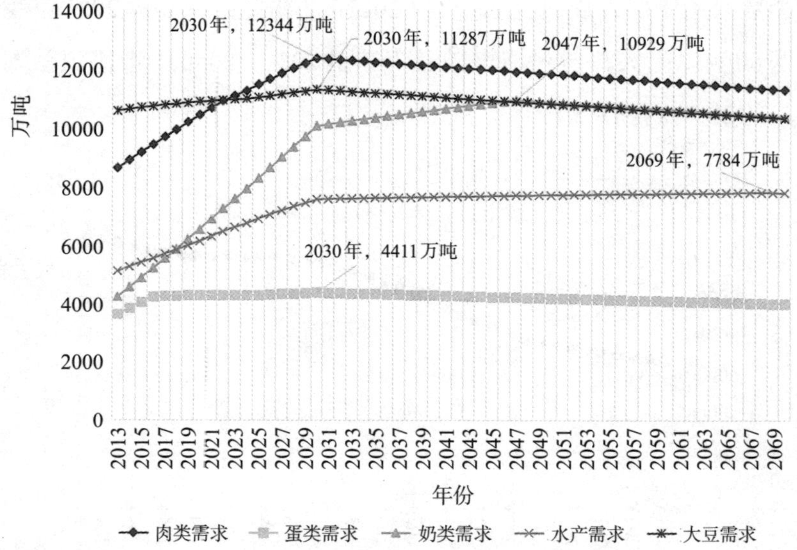

图6.4　肉蛋奶、水产和大豆的总需求峰值预测

肉类需求总量将在未来保持较高的增长速度。我国肉类消费将在2030年达到峰值12344万吨，其中猪肉为7336万吨，禽肉为3727万吨，牛羊肉为1281万吨。未来我国对肉类的总需求还将增加3156万吨，2022年以前会保持年均2%以上的增速，每年增加240万吨左右；随着城镇居民膳食结构转型升级的完成，2022—2030年年均增速将会下降到1.6%左右，年均增量在180万吨左右，直到2030年达到峰值后才会趋于下降。

奶类和水产品类需求总量将在农村居民膳食结构转型升级带动下持续快速增长。由于当前我国农村居民奶类和水产品类消费水平非常低，随着农村人口逐步转化为城市人口，以及农村收入和消费水平的提高，奶类和水产品类需求还有巨大的增长空间，总量需求还将在较长时期内随人均消费水平的提高持续快速上涨。奶类和水产品类需求总量将与其各自的人均消费量同步到达峰值，奶类将在2047年达到10919万吨的总量需求峰值，水产品类会在2069年达到7784万吨的总量需求峰值。在膳食结构转型升级的强力拉动下，未来我国对奶类和水产品类的总需求还将分别增加5991万吨和2338万吨，在人口峰值到来前每年还将分别增加340万吨和140万吨。奶类和水产品类总量在2022年城镇居民膳食结构转型升级完成以前，分别会保持年均6%和2.5%左右的增速；2022—2030年需求增速会有所回落，但在农村居民膳食结构转型升级和人口增长的影响下，年均增速仍会分别维持在4%和2%左右；2030年后增速随人口总量下降而大幅降低，但在农村居民膳食结构转型升级进一步深化的作用下，还将在较长时期内维持低速增长。

蛋类和大豆（包括豆油和豆制品）需求总量将与人口保持同步增长。蛋类和大豆的人均消费已经进入平稳状态，其进一步增长主要由人口总量增长带动，其需求总量将会随人口峰值的到来而在2030年分别达到4411万吨和11287万吨的峰值，其中大豆消费中9706万吨源自豆油消费需求，1581万吨源自豆制品的消费需求。2015—2030年大豆总量消费还会增加592万吨，油用大豆需求是最主要的增长点，还会增加508万吨；豆制品用的大豆需求还要增加83万吨。[①]

① 假设未来植物油和大豆加工食品的消费结构不会发生重大变化，即豆油在植物油中的比例相对稳定，大豆加工食品不会在当前产品系列之外出现消费量巨大的新产品需求。

（三）粮食总量需求峰值

通过不同产品的耗粮系数，可以把主要耗粮食物折算为原粮，以估算我国粮食的总量需求峰值。肉蛋奶耗粮系数是根据《全国农产品成本收益资料汇编2015》各类养殖规模平均数计算；水产耗粮系数采用中国农业大学李德发研究团队测算的标准。[①]测算的结果显示，我国粮食总量需求峰值与肉类需求峰值和人口峰值同步到来；在我国粮食总量需求快速增长的同时，粮食需求结构将发生重大变化（图6.5）。

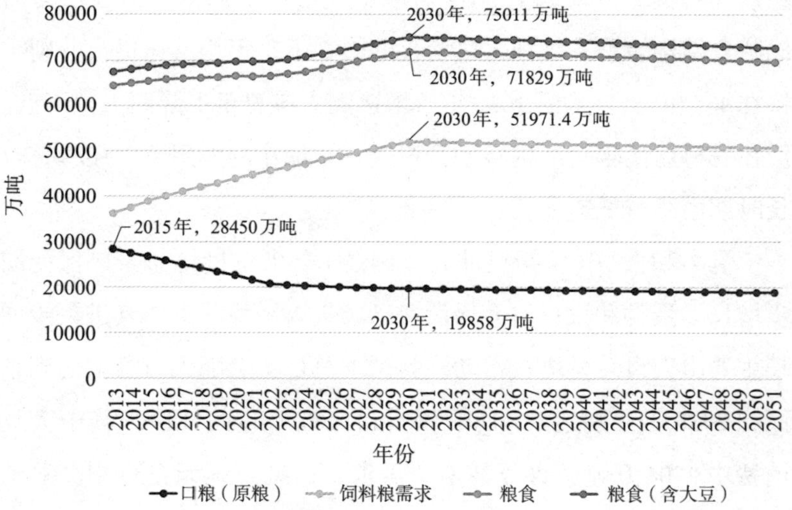

图6.5　粮食总量需求峰值预测

① 猪肉耗粮系数为2.66，禽肉为2.30，蛋类为1.7，奶类为0.38，水产为1.28，牛羊肉按散养计算为1.7。如果将所有饲料都折算为粮食，牛羊肉的耗粮系数会达到3.6，但选择散养耗粮系数，主要是因为即使是规模化、集约化饲养，也必须有较大比例的草料，不能完全以粮食来替代。

第一，饲料粮是粮食总量需求最主要的增长点。虽然不同动物产品总量需求峰值出现的时间有所不同，但从我国居民的膳食结构来看，肉类是最主要的动物产品，并且其耗粮的比例也最高，对饲料粮增长的推动最大，因此饲料粮的总量需求峰值与肉类峰值将同步到达，在2030年达到51971.4万吨。2015—2030年为饲料粮需求的快速上升时期，2030年饲料粮需求将比2015年增加13129万吨，年均增加875.3万吨。2030年后，饲料粮总量需求将开始缓慢降低。饲料粮占粮食总量需求的比例会从当前的50%提高到2022年后的70%，并最后稳定在此水平上。

第二，未来我国口粮总量需求将呈持续下降趋势。在饲料粮需求快速上升阶段，饲料粮消费将对口粮消费形成替代，使口粮消费总量从2015年的28450万吨急剧下降至2030年的19858万吨，总降幅将达到8592万吨。2022年以前在动物产品替代下，人均口粮消费快速下降，但2022年后为保证必需的最低能量摄入要求，人均口粮消费的降幅开始收窄。相应地，口粮总量需求的下降也趋缓，到2030年人均口粮消费进入稳定状态后，口粮总量需求与人口总量同步下降。

第三，粮食总量需求的峰值将出现在2030年，达到71829万吨。如果考虑豆油和豆制品对大豆的需求，粮食总量需求峰值将达到75011万吨。在饲料粮需求强劲拉动和口粮需求降中趋缓的综合作用下，粮食总量需求在口粮需求快速下降阶段较为缓速增长，而在口粮需求稳定后增速提高，快速推动达到峰值水平。2015—2030年粮食总量需求还将增加6393.5万吨，其中，2015—2022年年均增长207.1万吨，2022—2030年年均增长656.6万吨；2030年后会以年均超过100万吨的速度减少。

（四）相关因素对粮食总量需求增长影响的差异

我国粮食总量需求的快速增长是由多重因素共同推动的，但不同因素的影响程度并不相同。本研究是基于膳食结构变化规律推导各类食物人均需求峰值，进而推算总量需求，其优点是有效反映了模型难以控制的非线性结构变化，但却不能像模型一样直接从估计系数判断不同因素对粮食总量需求的影响程度。不过，我们仍可通过假定相关影响因素不变的条件下进行情景分析，与当前粮食总量需求预测结果进行对比，更直观地看出不同因素对粮食总量需求影响程度的差异。

第一，人口增长对粮食总量需求的增长有着决定性的影响。我国粮食总量需求峰值的出现最主要是由人口增长带动的。从图6.6可以看出，如果没有人口增长，粮食总量需求的增长会较为平缓，其峰值也会因膳食结构转型升级的完成在2030年到来，但粮食需求峰值会比当前预测值低4860万吨。2013—2030年在人口不

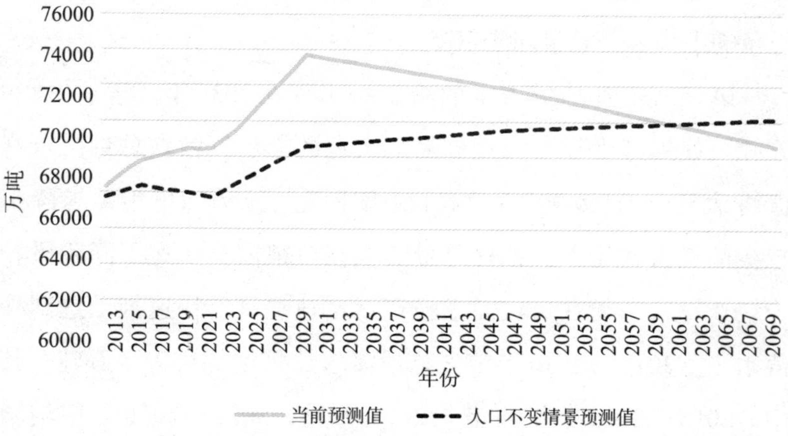

图6.6　人口增长对粮食总量需求的影响

变情景下，粮食需求预测值低于当前预测值，且两者之差逐渐增大；2031—2059年两者差值逐渐缩小；2060年在人口低于当前水平后，在人口不变情景下的粮食需求预测值将超过当前预测值。

第二，城镇化对粮食总量需求的影响主要来自其对农村居民膳食结构转型升级的带动。从图6.7可以看出，城镇化决定着粮食总量需求的走势，在城镇化率不变情景下的粮食总量需求量与当前预测值基本保持一致，只是2013—2035年在城镇化率不变情景下的粮食需求量略低于当前预测值，但其需求峰值只比当前预测值少186万吨。这说明单就城镇化率来说，对粮食总量需求的影响并不是很大。但如果假设城镇居民、农村居民和农民工的膳食结构保持当前水平不变，则会发现没有膳食结构转型升级情景下的粮食总量需求则大大小于当前的预测值，其总量需求峰值会比当期预测值低3029.1万吨。这说明膳食结构转型升级对粮食总量需求有着更大的影响。因为我国农村居民当前膳食结构明

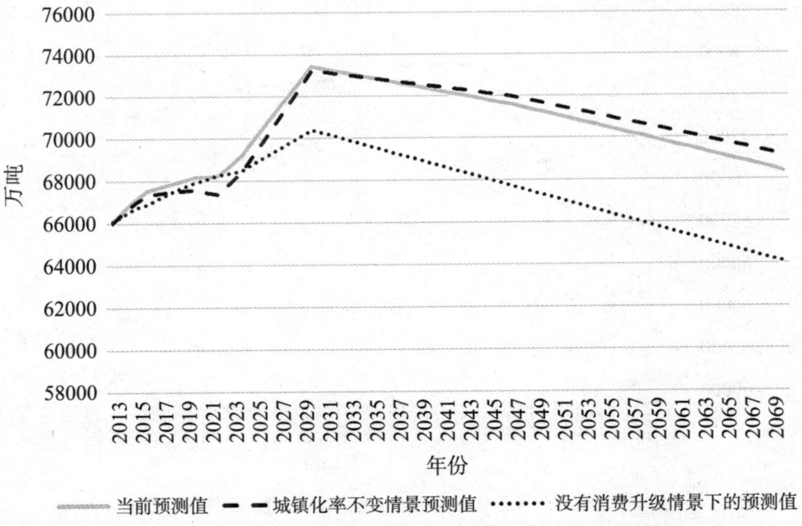

图6.7　城镇化与膳食结构转型升级对粮食总量需求的影响

显落后于城镇居民，农村居民膳食结构转型升级是拉动粮食总量需求增长非常重要的力量。城镇化对粮食总量需求的影响，更主要是通过带动农村人口向城市转移并使其膳食结构快速达到与城镇居民相同水平而实现的。

第三，人口老龄化从长期看对粮食总量需求有较为明显的负向影响。假定不考虑老龄化的增长趋势，即预测期间60岁以上老年人口占总人口的比重将维持在2012年14.3%的水平，则我国粮食需求峰值到达的时间会延迟到2034年才会出现，粮食需求总量峰值也会比当前预测值高2149万吨。我国人口老龄化率从2020年后开始较快提高，在此之前因为老龄人口比例较低，老龄化对粮食总量需求没有太大的影响。但随着老龄化率的快速攀升，老龄化将明显拉低粮食总量需求，到2050年，当前预测的粮食需求总量将会比老龄化率不变情景下的预测值低3356万吨（图6.8）。

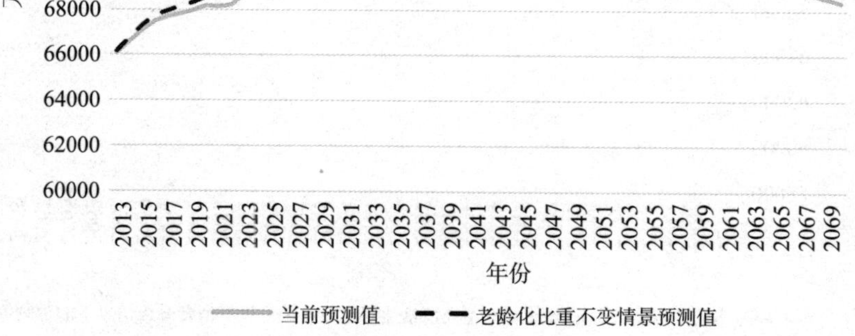

图6.8　老龄化对粮食总量需求峰值的影响

三、有效应对粮食需求结构变化和峰值的到来

根据我们的预测分析，我国粮食总量需求将在2030年达到75011万吨的峰值，而且随着我国城乡居民膳食结构的转型升级，动物产品的消费将会快速增长，粮食需求结构会从口粮为主向饲料粮为主转变。现行的农业生产结构不适应未来食物消费结构变化的矛盾将会越来越突出，如果不及时对我国农业生产结构和农产品贸易政策做出战略性调整，我国粮食供求的结构性失衡会日益加剧，粮食安全的保障也将面临巨大挑战。

（一）动物产品产能增长赶不上需求增长

当前我国肉类、奶类产品供求紧张的局面已初步显现，受需求持续增长和产能提升乏力的影响，未来15年产需缺口将持续扩大。如表6.7所示，根据海关数据，2015年我国肉类贸易逆差已从2011年的101.1万吨增加至222.6万吨，肉类走私约为200万吨[①]，肉类产需缺口已扩大到442.6万吨。预计2015—2022年、2022—2030年我国肉类需求的年均增长率将分别为2.5%和1.6%，而我国肉类总产量过去近10年和过去近5年的年均增长率分别仅为1.8%和1.2%。即使未来能够保持过去近10年的增长速度，到2030年我国肉类产需缺口仍将会达到1329万吨。奶类产品的供求矛盾更加突出，2015年奶类表观需求量折合原奶

① 中粮集团根据我国周边国家肉类进出口量及国内消费量差额数据估算，不包括各类动物食用杂碎。

为5110万吨，其中国内产量3950万吨，进口1160万吨[①]。预计2015—2030年、2030—2047年我国奶类需求的年均增长率将分别为5.2%和0.5%，而我国奶类总产量过去近10年和过去近5年的年均增长率分别仅为1.6%和0.5%。即使未来能够保持过去近10年的增长速度，到2047年我国奶产品的产需缺口仍将会达到4292万吨。

表6.7　　我国肉蛋奶需求峰值年份的产需缺口

	肉类	奶类	蛋类
总量需求峰值出现时间	2030年	2047年	2030年
总量需求峰值（万吨）	12344	10919	4411
过去近5年产量年均增长率（%）	1.2	0.5	1.3
以过去近5年年均增长率估计需求峰值时的产量（万吨）	10110	4678	3640
产量保持过去5年年均增速下的产需缺口（万吨）	2234	6241	771
过去近10年产量年均增长率（%）	1.8	1.6	2.2
以过去近10年年均增长率估计需求峰值时的产量（万吨）	11015	6627	4186
产量保持过去10年年均增速下的产需缺口（万吨）	1329	4292	225

如图6.9所示，肉类和奶类的需求会在2022年结束高速增长，出现增速下降，并分别在2030年和2047年出现需求总量下降，因此未来生产发展应适应需求变化及时进行战略性调整。近期我国正处于肉类和奶类需求增速高峰，肉类产量的年均增长率必须连续3年保持在5%才能保障自给，奶类产量的年均增长率

① 2015年我国进口乳制品161.07万吨，其中原料奶粉54.73万吨。按奶粉1:8、鲜奶和酸奶1:1、干酪1:10、黄油1:23的比率折合原奶。

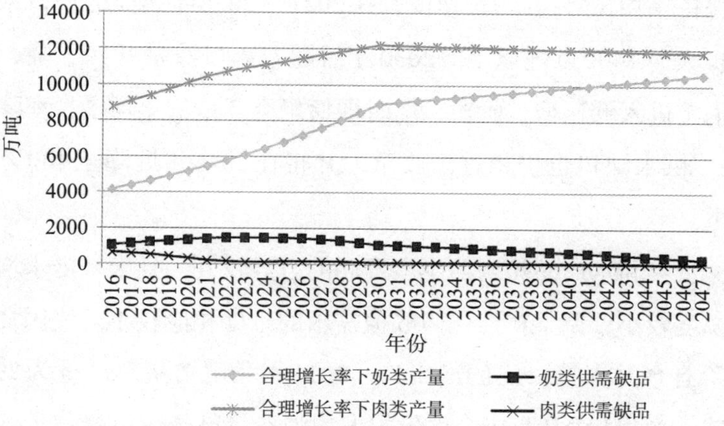

图6.9　以合理增长率促进肉类和奶类产需平衡

则必须连续5年保持10%才能实现自给。而畜产品的生产需要一定周期，短期内达到如此高的增长率存在一定困难。我国受资源环境约束，畜禽养殖的环境承载力有限，肉类和奶类产品在需求增长高峰期将不可避免地需要通过进口来满足。随着城镇化带动的膳食结构转型升级的完成，肉类产品需求将从快速增长转变为缓慢提升，并在2030年后逐渐下降，通过进口来缓解中短期内的供求矛盾更为合理。按照我国肉类产量能在2021年以前保持3.6%的年均增长率计算，肉类进口量在2018年以前会超过500万吨，到2021年后达到218万吨。我国肉类进口有150万～200万吨是为了满足结构性的供给不足，因而从2021年后需要逐步降低肉类产量的增长速度。假设2022年和2023年增长率分别降至2.6%和2.0%，2024—2030年增长率维持在1.6%，肉类进口量将在2030年降至119.9万吨。为了保持供需平衡，2031年后应逐步调减肉类生产，以避免出现产能过剩。奶类产品消费在2030年以前都将持续快速上涨，即使我国奶类的产量能在此期间保持年均5.6%的增长速度，在2021—2028年奶类的进口量仍会扩大至1400万吨以上。2030年后随着人口数量开始下降，奶类消费进入低速增长阶段，届时即使奶类产量的年均增长率降至1%，供求缺口也仍将逐渐收窄，并将在2046年后降至400万吨以下。

蛋类和水产品类当前生产发展的态势较好，且未来需求增长的幅度较小，调整产能保障峰值需求的难度相应较小。我国禽蛋自给有余并保持一定的净出口，2015年我国禽蛋总产量为2999万吨，净出口9.7万吨。禽蛋的人均消费量已经越过峰值点，进入稳定状态，但需求总量仍会随人口继续增长，到2030年达到4411万吨的需求总量峰值。如果蛋类生产按照过去近10年年均增长2.2%的速度发展，到2030年会有225万吨的产需缺口，只要略为提高生产的增长率就能够保障未来的充分供应。水产品类会因为农村居民膳食结构转型升级的漫长过程而延迟到2069年才会达到7784万吨的需求峰值，给生产调整留下更大空间。2015年我国水产品类总产量6690万吨，过去近10年和过去近5年的年均增长率分别为3.9%和3.6%，该增长率只要维持3～5年即可使供给量达到需求峰值的水平。水产品类未来需要考虑的是以合理贸易满足多元化品种需求。

（二）粮食供求的结构性矛盾将日益加剧

1. 饲料粮需求增长与口粮需求下降将加剧粮食供求结构性矛盾

动物产品消费需求的快速增长，将带动我国饲料粮需求快速提升，并对口粮消费形成能量替代，使之持续下降。受人口总量在2030年后下降的影响，粮食总需求早于动物产品达到峰值，在2030年达到71829万吨的峰值，其中饲料粮需求为51971.4万吨[①]，口粮需求则降至19858万吨。如果考虑植物油和豆制品对大豆的需求，粮食总量（含加工大豆）需求峰值将达到75011万吨。

2015年我国谷物总产量已经达到57225万吨，其中稻谷和小麦合计为33844万吨，当前口粮需求按照我们的估计为21777万吨[②]，口粮还有盈余。从2015年到2030年口粮需求还会减少1919万吨，在当前的粮食生产结构下，未来可能会出现口粮过剩的情况。但饲料粮需求会随动物产品需求增加而快速增长，还将增加13129万吨，饲料粮占粮食总量消费的比例会从当前的50%提高到2022年后的70%，并最后稳定在此水平上。当前我国粮食进口和库存同步激增正是由饲料粮的供需失衡导致的，即高成本粮食生产与低成本饲料需求之间的矛盾。2015年玉米及其替代物[③]进口总量达4235万吨，新增粮食进口中由饲用需求引致的比例大约为87%[④]。尽管目前大量玉米替代进口是由国内外价格倒挂导致的，但我国粮食总量仍存在2000万吨缺口，且从长期来看我国食用粮食总需求还会增加6407.4万吨，要维持

① 通过耗粮系数将畜产品折算为原粮。肉蛋奶耗粮系数根据《全国农产品成本收益资料汇编2015》各类养殖规模平均数计算。水产耗粮系数采用中国农业大学李德发研究团队测算的标准。

② 2014年国家统计局的人均口粮原粮消费量为141公斤，按卫生部2011年调查数据，口粮户外消费比重为11%，折算为全口径人均口粮原料消费量为158.4公斤，人口按2015年统计公报人口计。

③ 玉米替代物主要包括大麦、高粱、玉米酒糟、木薯和木薯粉。

④ 新增粮食进口包括大麦、高粱、玉米酒糟、大豆榨油后豆粕部分（以16.5%的出油率折算）。没有考虑木薯，是因为我们调查中发现进口木薯主要是替代玉米淀粉用于工业产品加工。

现有自给率，粮食（尤其是饲料粮）的保障将承受巨大压力。特别是当前粮食作物生产结构与消费结构变化存在不一致性，如果不及时调整农业生产结构，确立合理的食用作物和饲用作物比例，口粮过剩和饲料粮短缺的结构性失衡问题，将会加剧未来粮食供求紧张的局面。

2. 大豆产需缺口仍将继续扩大

我国豆制品人均消费已接近峰值，其总量需求主要受人口增长的影响，豆制品加工用豆需求峰值将与人口峰值同步到来，在2030年达到1581万吨。2015年我国食用大豆加工量为1300万吨，而大豆产量只有1180万吨，国产非转基因大豆已经不能满足我国居民对豆制品的消费需求，致使进口转基因大豆流入食品加工。近年来大豆产量下降的趋势没有得到有效遏制，如果不能及时增加国产非转基因大豆的供给，将难以禁止进口转基因大豆用作豆制品加工。

豆油仍然是主要的大豆需求端。假设豆油在植物油中的比例不变，榨油用大豆需求将在2030年达到9706万吨的峰值。加上豆制品加工用豆需求，总的大豆需求峰值将达到11287万吨，这更是我国现有生产能力无法满足的。即使2020年大豆能够恢复到1.4亿亩的种植面积[①]，保障豆制品加工用豆需求后也仅有365万吨盈余，2020年大豆总量产需缺口仍会达到8999万吨。

（三）应对未来粮食需求结构变化和峰值到来的对策

我国粮食需求峰值尚未到来，未来膳食结构会发生巨大变

① 农业农村部《关于促进大豆生产发展的指导意见》确立的发展目标。

化。在资源环境的约束下，我们需要做出战略性抉择，合理选择重点支持和保护的品种，调整优化农业生产结构，有效掌握利用国际资源的主动权，保障我国长期的粮食安全。

1. 瞄准需求变化，转变“重粮轻饲”的生产格局

顺应未来膳食结构转型升级，推动发展导向从“以粮为纲”向“种养结合、粮肉并举”转变、从三大谷物的数量增长向结构合理和特色优质转变。在划定主粮主产区、确保口粮供应的基础上，推广种植饲用作物（比如，全植株利用的饲用玉米）和粮饲轮作，支持发展种养结合的循环农业。在农牧交错带，扩大退耕还草和草牧业试点范围，提高牧业资源潜力。加快推进养殖业的现代化，因地制宜推广和普及先进适用的饲养管理技术，探索生态养殖与现代化养殖的结合方式，保障特色、优质、安全、高效的动物产品供应。

2. 以质量谋发展，恢复和强化奶业生产体系

当前奶类产品大量进口有价格倒挂的因素，但更重要的是消费者对国产奶的信任不足，出现了进口激增和国产奶滞销并存的状况，严重打击了国内奶牛养殖的积极性。应着力实施奶业质量提升工程，农业、畜牧、商务、食品药品监督、质检、工商等相关部门联合建立奶业全产业链监管体系，以严格质量控制重塑国产奶形象，增强消费者信心。支持国内乳品企业以质量提升为导向的转型升级，扩大草牧业试点，以龙头企业为首带动建立现代化、标准化、规模化、集约化的奶源基地，确保优质奶源供应能力的持续增长。

3. 实施差异化战略，重塑国产大豆的品质竞争力

加强对大豆的保护支持，建设非转基因大豆保护区，通过种植业结构调整、推广粮豆轮作、耕地地力提升的生态补偿等多种方式，提高大豆种植农户的收入，保障大豆的基本种植面积。严格控制转基因大豆流入食品加工领域，充分发挥国产大豆高蛋白和非转基因的优势，支持以非转基因大豆为原料的蛋白加工产业发展及其研发创新，鼓励非转基因高品质豆油市场发展，以加工产业附加值提升带动大豆种植。

4. 聚焦短缺品种，布局海外供应链

国内资源环境条件决定了不可能完全依靠国内生产来保障未来动物产品需求的增长。要积极谋划奶类、肉类及饲料粮的市场开放战略。与具有安全、优质产品的供应国建立长期稳定的贸易合作伙伴关系，加强与其在质量控制和检验检疫上的合作，联合建立向中国出口的海外农产品基地。加快培育我国有控制权的国际大粮商，以强大的市场购买力为支撑强化对海外货源的掌控，提升我国在国际粮食供应链上的组织整合能力和市场控制力。

5. 加强市场研判，科学指导供需调控

完善我国农产品市场监测体系，整合农业、遥感、气象、水利等相关部门数据，增强对农产品产量的预判能力。定期开展中国居民食物消费调查，把握农产品需求结构的动态变化。加强对主要贸易国和国际农产品市场的研究，以供求分析为基础合理引导生产，制订进口计划，安排收储任务。对养殖业、饲料加工业及其原料供应进行重点跟踪调查，及时根据市场比价关系变化分析预判饲料粮的需求结构，提前做好进口策略优化与收储政策准备。

6. 按需推进轮作休耕计划，将耕地休养生息作为调节供需平衡的重要政策手段

借当前我国粮食去库存之机，通过生态补偿方式有计划地推进部分区域的轮作休耕，一方面结合生态治理和中低产田改造升级恢复耕地地力，通过“藏粮于地”保障未来可持续的生产能力；另一方面降低库存压力大的产品的近期产量，促进供需平衡。完善耕地质量、土壤墒情、肥效三大监测网络和评价体系，安排耕地地力退化严重地区进行3～5年的中期休耕；根据粮食供求形势和库存状况，每年度在生产季之前灵活安排年度休耕计划，即在供大于求、库存压力大时可增加年度休耕面积，而出现供不应求情况时则让休耕土地恢复生产。

引用和参考文献

[1] Adebayo S.A. and Oladele O.I., "Vegetable Farmers' Attitude Towards Organic Agriculture Practices in South Western Nigeria", *Journal of Food, Agriculture and Environment*, 2013, 11(2).

[2] Joris Aertsens et al., "The Influence of Subjective and Objective Knowledge on Attitude, Motivations and Consumption of Organic Food", *British Food Journal*, 2011, 113(11).

[3] Ajzen Icek, "The Theory of Planned Behavior", *Organizational Behavior and Human Decision Processes*, 1991, 50(2).

[4] Ajzen Icek et al., "Knowledge and the Prediction of Behavior: The Role of Information Accuracy in the Theory of Planned Behavior", *Basic and Applied Social Psychology*, 2011, 33(2).

[5] Aoyagi H., *The Structure and Change of Chinese Rice Industry: The Expansion of Japonica Rice Market*, Showadou, 2012.

[6] Beaudreault A. R., "Natural: Influences of Students' Organic Food Perceptions", *Journal of Food Products Marketing*, 2009, 15(4).

[7] Jeff Bray, *Consumer Behaviour Theory: Approaches and*

Models, Bournemouth University, 2008.

[8] Birthal P. S. et al., "Diversification in Indian Agriculture toward High-Value Crops: The Role of Small Farmers", *Canadian Journal of Agricultural Economics*, 2013, 61(1).

[9] Cerjak M. et al., "What Motivates Consumers to Buy Organic Food: Comparison of Croatia, Bosnia Herzegovina, and Slovenia", *Journal of Food Products Marketing*, 2010, 16(3).

[10] Chien Hsiaoping, "Rice Consumption in China: Can China Change Rice Consumption from Quantity to Quality".*Rice is Life: Scientific Perspectives for the 21st Century*, 2005.

[11] Chen J. and Lobo A., "Organic Food Products in China: Determinants of Consumers' Purchase Intentions", *The International Review of Retail, Distribution and Consumer Research*, 2012, 22(3).

[12] Chen M. et al., "Consumers' willingness to Pay for Tomatoes Carrying Different Organic Labels Evidence from Auction Experiments", *British Food Journal*, 2015, 117(11).

[13] Chen X. and Dong T., "The Research of Organic Food Premium, Consumers' Cognition and Willingness to Pay: An Empirical Analysis of Organic Fruit Price", *Theory and Practice*, 2012, 11.

[14] Chen J. et al., "Drivers of Organic Food Purchase Intentions in Mainland China-Evaluating Potential Customers' Attitudes, Demographics and Segmentation", *International Journal of Consumer Studies*, 2014, 38(4).

[15] China National Rice Research Institute and China Organic Food Certification Center, *The Development of Organic Rice Industry in China* (*White Paper*), China Zhijian Publishing House, 2016.

[16] Cui G. and Liu Q., "Regional Market Segments of China: Opportunities and Barriers in A Big Emerging Market", *Journal of Consumer Marketing*, 2000, 17(1).

[17] Cziko G. A., *The Things We Do: Using the Lessons of Bernard and Darwin to Understand the What, How, and Why of Our Behavior*, The MIT Press, 2016.

[18] Diao X. et al., *Strategies and Priorities for African Agriculture: Economywide Perspectives from Country Studies*, IFPRI, 2012.

[19] Díaz F. J. M. et al., "Consumer Knowledge, Consumption, and Willingness to Pay for Organic Tomatoes", *British Food Journal*, 2012, 114(3).

[20] Dong P., "The Impact of Organic Food Labelling and Brand Towards Consumer Behaviors", *Commercial Circulation*, 2014, 22.

[21] Doorn J. and Verhoef P. C., "Drivers of and Barriers to Organic Purchase Behavior", *Journal of Retailing*, 2015, 91(3).

[22] Domingo S. and Olaguera M. D., *Review of High-Value Agriculture in the Philippines with Comprehensive Subsectoral Focus: Livestock Industries*, Philippine Institute for Development Studies: Discussion Paper Series, 2017.

[23] Dzanku F. M., "Household-specific Food Price Differentials and High-value Crop Production in Rural Ghana", *Food Policy*, 2015, 57.

[24] Drexler D. et al., "The Effect of Organic Food Labels on Consumer Attention", *Journal of Food Products Marketing*, 2018, 24(4).

[25] Erasmus A. C. et al., "Consumer Decision-making Models Within the Discipline of Consumer Science: A Critical Approach", *Journal of Family Ecology and Consumer Sciences*, 2001, 29.

[26] Fawcett, Jacqueline, and Florence Downs, "The Relationship of Theory and Research", *AJN The American Journal of Nursing*, 1987, 87(6).

[27] Feldmann C. and Hamm U., "Consumers' Perceptions and Preferences for Local Food: A Review", *Food Quality and Preference*, 2015, 40.

[28] FiBL and IFOAM, *The World of Organic Agriculture Statistics and Emerging Trends*, Research Institute of Organic Agriculture FiBL and IFOAM-Organics International, 2017.

[29] Gotschi E. et al., "The Role of Knowledge, Social Norms, and Attitudes Toward Organic Products and Shopping Behavior: Survey Results from High School Students in Vienna", *The Journal of Environmental Education*, 2009, 4(2).

[30] Hasimu H. et al., "A Concept Mapping Study on Organic Food Consumers in Shanghai, China", *Appetite*, 2017, 108.

[31] Hsu S. et al.,"An Analysis of Purchase Intentions Toward Organic Food on Health Consciousness and Food Fsafety with/under Structural Equation Modeling", *British Food Journal*, 2016, 118(1).

[32] Hung S. W. et al.,"How Social Capital Influences Health Community Members' Adoption of Organic Foods", *British Food Journal*, 2013, 115(11).

[33] Glover D. and Kusterer K., *Small Farmers, Big Business: Contract Farming and Rural Development*, Palgrave Macmillan UK, 1990.

[34] Gómez M. I. et al.,"Research Principles for Developing Country Food Value Chains", *Science*, 2011, 332.

[35] Groome D., *An Introduction to Cognitive Psychology: Processes and Disorders*, Taylor & Francis Group, 2013.

[36] Gotschi E. et al.,"The Role of Knowledge, Social Norms, and Attitudes Toward Organic Products and Shopping Behavior: Survey Results from High School Students in Vienna", *The Journal of Environmental Education*, 2009, 41(2).

[37] Hasimu H. et al.,"A Concept Mapping Study on Organic Food Consumers in Shanghai, China", *Appetite*, 2017, 108.

[38] Hellin J. et al.,"High-Value Agricultural Products and Poverty Reduction: Smallholder Farmer Access to Maize Markets", *Journal of Crop Improvement*, 2011, 25(4).

[39] Hong P. et al.,"The Formation of High-class Brand Rice Production Area and Functions of Farmers' Cooperatives in

North East China: Case Study of Wuchang City, Heilongjiang Province", *The Review of Agricultural Economics of Hokkaido University*, 2010, 65.

[40] Hong P. et al., "The Formation of Organic Rice Production Area and Business Entities of Farmers in North East China: Case Study of Wuchang City, Heilongjiang Province", *The Review of Agricultural Economics of Hokkaido University*, 2011, 66.

[41] Hong P. et al., "Formation of Organic Rice Production Areas and Specialized Farmers Cooperatives in Northeast China: A Case Study of Wuchang City", *The Frontiers of Agricultural Economics*, 2016, 19(1).

[42] Hong P. et al., "The Production Basis of Organic Rice in North East China: Case Study of Wuchang City, Heilongjiang Province", *The Review of Agricultural Economics of Hokkaido University*, 2011, 66.

[43] Ngobo P. V., "What Drives Household Choice of Organic Products in Grocery Stores?", *Journal of Retailing*, 2011, 87(1).

[44] Key N. and Runsten D., "Contract Farming, Smallholders, and Rural Development in Latin America: The Organization of Agro-processing Firms and the Scale of Outgrower Production", *World Development*, 1999, 27(2).

[45] KoizumiT. and Furuhashi, G., "Global Rice Market Projections Distinguishing Japonica and Indica Rice Under Climate change", *JARQ*, 2020, 54(1).

[46] Kotler P., *Marketing Management: Analysis, Planning, Implementation, and Control*, Prentice Hall, 1997.

[47] Kotler P. T. and Keller K. L., *Marketing Management (15th Edition)*, Pearson, 2016.

[48] Lee H. and Yun Z., "Consumers' Perceptions of Organic Food Attributes and Cognitive and Affective Attitudes as Determinants of Their Purchase Intentions Toward Organic Food", *Food Quality and Preference*, 2015, 39.

[49] Liu J. et al., "Consumer Behaviors and Cognitive Levels Towards Organic pork: Based on Survey Data in Shanghai and Nanjing", *Modern Economic Research*, 2009, 4.

[50] Liu R. et al., "Consumers' Attitudes and Behaviour Towards Safe Food in China: A Review", *Food Control*, 2013, 33(1).

[51] Loebnitz N. and Aschemann-Witzel J., "Communicating Organic Food Quality in China: Consumer Perceptions of Organic Products and the Effect of Environmental Value Priming", *Food Quality and Preference*, 2016, 50.

[52] Loo E. J. V. et al., "Consumer Attitudes, Knowledge, and Consumption of Organic Yogurt", *Journal of Dairy Science*, 2013, 96(4).

[53] Ma W. and Abdulai A., "Does Cooperative Membership Improve Household Welfare? Evidence from Apple Farmers in China", *Food Policy*, 2016, 58.

[54] MacDonald J. and Korb P., *Agricultural contracting update: Contracts in 2008*, Economic Research Service, United

States Department of Agriculture, 2011.

[55] MacDonald J. M. et al., *Contracts, markets, and prices: Organizing the production and use of agricultural commodities*, USDA-ERS Agricultural Economic Report, 2004.

[56] Maertens M. and Velde V. K., "Contract-farming in Staple Food Chains: The Case of Rice in Benin", *World Development*, 2017, 95.

[57] Marreiros C. and Ness M., *A Conceptual Framework of Consumer Food Choice Behaviour*, CEFAGE-UE Working Papers, University of Evora, 2009.

[58] Maruyama M. et al., "The Modernization of Fresh Food Retailing in China: The Role of Consumers", *Journal of Retailing and Consumer Services*, 2016, 30.

[59] McDermott M. et al., "The Theory of Planned Behavior and Discrete Food Choices: A Systematic Review and Meta-analysis", *International Journal of Behavioral Nutrition and Physical Activity*, 2015, 12(162).

[60] Mehrabian A. and Russell J.A., *An Approach to Environmental Psychology*, The MIT Press, 1974.

[61] Miyata S. et al., "Impact of Contract Farming on Income: Linking Small Farmers, Packers, and Supermarkets in China", *World Development*, 2009, 37(11).

[62] Mottaleb K.A. Mohanty S., "Farm Size and Profitability of Rice Farming Under Rising Input Costs", *Journal of Land Use Science*, 2015, 10(3).

[63] Müller C.E. and Gaus H., "Consumer Response to Negative Media Information about Certified Organic Food Products", *Journal of Consumer Policy*, 2015, 38(4).

[64] Mu S., "An Empirical Analysis of Consumers' Purchasing Behaviors and Willingness to Pay for Organic Vegetable: Based An Investigation of Wuhan Organic Vegetable Market", *Guide to Business*, 2015, 14.

[65] My N.H.D. et al., "Consumers' Familiarity with and Attitudes Towards Food Quality Certifications for Rice and Vegetables in Vietnam", *Food Control*, 2017, 82.

[66] My N.H.D. et al., "Consumer Valuation of Quality Rice Attributes in A Developing Economy: Evidence from A Choice Experiment in Vietnam", *British Food Journal*, 2018, 120(5).

[67] Nakamura T. and Maruyama A., "Purchasing Behavior of Tochigi-ken Rice and its Market Potential in Foreign Countries: The Case of Hong-Kong, China", *Journal of Rural Problems*, 2015, 53(3).

[68] Newman J.M., *Food Culture in China*, Greenwood Press, 2004.

[69] Otsuk K. et al., "Contract Farming in Developed and Developing Countries", *Annual Review of Resource Economics*, 2016, 8(1).

[70] Pieniak Z. et al., "Subjective and Objective Knowledge as Determinants of Organic Vegetables Consumption", *Food Quality and Preference*, 2010, 21(6).

[71] Rehber E., *Contract farming: Theory and practice*, The Icfai

University Press, 2007.

[72] Rödiger M. and Hamm U., "How are Organic Food Prices Affecting Consumer Behaviour? A review", *Food Quality and Preference*, 2015, 43.

[73] Scalco A. et al., "Predicting Organic Food Consumption: A Meta-analytic Structural Equation Model Based on the Theory of Planned Behavior", *Appetite*, 2017, 112.

[74] Sirieix L. et al., "Organic Food Consumers' Trade-offs Between Local or Imported, Conventional or Organic Products: A Qualitative Study in Shanghai", *International Journal of Consumer Studies*, 2011, 35(6).

[75] Sirieix L. et al., "Consumers' Tradeoff Between Local and Imported Food or Conventional and Organic Food: A Qualitative Research in Shanghai", *World Agriculture*, 2014, 420(4).

[76] Solomon M. et al., *Consumer Behaviour: A European Perspective (3rd Edition)*, Prentice Hall, 2006.

[77] Suwannaporn P. and Linnemann A., "Consumer Preferences and Buying Criteria in Rice: A Study to Identify Market Strategy for Thailand Jasmine Rice Export", *Journal of Food Products Marketing*, 2008, 14(4).

[78] Teng C. and Wang Y., "Decisional Factors Driving Organic Food Consumption", *British Food Journal*, 2015, 117(3).

[79] Wang W. and Mu L., "Research on the Consumers' WTA of Organic Milk under Different Labeling Information", *Ecological Economy*, 2014, 30(3).

[80] Wang X. et al.,"Consumers' Attitudes Towards Organic Food in China—Based on Investigation in Nanjing", *Journal of Anhui Agricultural Sciences*, 2009, 37(14).

[81] Wang Z. et al.,"Factors Affecting Chinese Consumer Awareness and Acceptance of Japanese Rice", *Journal of the Faculty of Agriculture*, 2013, 58(3).

[82] Wu L. et al.,"Effectiveness of China's Organic Food Certifi Cation Policy: Consumer Preferences for Infant Milk Formula with Different Organic Certifi Cation Labels", *Canadian Journal of Agricultural Economics/Revue Canadienne d'agroeconomie*, 2014, 62(4).

[83] Xie B. et al.,"Consumer Perceptions and Attitudes of Organic Food Products in Eastern China", *British Food Journal*, 2015, 117(3).

[84] Xu P. et al.,"Chinese Consumers' Willingness to Pay for Rice", *Journal of Agribusiness in Developing and Emerging Economies*, 2018, 8(2).

[85] Xu W. et al.,"Asymmetric Information and Organic Food Consumption Behavior", *Central University of Finance and Economics*, 2017, 3.

[86] Yin S. et al.,"Consumers' Purchase Intention of Organic Food in China", *Journal of the Science of Food and Agriculture*, 2010, 90(8).

[87] Yin S.et al.,"Consumer Trust in Organic Milk of Different Brands: The Role of Chinese Organic Label", *British Food*

Journal, 2016, 118(7).

[88] Youngberg G. and Demuth S. P., "Organic Agriculture in the United States: A 30-Year Retrospective", *Renewable Agriculture and Food Systems*, 2013, 28(4).

[89] Yu X. et al., " Willingness to pay for the Green Food in China", *Food Policy*, 2014, 45.

[90] Yu J., "Consumers' Willingness to pay and Its Influencing Factors For Different Certificated Agricultural Products: Based on An Investigation in Guangzhou", *Consumer Economics*, 2012, 28(6).

[91] Zhang Z. and Jiang Y., "Consumers' Willingness to pay and Product Preference: Based on Conjoint Analysis", *Statistic Observation*, 2011, 112(3).

[92] Zhou F., "Based on 4P Marketing Theory: Consumers' Purchasing Behaviors Towards Organic Agricultural Products", *Business and Economic Research*, 2015, 29.

[93] Zhong F. et al., "Impact of Demographic Dynamics on Food Consumption–A Case Study of Energy Intake in China", *China Economic Review*, 2012, 23(4).

[94] Zhu Q. et al., "Green Food Consumption Intention, Behaviors and Influencing Factors Among Chinese Consumers", *Food Quality and Preference Journal*, 2013, 28.

[95] 陈波等:《南方稻区"籼改粳"研究进展》,《扬州大学学报》(农业与生命科学版)2017年第38期。

[96] 陈庆根、廖西元:《优质水稻生产投入与产出的经济效益评

价》，《中国农村经济》2001年第3期。
[97] 陈艳红、胡胜德：《黑龙江省稻米产业发展的优势和问题及对策》，《农业现代化研究》2014年第35期。
[98] 陈永福等：《2005-2010年中国大米供求预测》，《新疆农垦经济》2006年第9期。
[99] 柴玲欢、朱会义：《中国粮食生产区域集中化的演化趋势》，《自然资源学报》2016年第31期。
[100] 程鸿燕、韩渊怀：《大米食味品质的研究及其育种进展》，《山西农业大学学报》（自然科学版）2016年第36期。
[101] 程旺大等：《密穗型水稻品种的籽粒灌浆特性研究》，《作物学报》2003年第6期。
[102] 程广燕等：《我国居民动物产品消费特征及趋势研究报告》，农业农村部食物与营养发展研究所研究报告，2015年。
[103] 程广燕等：《食物结构调整与消费引导》，农业农村部食物与营养发展研究所研究报告，2015年。
[104] 丁声俊、夏英：《农产品优质优价市场机制的建立与制度创新》，《价格理论与实践》2019年第4期。
[105] 董平：《有机食品标识和品牌知名度对消费者行为的影响》，《商贸流通》2014年第22期。
[106] 方平等：《超 市 业 态 下 有机农产品消费需求实证分析》，《南方农业学报》2011年第42期。
[107] 樊孟男：《大米节稻米品鉴品评结果出炉》，《黑龙江日报》，2018年10月11日。
[108] 谷秀娟等：《中国大米产业报告》，中国农业出版社2013年版。
[109] 谷秀娟等：《中国大米产业报告》，中国农业出版社2015年版。

[110] 付亭亭等:《可追溯大米的消费行为研究》,《食品科技》2015年第40期。

[111] 韩占兵:《城镇消费者对有机农产品的购买意愿分析——以有机大米消费为研究对象》,《经济与管理》2013年第27期。

[112] 韩占兵:《消费者对有机农产品的支付意愿研究——以北京、武汉市城镇消费者为研究对象》,《农业经济与管理》2013年第20期。

[113] 蒋和平、王大为:《农业供给侧结构性改革下我国粮食产业的发展思路与方向》,《价格理论与实践》2017年第2期。

[114] 贾煜、姜涛:《五常大米利益分配机制分析与对策》,《牡丹江师范学院学报》(哲学社会科学版)2014年第3期。

[115] 矫江、许显滨:《黑龙江省稻米市场与生产中常见问题》,黑龙江科学技术出版社2004年版。

[116] 金正勋等:《结实期温度对稻米理化特性及淀粉谱特性的影响》,《中国农业气象》2001年第22期。

[117] 金三林:《劳动力成本上升对我国物价的影响——暨我国刘易斯转折阶段进程的判断》,国务院发展研究中心2011年副研究员以上研究人员招标课题研究报告,2012年。

[118] 卢洋等:《消费者购买有机蔬菜的行为及其影响因素分析——基于成都市消费者的调查》,《理论研究》2010年第9期。

[119] 李成贵:《中国大米政策分析》,《中国农村经济》2002年第9期。

[120] 李明贤、樊英:《粮食主产区农民素质及其种粮意愿分析——基于6 个粮食主产省 457 户农户的调查》,《中国农村经济》2013年第6期。

[121] 李景岭等:《城市居民大米购买行为与消费意向调查分析——基于山东省17市327份问卷调查》,《山东农业大学学报》(社会科学版)2017年第74期。

[122] 李霞辉主编:《粳稻品种图鉴》, 中国轻工业出版社2009年版。

[123] 李军民:《湖南省优质稻米产业链研究》, 湖南农业大学2007年博士学位论文。

[124] 李俊辉等:《我国稻米食味品质的研究现状与发展趋势》,《中国稻米》2008年第2期。

[125] 李国祥:《我国城镇居民在外用餐中粮食消费量的估计》,《中国农村观察》2005年第1期。

[126] 刘根:《有机食品消费意愿影响因素的实证研究——以茂名为例》,《上海商学院学报》2013年第14期。

[127] 刘军弟等:《消费者对有机猪肉的认知水平及其消费行为调研——基于上海与南京的调查数据》,《现代经济探讨》2009年第4期。

[128] 刘宇翔:《消费者对有机粮食溢价支付行为分析——以河南省为例》,《农业技术经济》2013年第12期。

[129] 刘宇翔:《有机粮食的消费者质量安全信任及其影响因素——基于郑州市381份问卷调查数据》,《湖南农业大学学报》(社会科学版)2014年第15期。

[130] 刘宇翔:《消费者购买有机粮食意愿分析——基于河南省郑州市的数据》,《郑州轻工业学院学报》(社会科学版)2014年第15期。

[131] 刘笑然:《新形势下粮食去库存对策研究》,《农业经济与管理》2017年第1期。

[132] 刘巽浩:《中国农作制》，中国农业出版社2005年版。
[133] 刘世锦主编:《攀登效率高地——中国经济增长十年展望（2015—2024）》，中信出版社2015年版 。
[134] 刘守英等:《我国刘易斯拐点的测度与政策选择——基于国家统计局农户数据的分析》，国务院发展研究中心调查研究报告，第73号（总4572号），2014-05-07。
[135] 柳遥青:《消费者对有机蔬菜购买意愿影响因素分析——以长沙市场为例》,《科技和产业》2012年第12期。
[136] 马永斌、赵延东:《社会网络对有机食品选择的影响》,《科学与社会》2014年第14期。
[137] 农业农村部市场预警专家委员会:《中国农业展望报告》，中国农业科学技术出版社2016年版。
[138] 钱静斐等:《消费者对有机农产品的认知及购买行为分析》,《湖北农业科学》2014年第53期。
[139] 秦中春:《中国未来十年农产品消费增长预测》，国务院发展研究中心《调查研究报告》，第58号（总4307号），2013-04-27。
[140] 沙敏、武拉平:《城镇消费者对小米杂粮属性的认知及支付意愿研究——基于355个样本的选择实验》,《科技与经济》2016年第29期。
[141] 孙亚男、杨肖丽:《有机农产品认证对消费信任的影响研究——基于沈阳市消费者的实证调查》,《南方农村》2014年第10期。
[142] 孙英威等:《高价大米巨额利润进了谁的腰包？》,《中国青年报》2012年1月3日。

[143] 孙山等:《创新型农产品的产品特质对消费者支付意愿的影响——以作物营养强化大米为例》,《农业现代化研究》2018年第39期。
[144] 施能浦:《近期我国稻谷(米)供求趋势分析及发展预测与对策》,《中国稻米》2015年第21期。
[145] 杨伊依、何浏:《有机食品感知风险的实证研究:基于城镇居民的调查》,《农业技术经济》2013年第8期。
[146] 杨肖丽等:《消费者有机农产品信任度决定因素分析——基于沈阳市的调查》,《经济经纬》2016年第33期。
[147] 杨春:《基于比较优势的中国稻谷生产布局研究》,《中国农业资源与区划》2010年第31期。
[148] 解科成等:《破解信息不对称优质不认可难题,实现生态农业优质优价》,《农业装备技术》2017年第43期。
[149] 叶燕:《基于食品安全的消费行为及支付意愿研究——以有机茶和普通茶的对比消费为例》,《中国科技信息》2007年第19期。
[150] 尹世久等:《基于支付意愿的有机食品需求分析》,《农业技术经济》2008年第5期。
[151] 尹世久等:《消费者有机食品购买决策行为与影响因素研究》,《中国人口·资源与环境》2013年第7期。
[152] 余建斌:《消费者对不同认证农产品的支付意愿及其影响因素实证分析——基于广州市消费者的调查》,《消费经济》2012年第28期。
[153] 王明利:《我国粳米生产、消费和贸易的研究》,中国农业科学院2003年博士学位论文。

[154] 王威、穆琳:《不同标签信息下消费者对有机牛奶的补偿意愿研究》,《生态经济》2014年第30期。

[155] 王霞等:《我国消费者对有机食品的态度研究——以南京市调研结果为例》,《安徽农业科学》2009年第37期。

[156] 王熙军:《稻米蛋白质含量与气象条件的关系探讨》,《广西气象》1997年第18期。

[157] 王燕青、武拉平:《农民外出务工后食物消费的变化——以北京为例》,《农业展望》2014年第6期。

[158] 武拉平:《城市化对我国粮食需求的影响研究——基于农民工食物消费的调查研究》,提交给世界银行和国务院发展研究中心的研究报告,中国农业大学经管学院,2013年。

[159] 朱晶:《东亚经济体农产品供求变化的经验事实及政策借鉴》,提交国务院发展研究中心的研究报告,南京农业大学经济管理学院,2016年。

[160] 周清明:《农户种粮意愿的影响因素分析》,《农业技术经济》2009年第5期。

[161] 周适等:《实现优质优价的问题、根源和对策研究》,《价格理论与实践》2018年第9期。

[162] 邹卫华、贾金荣:《有机食品市场营销的障碍因素研究——基于对国内有机食品市场的实证分析》,《陕西农业科学》2009年第6期。

[163] 张峭、赵俊晔:《中国稻米供需分析与展望》,《农业展望》2007年第1期。

[164] 张培江:《优质水稻生产关键技术百问百答》,中国农业出版社2006年版。

[165] 朱希刚:《中国稻米生产发展和国际竞争力分析》,《农业经济问题》2003年第6期。

[166] 朱红根等:《农户稻作经营代际传递意愿及其影响因素实证分析——基于江西619个种粮大户调查数据》,《中国农村经济》2010年第2期。

[167] 朱旭东等:《异季栽培对稻米品质的影响》,《中国水稻科学》1993年第17期。

[168] 徐文成等:《信息不对称环境下有机食品消费行为分析》,《中央财经大学学报》2017年第3期。

[169] 许庆等:《中国保证粮食安全前提下的农村劳动力转移边界》,《复旦学报》(社会科学版)2013年第4期。

[170] 曾维娴、徐立成:《高端农户品价格的"最后一公里"与产业链的失衡发展——基于黑龙江五常市"五常大米"的实证分析》,《中国农村观察》2014年第116期。

[171] 郑明赋:《消费者对有机食品支付意愿的品种差异及其影响因素——以大米和五花肉的比较为例》,《企业经济》2018年第4期。

[172] 钟甫宁、向晶:《人口结构、职业结构与粮食消费》,《农业经济问题》2012年第9期。

[173] 钟甫宁、向晶:《城镇化对粮食需求的影响——基于热量消费视角的分析》,《农业技术经济》2012年第1期。

[174] 中华人民共和国国家发展和改革委员会等:《全国农产品成本收益资料汇编》,中国统计出版社2011年版。

[175] 中华人民共和国国家发展和改革委员会等:《全国农产品成本收益资料汇编》,中国统计出版社2016年版。

[176] 中华人民共和国国家发展和改革委员会等:《全国农产品成本收益资料汇编》，中国统计出版社2018年版。
[177] 国家统计局:《中国统计年鉴》，中国统计出版社2016年版。
[178] 国家统计局:《中国住户调查》，中国统计出版社2014年版。
[179] 国家统计局:《中国住户调查》，中国统计出版社2016年版。
[180] 国家统计局:《农民工监测调查报告》，中国统计出版社2014年版 。
[181] 国家统计局:《农民工监测调查报告》，中国统计出版社2016年版 。
[182] 国家统计局:《中国对外经济统计年鉴》，中国统计出版社2016年版。
[183] 中国年鉴委员会:《中国农业年鉴》，中国农业出版社 2016年版。
[184] 中国水稻研究所:《中国水稻产业发展报告》，中国农业出版社2016年版。
[185] 中国营养学会:《中国居民膳食指南》，人民卫生出版社2016年版。
[186] 中国发展研究基金会:《中国发展报告 2011—2012 ：人口形势的变化和人口政策的调整》，中国发展出版社2012年版。
[187] [日]大坪研一:《适应利用用途的大米特性和选择(2)[Characteristics and Selection of Suitable Rice Cultivars Depending on Utilizations(2)]》，《日本调理科学会志》2018年第51期。
[188] [日]中川原捷洋著:《稻和稻作的故乡》(日文)，古今书院1985年版。
[189] [日]冬木胜仁:《大米流通中品质的意义——对销售竞争力

因素的探讨》,《农业经济研究》2014年第86期。
[190] [日]石谷孝佑等:《食环境变化与米的食味/嗜好的变化》,农林水产技术信息协会1996年版。
[191] [日]石谷孝佑:《日本米的特性和新形态米的开发》,《调理科学》1993年第26期。
[192] [日]矶岛昭代、平尾正之:《关于消费者购入大米的意识分析:应用定型自由文的解析(Analysis of Consumers' Consideration when Purchasing Rice : By Fixed Free Description)》,《食品系统研究(Food System Research)》2008年第15期。
[193] [日]矶岛昭代:《购入大米时的选择标准和消费者像——基于消费者意识调查分析》,《农业经营研究》1998年第36期。
[194] [日]梅本雅等:《购入大米时的消费者意识决定过程的现状和特点》,《农业经营研究》2002年第40期。
[195] [日]镰田让:《外食/中食产业的动向及大米需求(The Trend of the Food Service Industry and the Home-meal Replacement Service and the Increase of Rice Demand)》,《北海道大学农经论丛》2010年第65期。
[196] [日]日本粮食新闻社编:《全国大米铭柄事典》,日本粮食新闻社2018年版。
[197] [日]农林水产省:《关于大米的相关资料》,2018年7月。
[198] [日]农林水产省:《大米消费动向调查结果概要》,2020年3月。
[199] [日]农林水产省:《关于米粉的状况》,2020年9月。

后记

本书获得了中日国际合作课题《中国居民大米消费行为研究》的支持。在整个课题研究期间，本书得到了中国农业科学院蔬菜花卉所卢林纲副所长在课题调研方面的帮助，杨祯妮博士和唐振闯博士在相关素材整理方面做出的贡献，课题组杨乃琪、次惠云、曲佳佳等同学在数据采集以及文字校对方面的大力支持，在此表示衷心感谢。同时，也要感谢研究出版社的编辑在图书出版过程中给予的专业建议。

本书以居民消费升级为背景，利用田野调查和在线调查的方法，对大米生产端和消费端进行了线上、线下的调研，描述了我国居民大米消费的行为特征，并对未来需求做了相关预测。由于作者水平有限，本书尚有许多不完善之处，敬请读者批评指正。

著者

2021年3月